Inhaltsverzeichnis

Mentor Abiturhilfe
Band 27
Französisch

Atout Bac, 1

Arbeitshilfen zum Textverständnis für Oberstufe und Abitur

Von Wolfgang Spengler, Otto-Michael Blume
und Dr. Wolfgang Meyer

Mit Lösungsteil zum Heraustrennen

Mentor Verlag München

Wolfgang Spengler: Studiendirektor, Fachleiter für Französisch am Studienseminar für das Lehramt in der Sekundarstufe II

Otto-Michael Blume: Studienrat, Fachbereichsleiter für Französisch am Pädagogischen Institut

Dr. Wolfgang Meyer: Studiendirektor, Fachleiter für Französisch am Studienseminar für das Lehramt in der Sekundarstufe II

Zeichen und Abkürzungen:

R 1	Regel
Ü	Übung
Ü 14	Übung (ins Heft)
(grau)	Originaltexte
(rosa)	Zusammenfassungen

Kennzeichen für **Zusammenfassung**, denn: *„Nach einer erfolgreichen und effektiven ‚Zusammenfassung' geht bestimmt manchem ein Licht auf …"* (Anmerkung des Zeichners)

Illustrationen: Pieter Kunstreich

Auflage:	5.	4.	3.	2.	1.	Letzte Zahlen
Jahr:	1995	94	93	92	91	maßgeblich

Druck: Druckhaus Langenscheidt, Berlin
Printed in Germany · ISBN 3-580-64270-7

Vorwort

oder: was bietet Dir *Atout Bac* 1 und wie gehst Du damit um.

Salut, cher ami!
Du hast Dich entschlossen, Deine Geschicke selbst in die Hand zu nehmen? C'est super!!!
Das **Selbstlernprogramm *Atout Bac*** wird Dir dabei eine gute Hilfe sein. Doch bevor Du beginnst, sind noch einige Fragen zu klären.

1. Was ist *Atout Bac* eigentlich:

Atout Bac, „Trumpfas für das Abitur", will ein unterhaltsames Lernprogramm sein, mit dem Du Dir selbständig all die Kenntnisse und Fertigkeiten aneignest, die Du brauchst, um
französische Originaltexte zu verstehen und zu kommentieren.
Der vorliegende Band vermittelt Dir ein **Basiswissen**, auf dem die beiden folgenden Bände (Bd. 2: „Textarten und Textproduktion", Bd. 3: „Texte analysieren") aufbauen.

2. An wen wendet sich *Atout Bac*?

Grundsätzlich ist ***Atout Bac*** für alle geeignet, die auf eine anregende, vom Unterricht unabhängige Weise ihre Fähigkeit im **Erschließen, Resümieren** und **Kommentieren** von authentischen französischen Texten festigen und erweitern wollen.
Insbesondere haben wir an alle die Schülerinnen und Schüler gedacht, die nach erfolgreichem Abschluß der Arbeit mit dem Lehrwerk endlich darangehen wollen, sich in französische Originaltexte einzulesen, und die sich bei dem Erwerb der dazu notwendigen Fertigkeiten nicht nur auf den Lehrer und den Unterricht verlassen wollen. Wir haben aber auch an alle die gedacht, die bei ihrem Weg durch die Textkommentar-Klippen inzwischen schon einige Mühen haben und sich gerne durch ein gut verständliches - oft sogar recht unterhaltsames - Programm helfen lassen möchten.

3. Für welche Probleme bietet Dir *Atout Bac* 1 Lösungen an?

Du gehörst vielleicht zu den vielen Schülern, die den Übergang von der Lehrbucharbeit zur Arbeit mit authentischen französischen Texten (10./11. Klasse) als Bruch empfinden oder empfunden haben. Plötzlich werden von Dir Fähigkeiten erwartet, die Du möglicherweise nie richtig erworben hast:

- Du sollst **Texte verstehen**, die gespickt sind mit Dir unbekannten Wörtern, ohne daß diese so sorgfältig erläutert werden wie im Lehrbuch.
- Du sollst **über diese Texte sprechen**, ohne gelernt zu haben, wie Du Dir mit einfachen Mitteln überhaupt erstmal einen Überblick über die Texte verschaffen kannst.
- Du brauchst zur Besprechung der Texte ein **spezifisches Vokabular**, doch keiner hat es Dir in systematischer Form vermittelt.
- Du sollst plötzlich mit **Wörterbüchern** umgehen, aber keiner hat Dir ihre Handhabung erläutert.
- Du sollst **Zusammenfassungen** der Texte schreiben, ohne daß Dir jemand die notwendigen Techniken vermittelt hätte.
- Du willst Dich im Hinblick auf die spezifischen Anforderungen der Textbesprechung **sprachlich-stilistisch verbessern**, aber Dir fehlen entsprechende Hilfen und Übungen.

4. Wie kann Dir nun ***Atout Bac* 1** da helfen?

***Atout Bac* 1** bietet Dir einführende Erläuterungen, gezielte Hilfen und vielseitige Übungen zu allen Schritten, die Du tun mußt, um von der **Erstbegegnung** mit einem unbekannten Text zu einem gut **gegliederten Résumé** zu gelangen.
Du lernst hier Schritt für Schritt, wie Du Dir schnell einen Überblick über die **Inhalte eines unbekannten Textes** verschaffst, wie Du Dir die **Bedeutung unbekannter Wörter** erschließt, welche schier unbegrenzten **Hilfen in Wörterbüchern** schlummern und schließlich wie man die schwierige **Kunst der Zusammenfassung** eines Originaltextes „ ohne Bauchschmerzen" handhabt.
Wir haben in allen Kapiteln ganz besonders darauf geachtet, Dir alle **Sachverhalte verständlich zu erläutern** und Dir das jeweils **benötigte Sprachmaterial bereitzustellen**. Dann erst sorgen sehr variantenreiche, im Schwierigkeitsgrad sich allmählich steigernde Übungen zu allen wichtigen Teilkenntnissen und -fertigkeiten bei Dir für eine gründliche Festigung und Vertrautheit mit den Lerngegenständen.
Und noch etwas Wichtiges: Alle Übungen kannst Du mit Hilfe des „erläuternden" **Lösungsteils** selbständig überprüfen. Nach der Bearbeitung eines Kapitels sollst Du das entlastende, befreiende Gefühl haben, daß ***Es*** „nun sitzt", d. h. im Langzeitgedächtnis verankert ist.

5. Wie kannst Du mit dem vorliegenden Band arbeiten?

Den größten Erfolg wirst Du haben, wenn Du den vorliegenden Band ganz, von vorne nach hinten, durcharbeitest. Am Ende kannst Du dann sicher sein, über **alle Basiskenntnisse** und **-fertigkeiten** zu verfügen, um die **Inhalte von Texten verstehen** und global **zusammenfassen** zu können. Die Kapitel sind so angeordnet, daß Du diese Kompetenz allmählich aufbaust.
Aber es ist auch durchaus möglich und sinnvoll, nur jeweils einzelne Kapitel zu bearbeiten. Trotz des vorhandenen Zusammenhangs sind die Kapitel voneinander so unabhängig und in sich so abgeschlossen, daß auch die Bearbeitung eines einzelnen Kapitels (etwa zur Wiederholung und Festigung von Teilkenntnissen) sehr hilfreich sein kann.
Wenn Du bestimmte Zusammenhänge noch einmal nachlesen oder bestimmte Sprachkenntnisse noch einmal gezielt auffrischen möchtest, kann Dir ein Blick in das **Stichwortverzeichnis** (vgl. S. 210 – 212) den Zugriff auf die entsprechenden Kapitel oder Teilkapitel erleichtern.
Eine weitere Orientierungshilfe bietet Dir natürlich immer auch das **Inhaltsverzeichnis** (S. 3/4), in dem alle Unterkapitel aufgeführt sind.

6. Was bedeuten die einzelnen **Zeichen** und **Symbole**?

Alle Zeichen, Symbole und Abkürzungen werden auf der Impressumseite erläutert.
Im übrigen begleitet Dich wieder ***Pierre*** durch die Kapitel des Buches (den ***Ça Alors***-Lesern ja bestens bekannt!) und sorgt für die nötige Heiterkeit, Entspannung und Gelassenheit bei der Arbeit, gibt aber auch viele Tips, verrät Tricks und weist auf besonders wichtige Aspekte hin.

So, und nun viel Spaß und Erfolg bei Deiner Arbeit mit dem ersten Band von ***Atout Bac***!

Bonne Chance!

Die Autoren

1. Kapitel

Compréhension

oder: Verstehen von Texten

In diesem Band sollst du eingeführt werden in die beiden entscheidenden Aufgaben eines jeden **Textkommentars**, in die Aufgaben:

(a) französische **Texte zu verstehen** und

(b) das Verstandene **auf französisch wiederzugeben.**

Ehe wir uns auf diese zentralen Aufgaben einlassen, muß zunächst kurz geklärt werden, was wir in diesem Band mit **Verstehen** meinen.

1. Das Verstehen von Texten

In allen **Textbetrachtungen, Textanalysen, Textkommentaren** geht es um das **Verstehen** eines Textes. Nur:

Was heißt hier **„Verstehen"**?

Wann hat man einen Text **wirklich verstanden**? Was muß man alles **getan, untersucht, zusätzlich gelesen, berücksichtigt, herangezogen** haben, um sagen zu können, daß man einen Text verstanden hat?

Keine Angst! Die Bemühungen um eine Antwort auf diese Fragen würden uns in ein farbenfrohes, aber völlig unüberschaubares Feld führen, auf das wir uns hier erst gar nicht begeben!

Im täglichen **Unterricht** und in den **Klausuren** bekommen diese Fragen nämlich ein völlig anderes Gesicht! Die Lehrer lösen das Problem des Verstehens von Texten auf eine sehr einfache und überaus praktische Weise.

Sie gehen davon aus, daß ein

Text verstanden

worden ist, wenn man bestimmte

Fragen zum Textverständnis

richtig, d. h. **textgerecht beantwortet** hat.
Im Unterricht und in den Klausuren werden die an sich „unendlichen" Operationen zur Erfassung von Texten auf wenige Untersuchungsaufgaben beschränkt wie z. B. auf die Aufgabe:

Dites brièvement ce qui se passe dans cet extrait.
(Sagen Sie kurz, was sich in diesem Auszug ereignet.)

Daß man im Französischunterricht so verfährt, erleichtert uns hier die Lösung der beiden grundlegenden Aufgaben eines **Textkommentars** (s. o.) enorm!

Halten wir fest:

In einem **französischen Textkommentar** zeigst du, daß du den Text verstanden hast, indem du bestimmte **Fragen zum Textverständnis textgerecht** löst,
z. B. die Aufgabe:

Dites brièvement ce qui se passe dans cet extrait.

(Sagen Sie kurz, was sich in diesem Auszug ereignet.)

2. *Zwei Ebenen des Verstehens –*
Unterscheidung zwischen *Compréhension* und *Analyse*

Trotz der praktischen und so erfreulichen Vereinfachung des Verfahrens beim **Texte-Verstehen** unterscheiden die Französischlehrer noch zwischen **zwei verschiedenen Ebenen des Verstehens** von Texten, nämlich zwischen den Ebenen der

Compréhension und der **Analyse,**

zwischen

Verstehen der manifesten Informationen (Compréhension) und

Verstehen der latenten Informationen (Analyse).

Manifeste	**Informationen** sind **offensichtliche, klar erkennbare, eindeutige Aussagen** und **Zusammenhänge,**
latente	**Informationen** sind dagegen **„verborgene“**, nicht auf den ersten Blick ins Auge springende, **nicht direkt zugängliche Aussagen** und **Zusammenhänge** eines Textes.

Ein Beispiel soll den Unterschied verdeutlichen:

In der Zeitschrift ***Elle*** (vom 11. Juni 1984) findet sich der folgende Reklametext:

C'est peut-être parce qu'ils sont si fragiles que les seins sont si beaux.

Si Dieu créa la femme, c'était bien pour qu'elle soit femme, c'est pourquoi il l'a faite avec des seins.

Et quoi de plus beau que leur fragilité, mais quoi de plus fragile que cette beauté ?

Alors par amour pour les seins, Chantelle a mis tout son savoir pour façonner un soutien-gorge à la coupe élégante et confortable ; très doux parce qu'il est en coton (51 %).

Il a mérité son nom : c'est Naturel de Chantelle.

(aus „Elle")

Vocabulaire:
fragile – zerbrechlich, zart; sein (m.) – weibliche Brust; façonner – formen, bilden; soutien-gorge – Büstenhalter; coupe – Zuschnitt; coton (m.) – Baumwolle

Auf der Ebene der **manifesten Informationen** preist der Text die Qualitäten eines bestimmten Büstenhalters von Chantelle und empfiehlt damit den Kauf desselben. Dies ist für den Leser offensichtlich, klar erkennbar, eindeutig.

Entsprechende Aufgaben zur **Compréhension** könnten etwa lauten:

- **Quel est le sujet du texte?**
- **Résumez ce que** le lecteur apprend sur le soutien-gorge Naturel.

Weniger direkt zugänglich ist dem Leser dahingegen der Zusammenhang im Text zwischen der „Schöpfertätigkeit Gottes" und dem „BH Naturel". Das bedeutet aber keineswegs, daß dieser Zusammenhang auch weniger wichtig ist. Im Gegenteil! Man hat als Leser durchaus den Eindruck, daß die Erwähnung Gottes zu Beginn des Textes für seine Mitteilungsabsicht von besonderer Bedeutung ist. („Gott erschafft die Frau und Chantelle den zu ihr gehörigen BH ..." Die Analogie „Gott – Chantelle" soll den Wert des empfohlenen Produkts ins rechte Licht rücken!)

Ähnliches gilt für den nicht direkt erfaßbaren Aussagegehalt des Parallelismus

„quoi de plus beau / quoi de plus fragile"

(ekstatische Sprache – ebenfalls eingesetzt, um die Bedeutsamkeit des Produkts zu steigern).

Die genannten Textelemente (Zusammenhang: „Gott – BH"/Parallelismen) enthalten Mitteilungen/Informationen auf der Ebene der

latenten Informationen.

Entsprechende Aufgaben zur **Analyse** könnten etwa so lauten:

- **Analysez les rapports** entre ce que fait Dieu et ce que fait Chantelle
  (Untersuchen Sie die Beziehungen zwischen dem, was Gott, und dem, was Chantelle macht).
- **Analysez les moyens de style** dont l'auteur se sert et commentez leur effet
  (Untersuchen Sie die Stilmittel, derer sich der Autor bedient, und erläutern Sie ihre Wirkung).

Zusammenfassung · Zusammenfassung · Zusammenfassung

Halten wir fest:

In diesem Buch sollst du dich zunächst nur einmal auf die Ebene der **Compréhension** (s. o.), auf das **Verstehen** der **manifesten,** der offensichtlichen **Informationen** konzentrieren!

Gleichzeitig wirst du lernen, das, was du **verstanden** hast, **eigenständig auszudrücken,** d. h. **in einem Résumé wiederzugeben**!

2. Kapitel

Vom Umgang mit unbekannten Texten

Eine alltägliche Situation:

Dein Französischlehrer händigt dir einen französischen Text mit dem Hinweis aus, ihn für die nächste Stunde vorzubereiten. Schon nach der Lektüre der ersten Zeilen schickst du Stoßseufzer gen Himmel, da du rein gar

nichts verstehst. Vielleicht legst du daraufhin den Text verärgert beiseite, oder – du bist ja schließlich ein gewissenhafter Schüler – du greifst nach deinem französisch-deutschen Wörterbuch, um über jedes unbekannte Wort die deutsche Bedeutung zu schreiben.

Beide Reaktionen sind falsch!!

Die erste ist verständlich, aber wenig sinnvoll. Die zweite ist unökonomisch und todlangweilig.

Leider gehen Schüler mit französischen Texten häufig um wie „Erstkläßler", indem sie diese mühsam Wort für Wort erlesen. Daß du auch ganz anders mit unbekannten Texten umgehen kannst, sollst du in diesem Kapitel lernen.

A Die kursorische/überfliegende Lektüre

Um einen Text **verstehen** und ihm **wichtige Informationen entnehmen** zu können, mußt du dir zunächst durch **überfliegendes Lesen** Klarheit über seinen

inhaltlichen Schwerpunkt verschaffen.

Wovon ist in diesem Text **die Rede?**

(De quoi est-il question dans ce texte?)

Was will der Autor dem Leser **mitteilen?**

(De quoi l'auteur veut-il informer le lecteur?)

Beachte bei der Beantwortung dieser Fragen folgende **1. Grundregel:**

R 1

Lies dir den Text zügig von Anfang bis Ende durch, auch wenn dir nicht alle Wörter bekannt sind, und fasse den inhaltlichen Schwerpunkt des Textes in ein bis zwei Sätzen zusammen.

Du fragst: **Warum zügig von Anfang bis Ende durchlesen?**

Antwort: Erst wenn du einen **Überblick** über den **ganzen Text** hast, wird es dir möglich sein, Aussagen über den **inhaltlichen Schwerpunkt** zu machen.

Du fragst: **Warum unbekannte Wörter nicht gleich nachschlagen?**

Antwort:
- Kleinschrittiges Vorgehen mit häufigem Nachschlagen im Wörterbuch **verstellt** dir **den Blick für das Wesentliche.**
- Die **Grundaussage des Textes** erschließt sich meist auch, ohne jedes einzelne Wort verstanden zu haben.
- Viele der **unbekannten Wörter** sind für das globale Verständnis des Textes **unwichtig** oder erschließen sich aus dem Kontext (aus dem Satz- oder Textzusammenhang).

Du fragst: **Warum in ein bis zwei Sätzen die Kernaussage zusammenfassen?**

Antwort:
- Wenn du weißt, daß du den Text zusammenfassen sollst, bist du auch bei der kursorischen/überfliegenden Lektüre **konzentrierter.**
- Die Zusammenfassung des inhaltlichen Schwerpunktes stellt die **Grundlage** für die spätere schriftliche Zusammenfassung des Textes dar (vgl. Kap. 5).

Der Behauptung, **die Grundaussage eines Textes erschließe sich, ohne jedes einzelne Wort verstanden zu haben,** wollen wir noch einmal nachgehen. Machen wir dazu ein kleines Experiment:

Ü 1

In dem folgenden kurzen deutschen Text haben wir nicht weniger als 22 Wörter ausgelassen. Überfliege ihn schnell einmal.

... und die Welt sieht zu

Im vergangenen ① verhungerten 55 Millionen ② in Afrika, ③ und Lateinamerika - genauso ④ Menschen, ⑤ im ⑥ Weltkrieg ums ⑦ kamen. Auch in diesem ⑧ werden es ⑨ weniger sein. ⑩ sind nach Berechnungen der Welternährungsorganisation FAO noch 1,4 ⑪ ⑫ chronisch unterernährt, von der Geburt an bis ⑬ meist frühen ⑭.
Das ⑮ nicht etwa daran, ⑯ es zu wenig Nahrungsmittel ⑰ der Erde ⑱.
„Die grundlegende ⑲ von Hunger und Unterernährung", ⑳ es im Jahresbericht 1981 der Weltbank, „ist, daß die ㉑ nicht genug Geld haben, um Lebensmittel zu ㉒."

(aus „Deutsch Aktiv 3", Langenscheidt Verlag)

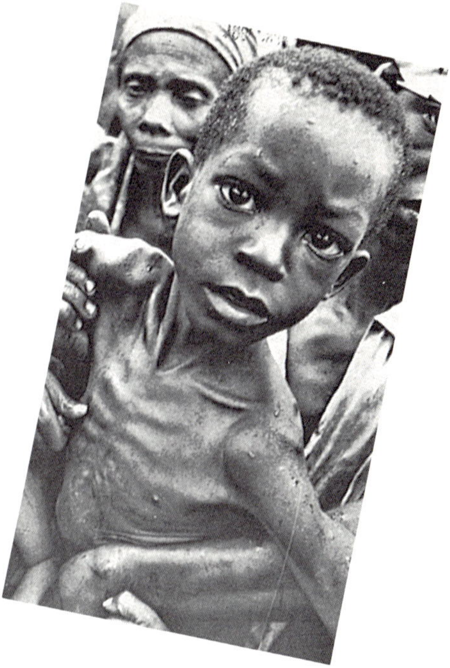

Bei der Lektüre wirst du festgestellt haben, daß es dir in der Muttersprache trotz der vielen Lücken überhaupt keine Probleme bereitet, den Informationsschwerpunkt zu benennen.

Warum ist das so?

Nun, es gehört zu deiner **Lesekompetenz** im Deutschen, solche Lücken zu schließen:

a) weil du eine gewisse „Weltkenntnis" hast, die es dir erleichtert, die Aussage des Textes zu erschließen:

Du weißt beispielsweise, daß im Zweiten Weltkrieg ca. 50 Millionen Menschen umgekommen sind (4/5/6/7).

b) weil du Kenntnisse über das angesprochene Thema hast:

Du weißt, daß es vor allem drei Kontinente sind, in denen Hunger herrscht: Lateinamerika, Afrika und ... Asien (3).

c) weil sich bestimmte Begriffe aus dem Kontext oder dem syntaktischen Zusammenhang logisch ergeben:

So sind beispielsweise in (15) die Verben „sitzen, stehen, laufen, gehen" usw. inakzeptabel. Sinn ergibt nur „liegen".

Ü 2

Wenn du Lust hast, kannst du versuchen, die restlichen Lücken des Textes durch Wörter zu ergänzen, die dem Sinn nach passen.

1. Jahr
2. ______
3. ______
4. ______
5. ______
6. ______
7. ______
8. ______
9. ______
10. ______
11. ______
12. ______
13. ______
14. ______
15. ______
16. ______
17. ______
18. ______
19. ______
20. ______
21. ______
22. ______

Bei einer Überprüfung mit der Lösung wirst du festgestellt haben, daß du nicht immer exakt das Wort des Originaltextes getroffen hast, daß sich deine Lösung aber auch rechtfertigen läßt.

Für das **Globalverständnis** des Textes sind diese Abweichungen ohne Bedeutung. Wichtig ist die Erkenntnis, daß der **Kontext** dir erlaubt, die Lücken überhaupt zu schließen.

Warum sollte sich nun diese **kombinatorische Fähigkeit** nicht auf **französische Texte** übertragen lassen? Die Erfahrung mit dem deutschen Text sollte dir **Mut machen,** französische Texte auch dann zu lesen, wenn sie viele unbekannte Wörter enthalten.

Ü 3

Probieren wir das doch einmal aus. Wir haben in einem relativ kurzen Text 20 Lücken gelassen. Überfliege den Text.

Faits divers

Un ① explose dans les dunes du Bégo en Plouharnel: trois blessés

Carnac. – Dans la ② du 15 au 16 août, un groupe de vacanciers avait ③ quelques ④ pour faire une sorte de feu de joie et passer ainsi une ⑤ dans les dunes.
⑥ 0 h 15, ⑦ le feu avait bien ⑧, une explosion s'est produite provenant d'un ⑨ datant ⑩ de la dernière guerre. Cette explosion provoquait des blessures à trois ⑪, Alain Guégan, le plus touché, 17 ⑫, ⑬ au Mans, blessé à la ⑭ gauche et présentant une fracture ouverte du ⑮ gauche; William Guillot, 30 ⑯ de Vannes ⑰ Christophe Royer, 20 ⑱ également de Vannes. Ils ont tous ⑲ été ⑳ à l'hôpital d'Auray.

(aus „Ouest France")

Trotz der Lücken wird dir bei der Lektüre klargeworden sein,

- daß es sich um die **Beschreibung eines Unfalls** handelt,
- daß es eine **Explosion** gegeben hat,
- daß die **Explosion durch ein Feuer** ausgelöst wurde,
- daß es **Verletzte** gegeben hat, die ins **Krankenhaus** eingeliefert werden mußten.

Damit sind aber schon die **wichtigsten Informationen des Textes** benannt.

Ü 4

Wenn du Lust hast, kannst du auch bei dem französischen Text versuchen, die fehlenden Wörter zu erschließen. Du wirst sehen: Es ist ein interessantes Puzzlespiel.
Wenn du nicht ganz sicher bist, schreibe zunächst das deutsche Wort auf und/oder befrage dein Wörterbuch.

Beispiel:

1. obus (Granate)
2. ________
3. ________
4. ________
5. ________
6. ________
7. ________
8. ________
9. ________
10. ________
11. ________
12. ________
13. ________
14. ________

15. ______________________ 18. ______________________

16. ______________________ 19. ______________________

17. ______________________ 20. ______________________

Wenn du nicht alle Lücken hast füllen können, so ist das kein Beinbruch.
An dem Beispiel aber ist sicher deutlich geworden:

- **Unbekannte Wörter** stellen zwar Hindernisse dar, sind aber meist über den textlichen Zusammenhang zu **erschließen.**
- Auch ein „lückenhafter" Text erschließt sich in seiner **Grundaussage,** wenn du „Lücken" konsequent überliest; denn viele der unbekannten Wörter sind für das **globale Verständnis des Textes** unwichtig.

Machen wir zwei kleinere Übungen zum **„kursorischen" Lesen**

Ü 5

Überfliege den folgenden kurzen Text in maximal zwei Minuten und kreuze danach die richtigen Aussagen an.

En vacances à Lorient

Il tombe du train et a les jambes sectionnées

LORIENT. – Le train démarrant, il a voulu sauter en marche et il est tombé entre le quai et le wagon. Malgré les ordres donnés immédiatement pour faire arrêter le convoi, c'est un vacancier, avec jambes sectionnées, que les équipes de secours ont transporté à l'hôpital Bodélio.

Hier, à 12 h 20, en gare SNCF, de Lorient, vacances terminées, M. Vincent Dozier, 35 ans, travaillant à Abidjan et en vacances, à l'hôtel Atlantic, à Lorient, avait tenu à accompagner son épouse et ses enfants jusque dans son compartiment.

Le train ayant démarré, il a voulu sauter sur le quai. A-t-il été retenu par sa veste ? Toujours est-il qu'il est tombé entre le quai et le wagon.

(aus „Ouest France")

1. ☐ M. Dozier travaille à Lorient.
2. ☐ M. Dozier a passé ses vacances à Lorient.
3. ☐ Il est tombé entre le quai et le wagon.

4. ☐ Il est tombé du quai sur les rails (Schienen).
5. ☐ Il voulait partir de Lorient.
6. ☐ Il voulait accompagner sa femme et ses enfants à la gare.
7. ☐ Il a les jambes sectionnées (abgetrennt).

Ü 6

Überfliege den folgenden Text in zwei Minuten und fasse den **Inhalt** danach ohne neuerliche Lektüre in ein bis zwei Sätzen zusammen.

A Muzillac

Un blessé grave dans une bagarre au couteau à la fin du bal

VANNES. – C'est dans la nuit de vendredi à samedi, vers 1 h du matin, que le drame s'est produit : sur la place de la Mairie à Muzillac, alors que le bal du 15 août touchait à sa fin, une bagarre a éclaté entre plusieurs hommes.

L'un d'eux, sortant un couteau, a frappé au ventre un marin-pêcheur de Billiers, Jean-Jacques Clery, 25 ans.

Grièvement blessé, celui-ci a été transporté à l'hôpital de Vannes où il a subi en urgence une intervention chirurgicale.

Son agresseur a pris la fuite. Cependant la gendarmerie semble être sur le point de l'identifier.

(aus „Ouest France")

Zusammenfassung:

Dans ce texte, on parle de ...

Das Spurenlesen

Das **kursorische Lesen** ist auch dann hilfreich, wenn du einem Text bestimmte **Informationen zu einem Thema** entnehmen willst. Du suchst dann im Text nach

Spuren des thematischen Schwerpunktes

(deshalb „Spurenlesen"). Gemeint sind Schlüsselwörter, die auf das Thema hinweisen.

Ü 7

Dies wollen wir in einer kleinen Übung versuchen.

Den vier folgenden Textausschnitten sollst du jeweils eine Zeitungsüberschrift zuordnen. Suche also in den Ausschnitten nach Spuren, die eine Zuordnung rechtfertigen:

Ⓐ

● **J'ai entendu des médecins dire que ce n'était pas bon, que ça perturbait les rythmes biologiques,** explique Marie-France, trente-cinq ans, mère au foyer. J'avoue que j'ai moi-même du mal à m'y adapter. D'abord on se lève une heure plus tôt, et c'est dur. Il me faut plusieurs jours pour m'habituer. Et c'est encore pire pour les enfants. Le matin, ils sont somnolents et grognons. Le soir, comme il fait jour plus longtemps, il n'y a pas moyen de les envoyer au lit. Résultat : ils veillent davantage le soir et dorment moins. Les résultats scolaires des miens s'en ressentent et, sans doute, leur santé. Je préfèrerais pouvoir garder la même heure tout au long de l'année.

Ⓑ

Les premières recherches locales entreprises par la famille et les voisins restent vaines. Ceux-ci pourtant ne préviennent pas la gendarmerie.

C'est seulement le lendemain, soit 16 h après la disparition, que la gendarmerie est alertée. Aussitôt, un dispositif de recherche est mis en place sous la direction du capitaine Mottier, commandant la compagnie de Lorient, avec l'aide des brigades de Plouay, Hennebont et Pont-Scorff. Les moyens mis en œuvre sont importants puisque, outre les chiens, un hélicoptère est dépêché sur place.

Ⓒ

L'arrêt a été brutal. Si brutal qu'un poids lourd ne peut éviter la voiture arrêtée. C'est le choc, brutal lui aussi. Le camion verse dans le fossé tandis qu'un autre poids lourd surgit à son tour. Il freine mais ne peut, lui non plus, s'arrêter à temps. Nouveau choc et c'est la réaction en chaîne : derrière, onze autres voitures seront surprises à leur tour, et accidentées.

Trois morts sur place : l'automobiliste sorti de son véhicule, M. René La Barrère, 47 ans, de Niort (Deux-Sèvres), et les chauffeurs des deux poids lourds, MM. Jean-Claude Sers, 38 ans, de Laugnoc (Lot-et-Garonne) et Yannick Girard, 33 ans, de La Rochelle (Ch.-M.). Vingt-quatre autres personnes blessées dont un enfant jugé dans un état critique, hier en fin de journée, au C.H.R. de Bordeaux.

Ⓓ

A aucun moment, les 31 personnes qui se trouvaient à bord du **Sopot** n'ont perdu leur calme et leur sang-froid. Ce qui a sans doute contribué à la réussite du sauvetage. Parmi les 31 rescapés, 5 passagers dont deux femmes : **« Nous nous sommes sentis entourés tout le temps, nous avions confiance. Nos sauveteurs ont été magnifiques »**, expliquaient-ils hier matin, à

(aus „Ouest France", „Femme Actuelle" u. a.)

③ **Trente-sept naufragés, tous sauvés**

④ **L'heure d'été**

① **Double carambolage: 3 morts, 24 blessés**

② Disparue vendredi soir
Une retraitée est retrouvée 20 heures après

① ——→ ☐   ③ ——→ ☐

② ——→ ☐   ④ ——→ ☐

B Antizipieren der Textaussage

(Vermutungen über die Textaussage)

Die bisher gelesenen bzw. überflogenen Texte waren relativ kurz und überschaubar. Schwieriger wird es, wenn die Texte umfangreicher werden und eine übersichtliche Gliederung vermissen lassen. Doch auch für solche Texte gibt es **Kniffe,** schnell zum **inhaltlichen Zentrum** vorzustoßen.
In den meisten Texten gibt es nämlich sogenannte **„sensible" Stellen,** die im Hinblick auf den

Kern der Textaussage

besonders aufschlußreich sein können.

Die sensiblen Stellen eines Textes sind:

1. die **Überschrift**.

2. der **erste Satz** oder **Abschnitt** des Textes,

3. der **letzte Satz** oder **Abschnitt** des Textes,

4. die **optische Aufmachung** des Textes.

Diese **„sensiblen" Stellen** erlauben oft **Vermutungen** über den **Textinhalt,** sie erlauben also, die

Textaussage zu „antizipieren".

R 2

2. Grundregel:

Überprüfe die „sensiblen“ Stellen des Textes im Hinblick auf den Informationsschwerpunkt.

1. Die Überschrift

Die Überschrift weist häufig auf den **inhaltlichen Schwerpunkt** hin. Sie schafft **Vorverständnis,** indem sie bestimmte **Vorerfahrungen** des Lesers wachruft, die er im Zusammenhang mit dem sich in der Überschrift andeutenden Thema gemacht hat. Dieses Vorverständnis kann den **Zugang zur Textaussage** erheblich erleichtern.

Ü 8

Machen wir dazu eine kleine Übung:

Wir haben einige **Überschriften** von **Zeitungsartikeln** zusammengestellt. Versuche, ausgehend von der jeweiligen **Überschrift,** Vermutungen über den **Inhalt** des dazugehörigen Artikels anzustellen, d. h. deine „Vorerwartungen“ zu artikulieren. Überprüfe dann mit Hilfe des Lösungsschlüssels, inwieweit deine Vermutungen richtig waren.

① Points de vue
La solitude : toutes les générations sont touchées

② **Les cardiologues américains déclarent la guerre au hamburger**

③ «Femmes en chiffres»
Le long chemin vers l'égalité

④ **Un blessé grave dans une bagarre au couteau à la fin du bal**

⑤ **Côte d'Azur : tragique retour de flammes**
Deux morts, 7.000 hectares dévastés

⑥ **Drogue : un signal d'alarme**

⑦ **Enseignement des langues : l'anglais d'abord**

(aus „Ouest France“, „Le Télégramme de Brest et de l'Ouest“ u. a.)

Schreibe zu jeder Nummer einen oder zwei Sätze in dein Heft. Du kannst deine Vermutungen auf deutsch formulieren.

2. Der erste Satz oder Abschnitt eines Textes

Zu Beginn eines Textes wird häufig eine **Einleitung** gegeben, die zum Thema hinführt, es wird eine **These** aufgestellt, die dann im Text entfaltet wird, oder ein **Beispiel** gegeben, das im Text problematisiert wird.

Ü 9 In der folgenden Übung haben wir jeweils den **ersten Abschnitt** bzw. **die ersten Sätze** von **6** verschiedenen Texten zusammengestellt. Stelle wie in der vorigen Übung Vermutungen (auf deutsch) über den Inhalt der jeweils (langen) folgenden Texte an und überprüfe mit dem Lösungsschlüssel, inwieweit deine Vermutungen richtig waren.

① Un désastre : des milliers d'hectares de forêt et de garrigue réduits à un champ de cendres en quelques heures. La Côte d'Azur est une nouvelle fois la proie des flammes. Le feu qui s'est déclaré samedi après-midi progressait toujours hier soir, activé par un violent mistral soufflant en rafales à 100 km/h.

② « LA famille est le lieu du bonheur » (Valéry Giscard d'Estaing). « Familles, je vous hais ! » (André Gide). Qui a tort, qui a raison ? De toutes les institutions — Etat, armée, Eglise, Université — la famille est celle qui a le mieux résisté aux contestations. Peut-être parce qu'elle reste, malgré sa faiblesse numérique et ses éclatements, la cellule de base, quasi naturelle, de la société.

③ VANNES. – C'est dans la nuit de vendredi à samedi, vers 1 h du matin, que le drame s'est produit : sur la place de la Mairie à Muzillac, alors que le bal du 15 août touchait à sa fin, une bagarre a éclaté entre plusieurs hommes.

④ La solitude est devenue l'un des fléaux de notre vie quotidienne. On aurait tort de croire que seuls les vieillards délaissés et les clochards sont victimes d'un isolement insupportable. Le dernier recensement de l'I.N.S.E.E. montre à

⑤ IL y a deux manières de débattre de la peine de mort : en se fiant aux statistiques ou en interrogeant la morale. La première attitude est, le plus souvent, celle des partisans de la peine capitale qui demandent aux chiffres la preuve que, si la guillotine — ou tout autre outil — est mise au rancart, la délinquance, de sang ou autre, démarre en flèche.

⑥ Grosse frayeur au lieu dit « le Nistoir » en Lanvaudan, vendredi, quand famille et voisins constatent la disparition de Mme Veuve Le Garrec, née Françoise Rivalain.

(aus „Le Télégramme de Brest et de l'Ouest", „Le Monde", „Ouest France" u. a.)

3. Der letzte Satz oder Abschnitt eines Textes

Im **letzten Satz** oder **Abschnitt** eines Textes **faßt** der Autor häufig seine Ausführungen noch einmal **zusammen** oder er zieht **Schlußfolgerungen** aus den vorgetragenen Überlegungen.

Dazu eine kleine Übung:

Ü 10

Lies den **letzten Absatz** (aber wirklich zuerst nur den letzten!) des nebenstehenden Textes und stelle Vermutungen über den **Inhalt des ganzen Textes** an.

Überfliege erst danach den gesamten Text, um festzustellen, ob deine Vermutungen richtig waren. Im Lösungsteil findest du dann unseren Lösungsvorschlag!

« La plus belle des réussites »

Pour 76 % des femmes « *la plus belle des réussites* » est celle de la vie familiale. C'est ce qu'affirme un sondage réalisé par le magazine *Marie-Claire* pour son numéro de septembre et qui constitue le premier des trois volets d'une enquête sur « Les femmes et la réussite ».

« *C'était peut-être plus simple autrefois*, écrit-on dans *Marie-Claire* en présentant le sondage. *Une femme qui « réussissait sa vie » était une femme qui faisait un très beau mariage, avait de beaux enfants et trouvait son épanouissement dans la réussite des autres. Depuis une dizaine d'années, des voix de femmes se sont élevées pour refuser cet idéal de femme douce et effacée. Pour demander que leurs désirs soient pris en compte.* »

Pourtant, si l'on en croit les femmes interrogées pour ce sondage, c'est « *toujours aussi simple qu'autrefois* » : 49 % des femmes pensent que « *faire le bonheur de ceux qui l'entourent* » est pour une femme le plus beau symbole de réussite familiale, 81 % estiment que la réussite sentimentale est « *bien s'entendre avec son mari* », contre 40 % « *vivre un grand amour* ».

Enfin, 80 % des femmes continuent d'être certaines que « *le bonheur d'une femme n'est jamais complet si elle n'a pas d'enfants* ».

(aus „Le Monde“)

4. Die optische Aufmachung des Textes

Gerade die **optische Aufmachung** eines Textes erleichtert häufig das **Antizipieren von Textinhalten** und einen **schnellen Zugriff** auf **wesentliche Informationen** des Textes.

Solche optischen Signale eines Textes können sein:

- **Überschrift**
- **Absätze** und **Einschübe**
- **Hervorhebungen** durch **unterschiedliche Schrifttypen** (*Kursiv*druck, **Fett**druck usw.)
  (Zeitungsartikeln geht beispielsweise häufig ein kurzer, in einer anderen Schrifttype gesetzter Abschnitt voraus, der die **wesentlichen Informationen** des Textes zusammenfaßt.)
- **Zwischenüberschriften,** die einen Hinweis auf den **Informationsschwerpunkt** des folgenden Abschnitts geben
- **Zeichnungen** oder **Fotos**

An zwei Texten wollen wir verdeutlichen, wie hilfreich solche **optischen Signale** sein können:

(A)

(1)

Construisez un bac à sable

(2)

Le bac à sable est une aire de jeu très appréciée par vos enfants. Pour qu'il ne se transforme pas très vite en terrain vague, il faut l'encastrer dans le sol, mais aussi bien préparer le fond.

(3)

1 **La réalisation du bac.** Un bac à sable carré de 2 m de côté suffit amplement. Vous pouvez le réaliser avec du contreplaqué imputrescible (label + 4), en 16 mm d'épaisseur, qui résiste aussi bien à la pluie qu'à la chaleur. Faites découper quatre planches de 2 m x 50 cm. Assemblez-les en cadre, par des équerres en métal inoxydable vissées à chaque angle, côté extérieur. Tracez d'abord leur emplacement sur le bois et faites des avant-trous avec

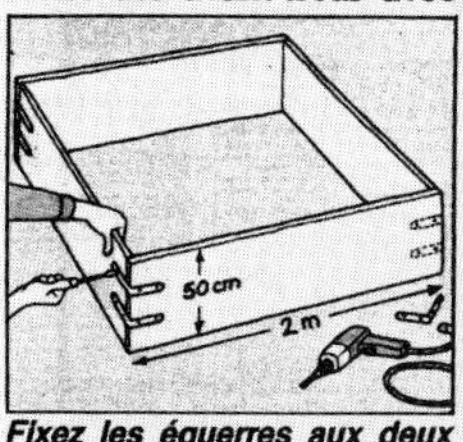

Fixez les équerres aux deux tiers de la hauteur.

une mèche à bois d'un diamètre inférieur à celui des vis. Vissez les huit équerres en laissant un peu de jeu. Quand vous les aurez toutes fixées, consolidez le cadre en serrant les vis à fond.

(4)

2 **La préparation du sol.** Pour que les plus jeunes profitent pleinement de leur bac à sable, installez-le dans un coin du jardin abrité du soleil aux heures les plus chaudes de la journée. Délimitez les contours de la surface à creuser dans le sol, en entourant quatre piquets avec une ficelle, de manière

(5)

Vous creuserez plus facilement si la terre est humide.

à former un carré de 2,10 m de côté. Creusez le sol avec une bêche sur une profondeur de 20 cm. Pour ne pas vous laisser envahir par la terre de déblaiement, évacuez-la au fur et à mesure avec une brouette.

3 **La préparation du fond.** Au fond du trou, tassez bien la terre pour la compacter en essayant d'égaliser le sol le mieux possible. L'idéal est d'utiliser une masse de maçon. Si vous n'en avez pas, vous pouvez la remplacer par un parpaing. Vous frapperez le sol avec celui-ci en le tenant à deux mains.

Laissez un espace d'environ 1 cm entre chaque dalle.

Etalez ensuite un lit de sable de 5 cm d'épaisseur au fond du trou et tassez-le de la même manière. Sur ce sable, vous disposerez 36 dalles de béton de 35 cm x 35 cm environ, les unes à côté des autres (elles sont vendues chez les négociants en matériaux), jusqu'à recouvrir une surface carré de 2,10 m x 2,10 m environ. Ce fond rigide évitera que le sable ne se mélange à la terre, et l'eau de pluie s'évacuera librement par les interstices.

4 **La mise en place du bac.** Mettez le cadre en bois dans le trou. Il doit reposer

Un talus en pente douce facilitera l'accès au bac.

sans aucune gêne sur les dalles de béton. Une fois bien calé, remplissez le bac de sable fin aux deux tiers (faites-vous livrer par un maçon : il en faut 2 m³ environ). Comblez les vides autour du bac avec de la terre de remblai, en faisant un talus en pente sur lequel vous pourrez planter du gazon.

Lundi prochain :
posez de la laine de verre sous le toit

(aus „Femme Actuelle", illustriert von Dominique Lechand)

B **Points de vue**

① La solitude : toutes les générations sont touchées

La solitude est devenue l'un des fléaux de notre vie quotidienne. On aurait tort de croire que seuls les vieillards délaissés et les clochards sont victimes d'un isolement insupportable. Le dernier recensement de l'I.N.S.E.E. montre à l'évidence que notre société, toutes classes d'âges confondues, porte en elle le germe de la solitude dont elle subit déjà un certain nombre d'effets pervers. Certes les personnes âgées en sont les premières victimes : 70 % de nos concitoyens ayant passé 55 ans vivent seuls, les trois quarts d'entre eux étant des femmes. Paradoxalement, c'est à leur bonne santé et à leur longévité que les personnes âgées doivent le plus souvent de vivre seules. Leurs capacités physiques et mentales étant intactes, elles n'ont aucune raison d'encombrer de leur présence l'appartement trop exigu de leurs enfants. Partant, les relations entre les générations se distendent au point de devenir symboliques et la solitude, parée des vertus de l'indépendance, s'installe de façon insidieuse et définitive.

② La fraction de la population vivant seule est passée de 7 à 10 % en dix ans. Il va sans dire que cet accroissement entraîne des conséquences économiques importantes au niveau national si l'on tient compte du fait que le quart des foyers français et la moitié des foyers parisiens n'abritent qu'une personne. Le capital immobilier ainsi immobilisé ou mal utilisé est considérable, sans parler des investissements vertigineux en matière d'équipement, de transports, d'entretien ou de loisirs qu'exige une telle situation. La déperdition économique n'est cependant rien en comparaison de la détresse morale qu'elle dissimule. La vie associative, en dépit de l'ingéniosité qu'on y déploie, n'est qu'un palliatif rassemblant les solitaires sans pour autant briser les solitudes.

Les générations plus jeunes n'échappent pas davantage aux méfaits de la solitude. Le nombre des divorces a doublé au cours de ces dix dernières années et frappe désormais une famille sur quatre en province et pratiquement une sur deux dans la région parisienne. A ce phénomène s'ajoute celui des mères célibataires dont le nombre a augmenté de 52 % entre 1975 et 1982. La structure familiale s'est érodée au point qu'un adolescent sur dix ne peut bénéficier du privilège, pourtant bien naturel, de vivre avec ses deux parents. Il s'ensuit un déséquilibre dont l'aboutissement le plus fréquent est un sentiment de frustration, de révolte, d'angoisse face à la solitude et de fuite des responsabilités de la vie active.

S'il est parfaitement exact qu'une majorité de jeunes redoute le chômage, il est non moins certain qu'une forte minorité d'entre eux, victimes de la solitude, redoute le travail en raison d'obstacles relationnels qu'ils ne peuvent surmonter. Le plus surprenant demeure que la proportion de familles volontairement monoparentales ne cesse de croître, ce qui revient à dire que cette démarche préméditée est une recherche délibérée de la solitude en dépit des multiples inconvénients qu'elle entraîne aussi bien pour les parents que pour les enfants.

Les motivations d'un tel comportement sont difficiles à cerner tant elles sont à la fois nombreuses et contradictoires. Toutefois la première constatation qui s'impose est que la population française, très conservatrice par nature, a été singulièrement malmenée depuis une trentaine d'années. Elle a mal supporté le passage rapide du monde rural au monde industriel et crie grâce quand on lui parle de civilisation post-industrielle. Effrayée par la perspective de nouvelles mutations, elle manque de confiance en elle, hésite à s'investir et recherche avant tout la sécurité ou, à défaut, les satisfactions immédiates. Chacun se tenant le même raisonnement, il n'y a rien d'étonnant à ce que les égoïsmes individuels et corporatifs fassent figure de valeur refuge et que faute d'avoir devant soi un grand projet, chacun fasse finalement le projet de n'en avoir aucun.

Guy FEHLMANN
Professeur à la faculté des lettres de Caen

26 SEPTEMBRE 1986 **NORMANDIE VENDÉE**

(aus „Ouest France“)

Text (A)

enthält praktisch **alle optischen Signale,** von denen die Rede war:

- **Überschrift** (**1**),
- **Einleitender Absatz** in anderer Schrifttype (**2**),
- durch Zahlen zusätzlich markierte **Absätze** (**3**),
- **Zwischenüberschriften** (**4**),
- **Zeichnungen** mit jeweils erläuternden **Zusatztexten** (**5**).

Die **vielfältigen optischen Signale erlauben** einen **direkten Zugriff** auf den **Informationsschwerpunkt.**
Eine detaillierte Lektüre erübrigt sich fast.

Text (B)

bietet als **einzige optische Signale:**

- **Überschrift** (**1**) und
- Unterteilung in **Abschnitte** (**2**).

Der zurückhaltende Einsatz optischer Signale verlangt **andere Techniken des Zugriffs: (erster Abschnitt, letzter Abschnitt, kursorische Lektüre** usw.).

Ü 11

Machen wir dazu eine kleine Übung:

Sieh dir folgenden Text etwas genauer an und beantworte die Fragen stichwortartig in dein Heft.

1. Welche **optischen Signale** setzt er zur Verbesserung der Übersichtlichkeit ein?

2. Überfliege:
   den **Titel** – den **einleitenden Abschnitt** in anderer Schrifttype – den **ersten Abschnitt** und die **letzten Sätze** des Textes – die **Zwischenüberschriften** – das **Bild** und den dazugehörigen Text.
   Worüber informiert dieser Text?

Du wirst feststellen, daß du, obwohl du den Text nicht in seiner vollen Länge gelesen hast, schon **differenzierte Aussagen** über „Sprachreisen“ machen kannst.

Mieux vivre

Vos enfants et vous

Les séjours linguistiques

Il n'est pas fort en anglais ? Pourquoi ne pas essayer les séjours linguistiques ? Ils peuvent être très positifs. A condition que certaines conditions soient respectées.

On le sait depuis longtemps, pour bien apprendre une langue étrangère, le meilleur moyen est de séjourner dans son pays d'origine. Entendre la langue, être obligé de l'employer pour les menus faits quotidiens, rien de tel pour se familiariser avec elle.

Un seul enfant par famille

C'est pourquoi la formule des « séjours linguistiques » marche fort bien. Pas seulement d'ailleurs pour les enfants qui éprouvent des difficultés en classe. Ces séjours seront aussi très profitables aux bons élèves qui parleront plus volontiers, les plus faibles étant parfois bloqués par leur manque de vocabulaire. *« Il ne faut pas attendre des résultats fulgurants,* explique une enseignante, *et quatre ou cinq séjours sont souvent nécessaires pour bien manier la langue ».* Pour les jeunes Français, le séjour en Angleterre est devenu quasi traditionnel. En France, de nombreux organismes proposent à peu près les mêmes services. Essentiellement des séjours en groupe (les enfants partent tous ensemble, sont placés dans des familles et se retrouvent pour suivre des cours). Cette formule est d'ailleurs la moins chère. Mais pour que le séjour porte ses fruits, certaines conditions sont nécessaires...
D'abord, assurez-vous que votre enfant sera le seul Français accueilli dans la famille. Sinon, entre les activités où le groupe se retrouve et la maison, il risque de parler plus souvent le français que la langue du pays ! Attention aussi aux formules séduisantes du type : « faites du tennis tout en apprenant l'anglais ». Si le sport occupe la majorité du temps, le séjour sera peut-être utile pour sensibiliser l'enfant à une autre culture, mais les acquis linguistiques risquent d'être maigres. Quinze heures de cours par semaine, c'est une bonne moyenne pour accomplir des progrès. A condition que les enseignants soient qualifiés et assez nombreux pour le nombre d'enfants. Renseignez-vous sur la nationalité du professeur, ses diplômes. Un professeur autochtone est de loin préférable. Les familles d'accueil, elles, sont régulièrement visitées par les correspondants locaux des organisateurs. Ceux-ci s'occupent aussi de régler les problèmes qui peuvent surgir en cours de séjour.

Les bienfaits de la séparation

Pour les plus jeunes, on choisit en général des petites villes, dans lesquelles ils se sentiront moins perdus ; les treize-quinze ans seront plutôt accueillis dans des villes moyennes, et les adolescents dans des grandes villes ou la région londonienne, qui offrent des activités plus variées. Autre formule : les séjours individuels. Vous trouvez, par le biais de l'école par exemple, un correspondant et votre enfant séjourne dans sa famille. Plus tard, vous accueillerez à votre tour le petit Anglais. Là, vous êtes — presque — sûrs que votre enfant sera seul, qu'il sera obligé de pratiquer la langue. Mais il risque, surtout s'il est jeune, de se sentir un peu isolé et de s'ennuyer. Enfin, quelle que soit la formule, s'ajoute au bain de langue l'effet bénéfique de la séparation. L'enfant découvre un autre pays, d'autres mœurs sans ses parents et il est obligé de se débrouiller dans un milieu inconnu. Généralement, il y gagne en autonomie, en « culot ». *« Au retour, ils se sentent moins intimidés et s'expriment davantage en classe* note une enseignante, *ce qui les stimule dans l'étude de la langue ».* A condition bien sûr, que ce séjour ne soit pas présenté comme une punition pour cause de mauvais résultats, ce qui est tout de même assez facile à éviter ! N'oubliez pas avant son départ de regarder avec lui des documents sur la région (atlas, dépliants touristiques) et si possible prenez contact auparavant avec la famille accueillante. Ainsi votre bambin se sentira déjà en pays de connaissance. ■

B. de Valicourt/Zelig

Rien de tel, pour aider votre enfant à progresser en anglais, qu'un voyage en Angleterre. La meilleure formule : le séjour dans une famille, accompagné de cours intensifs.

Dans quelles conditions ?

● <u>A quel âge ?</u> Au plus tôt à la fin de la cinquième pour que l'enfant ait quelques notions d'anglais.
● <u>Combien de temps ?</u> Pas moins de trois semaines pour le premier séjour, pour qu'il puisse s'adapter.
● <u>Avec qui ?</u> Vous avez le choix. Optez pour un organisme qui dispose de son propre réseau (pas un sous-traitant). Le Comité d'accueil (Ligue de l'enseignement : *4, rue St Fargeau, 75020 Paris. Tél. : 43.58.95.28*), est le principal organisme para-public et le moins cher : 3 500 F pour trois semaines, voyage compris. Il est dirigé par des enseignants. Les autres sont privés et les prix sont autour de 5 000 F pour 3 semaines, voyage compris. Les plus importants et les plus anciens :
OSFB, *7, rue de l'Eperon, 75006 Paris, tél. : 43.29.76.31.*
TURGYS ORG : *BP 3, Dammartin en Goële, tél. : 60.03.43.38.*
EURO LANGUE : *35, bd des Capucines, 75002 Paris, tél. : 42.61.53.35.*

Lundi prochain :
les sections sport-études

(aus „Femme Actuelle")

Zusammenfassung · Zusammenfassung · Zusammenfassung

Fassen wir das bisher Gelernte noch einmal zusammen:

1. Kursorisches/überfliegendes Lesen

1. Grundregel:

Lies dir den Text zügig von Anfang bis Ende durch, auch wenn dir nicht alle Wörter bekannt sind, und fasse den **inhaltlichen Schwerpunkt** des Textes in ein bis zwei Sätzen zusammen.

2. Antizipieren der Textaussage

2. Grundregel:

Überprüfe die **„sensiblen" Stellen** des Textes im Hinblick auf den Informationsschwerpunkt.

Du hast bisher **Techniken** kennengelernt, um dir schnell einen **ersten Überblick** über einen Text zu verschaffen.

Wir wollen aber noch einen Schritt weitergehen. Denn um **über einen Text sprechen** und seine wesentlichen Aussagen zusammenfassen zu können, brauchst du mehr Detailkenntnis.

Der zunächst flüchtigen (kursorischen) Lektüre muß deshalb eine **sorgfältige, ins Detail gehende Lektüre** folgen.
Auch dabei sind einige **Grundtechniken** zu beachten.

C Die vertiefende Lektüre

1. Grundtechniken der Bedeutungserschließung

R 3

3. Grundregel:

Räume sprachliche Probleme aus.

Während du bei der **kursorischen Lektüre** unbekanntes Vokabular **überlesen konntest,** mußt du bei der **vertiefenden Lektüre** zumindest die **Bedeutung der Schlüsselbegriffe** klären.

Da den **Techniken der Bedeutungserschließung** ein ganzes Kapitel dieses Buches gewidmet ist (vgl. Kapitel 3), nennen wir hier nur die **Grundtechniken:**

a) Erschließen unbekannter Wörter aus dem **Kontext/ Satzzusammenhang** (vgl. S. 44),

b) Rückgriff auf **Internationalismen** (vgl. S. 45),

c) Rückgriff auf die **Wortfamilie** (vgl. S. 48),

d) Erschließung aufgrund der **Wortzusammensetzung** (vgl. S. 49),

e) Rückgriff auf ein **einsprachiges** oder **zweisprachiges Wörterbuch** (vgl. S. 74).

Aber:

Schlage nicht jedes unbekannte Wort nach!!

Schlage nur die Wörter nach, die für das Verständnis des Textes absolut notwendig erscheinen und die allen sonstigen Erschließungstechniken (a–d) beharrlich widerstehen!

Je länger ein Text, je unübersichtlicher sein Aufbau, desto schwieriger der **Zugriff auf Textdetails.** Wenn du aber einen **Text** in seinen **Teilaspekten** verstehen und – vor allem – zusammenfassen und analysieren willst, brauchst du einen **guten Überblick** auch **über Textdetails.** Nur wenige Leser sind in der Lage, einen Text nach einer intensiven Lektüre so im Griff zu haben, daß sie auch Details reproduzieren können. Dafür gibt es aber eine **wichtige Hilfe:**

2. Tips zum Markieren von Textstellen

R 4

4. Grundregel:

Markiere alle wichtig erscheinenden Textstellen!

Dies solltest du allerdings erst dann tun, wenn du dir mit den oben vorgestellten **Techniken** des **kursorischen** und **antizipierenden Lesens** einen **Überblick** über den **inhaltlichen Schwerpunkt** des Textes verschafft hast; denn die **Markierungen** sollten **im Hinblick auf diesen thematischen Schwerpunkt** erfolgen. Du mußt das Lesetempo dabei natürlich verringern, um auf Einzelheiten achten und wichtige Textstellen mit Bleistift, Buntstiften oder verschiedenen Textmarkern hervorheben zu können.
Je geübter du in dieser Technik bist, desto mehr **Arbeitsgänge** kannst du **in einem Lesedurchgang** erledigen. So wirst du bald lernen, bei der zweiten oder dritten Lektüre nicht nur Dinge zu markieren, die **im Hinblick auf das Verstehen der manifesten Informationen** wichtig sind, sondern auch **im Hinblick auf *„Analyse“*** und ***„Commentaire personnel“*.**

Hier nun einige **Tips, was** und **wie** man **im Text markieren** kann:

- **Schlüsselbegriffe** einkreisen oder einkasteln,
- **wichtige Wörter** oder Satzteile unterstreichen oder unterschlängeln,
- **Zusammenhängendes** durch eine **bestimmte Farbe** (Marker) unterlegen oder mit **verschiedenen Symbolen** (✱ ○ + •) kennzeichnen (z. B. alle Einzelheiten, die **eine** Person oder **einen** Argumentationsstrang betreffen),
- **Zusammengehörendes** im Text durch **Linien** verbinden,
- **logische Zusammenhänge** durch **Symbole** kennzeichnen wie:

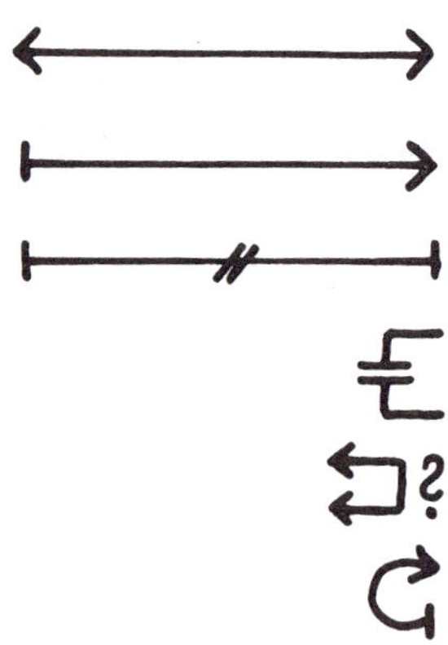

Argument / Gegenargument
These / Gegenthese

Folgerung

Gegensatz

Parallelen

Widerspruch

Rückverweis usw. usw. …

All dies sind natürlich nur Vorschläge. Letztendlich wählst du dir doch dein

eigenes Markierungssystem.

Aber markieren solltest du in jedem Fall!

Denn es erspart dir viel Zeit beim **Suchen nach Textbelegen** und macht den **Text deutlich übersichtlicher.**

Nur **einen Rat** solltest du dringend befolgen:

Unterstreiche und markiere nicht zu viel!!!

Unterstreiche **niemals ganze Textpassagen** (die kannst du am Rand markieren), allenfalls **Schlüsselsätze.** Beschränke dich, wenn möglich, auf das Markieren von **Schlüsselwörtern** und **zusammenhängenden Ausdrücken.**

Unterstreichst du zu viel, wird es dir im nachhinein schwerfallen, zwischen Wichtigem und Unwichtigem zu unterscheiden, und der angestrebte Effekt kann sich ins Gegenteil verkehren.

Von Lehrern wirst du häufig hören, man solle nicht zu früh markieren. Eine intensive Analyse und ein differenzierteres Verständnis des Textes könne später ergeben, daß man Falsches markiert habe.

Wir teilen diese Auffassung nicht!!

Hier nun ein Beispiel dafür, wie eine solche **Markierung** eines Textes aussehen könnte:

D'accord ? Pas d'accord !

Interdiction de fumer au travail

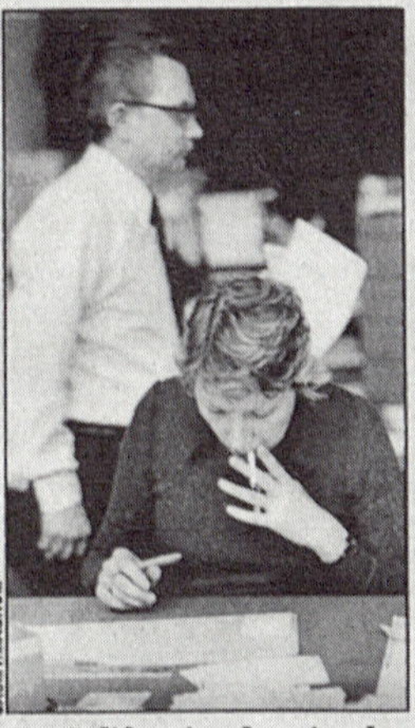

GAUMY/MAGNUM

En Californie, depuis plus d'un an, une loi interdit la cigarette sur le lieu de travail. Certaines entreprises refusent d'embaucher des fumeurs, le tabac s'étant révélé dangereux, même pour les non-fumeurs. Un exemple à suivre en France ?

• **Je ne suis pas d'accord,** s'insurge Laurence, vingt-sept ans, comptable. Je fume depuis dix ans et je ne peux pas m'arrêter. J'ai essayé : rien à faire ! Si je n'ai pas ma dose de cigarettes, ça me rend nerveuse, irritable. Je n'arrive pas à me concentrer sur mon travail et, au bout du compte, ce sont mes collègues qui en pâtiraient. Heureusement, j'ai un bureau pour moi toute seule, donc je n'empoisonne personne autour de moi. La meilleure solution serait peut-être d'envisager des bureaux fumeurs et des bureaux non-fumeurs. Comme dans les compartiments du train !

• **Oui, nos députés feraient bien de suivre l'exemple de la Californie,** estime Claire, trente-cinq ans, standardiste. Moi, je ne fume pas et je trouve insupportable d'être obligée de respirer la fumée des autres. Je déteste cette odeur. Quand je sors du bureau, mes vêtements en sont complètement imprégnés. J'ai lu dans un journal que les femmes non-fumeuses dont le mari fume ont davantage de cancers que les femmes de non-fumeurs. Mon mari ne fume pas non plus. Je refuse d'avoir un cancer parce que mes collègues ont choisi de s'intoxiquer.

• **Ce qui me gêne, c'est qu'on fasse une loi pour interdire,** déclare Catherine, trente-deux ans, employée d'administration. C'est un peu une atteinte à la liberté individuelle. Je ne fume qu'occasionnellement et je peux très bien m'en passer. Mais je trouve que les gens devraient être assez raisonnables pour ne pas avoir besoin de loi. Chaque entreprise devrait décider si elle doit interdire ou non le tabac dans ses murs. Il devrait suffire que des non-fumeurs le demandent pour que les autres respectent ce souhait. Je sais que c'est dur, mon mari est fumeur. Mais on peut toujours sortir en griller une dans le couloir. ■

(aus „Femme Actuelle")

Interdiction de fumer au travail...

Natürlich mußt du dir, **bevor** du mit dem **Markieren** beginnst, einen **Überblick** über den ganzen Text verschaffen und dir Gedanken über die **Kernaussage** machen (vgl. kursorisches oder antizipierendes Lesen). Dann aber kannst du **sofort** markieren, was **dir im Hinblick auf den inhaltlichen Schwerpunkt** oder einen anderen Informationsschwerpunkt **wichtig** erscheint.

Ü12

Dazu eine kleine Übung:

Im folgenden Text sollst du einmal versuchen, zunächst den **inhaltlichen Schwerpunkt zu formulieren** und dann alle im Hinblick auf diesen Schwerpunkt **wichtigen Aspekte** in ähnlicher Form wie oben zu **markieren.** Vergleiche deine Lösung dann mit der vorgeschlagenen Lösung im Lösungsteil.

Suicide, mode d'emploi

Si nous voulons que demain les milliers de Karen qui choisissent la mort chaque année puissent choisir *la mort douce,* il faut battre en brèche l'immonde pouvoir de vie et de mort que les médecins veulent garder sur nous. Il faut casser le chantage de la société qui dit à ceux qui veulent mourir «après tout, c'est votre affaire, tant pis si vous souffrez et d'ailleurs si vous vous ratez, nous ne vous raterons pas, nous ferons tout pour vous contraindre à la survie».
Pour cela nous pouvons tenter de redistribuer aux gens eux-mêmes le savoir que les spécialistes détiennent. Quelqu'un qui veut se tuer ne devrait plus avoir à se demander s'il aura le courage de sauter sous le métro et s'il aura du mal et s'il mourra tout de suite ...
Chacune (un) devait connaître la dose exacte du médicament nécessaire. Pour commencer ceux qui savent: médecins, infirmiers, etc., et qui sont prêts à mettre, pour une fois pratiquement, leur savoir au service de tous, peuvent écrire au journal la liste des moyens chimiques de se tuer sans souffrance dont ils ont connaissance (nom des médicaments, prix, avec ou sans ordonnance, dosage exact). Il sera alors possible d'étudier les moyens de diffusion du matériel ainsi rassemblé (presse, affiches...).

Ecrire à TK avec mention: Comité Mort Douce.

Claude Guillon
Tankonala Santé, n° 17, hiver 1975.

1. Welches ist der **inhaltliche Schwerpunkt** dieses Textes?

2. Markiere nun im Text alle **Aspekte,** die **im Hinblick** auf den o. g. **inhaltlichen Schwerpunkt wichtig** sind.

3. Gliederung des Textes nach Aufbau und Struktur

Eine zusätzliche Möglichkeit, den **Text „überschaubar"** zu machen, ihm **„Relief"** zu geben, ist das **Markieren** des

Textaufbaus / der **Textstruktur.**

R 5

5. Grundregel:

Versuche, wann immer möglich, dir über den Aufbau des Textes Klarheit zu verschaffen und diesen durch optische Markierungen und Anmerkungen (z. B. Untertitel) am Rand kenntlich zu machen.

Solche **„Randbemerkungen"** können sein:

- **Einleitung – Überleitung – Hauptteil – Schluß**(-folgerung)
- **These – Gegenthese** – Schlußfolgerung/**Synthese**
- **Ausgangspunkt – Problemstellung**
- **Beispiel**
- **neuer Gedanke – Wiederholung**
- **Widerspruch – Gegensatz** – usw. usw. ...

Für die Anlage einer **Textzusammenfassung** (Résumé, vgl. S. 154) kann diese Art der **Strukturierung** sowie das **Formulieren von Untertiteln** von großem Nutzen sein.

Beim Aufspüren des **Textaufbaus** helfen dir bestimmte **Leitfragen:**

Bei Texten, die einen Sachverhalt darlegen, kommentieren, argumentierend entfalten etc.:	**Bei Texten, die etwas erzählen, Ereignisse schildern, Personen und Handlungen beschreiben etc.:**
- **Wovon** spricht der Text **zuerst,** wovon **dann,** wovon **am Schluß?** - **Wie** entfaltet der Autor die **einleitende These** (Argumente - Gegenargumente - Schlußfolgerungen?)? - **Welches Teilthema** behandelt der **1. Abschnitt,** welches der **2. Abschnitt** usw.? - **Wo** wird ein **Gedanke abgeschlossen,** wo wird ein **neuer Gedanke** aufgenommen ...? usw. ...	- **Welche Personen** werden vorgestellt? - **Was tun** die Personen? - **Wann tun** sie es? - **Wo tun** sie es? - **Warum tun** sie es? - **Welche Ereignisse** werden zunächst, welche danach, welche am Ende dargestellt ...? usw. ...

Entsprechend **„randbemerkt“** könnte der **argumentative Text** von Seite 31 folgendermaßen aussehen:

D'accord ? Pas d'accord !

Interdiction de fumer au travail

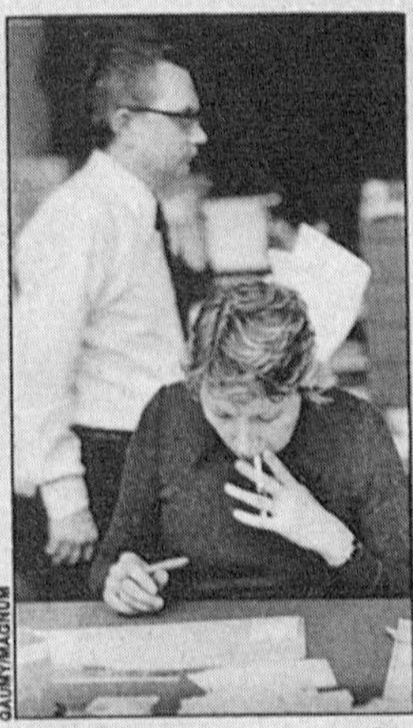

En Californie, depuis plus d'un an, une loi interdit la cigarette sur le lieu de travail. Certaines entreprises refusent d'embaucher des fumeurs, le tabac s'étant révélé dangereux, même pour les non-fumeurs. Un exemple à suivre en France ?

● **Je ne suis pas d'accord,** s'insurge Laurence, vingt-sept ans, comptable. Je fume depuis dix ans et je ne peux pas m'arrêter. J'ai essayé : rien à faire ! Si je n'ai pas ma dose de cigarettes, ça me rend nerveuse, irritable. Je n'arrive pas à me concentrer sur mon travail et, au bout du compte, ce sont mes collègues qui en pâtiraient. Heureusement, j'ai un bureau pour moi toute seule, donc je n'empoisonne personne autour de moi. La meilleure solution serait peut-être d'envisager des bureaux fumeurs et des bureaux non-fumeurs. Comme dans les compartiments du train !

● **Oui, nos députés feraient bien de suivre l'exemple de la Californie,** estime Claire, trente-cinq ans, standardiste. Moi, je ne fume pas et je trouve insupportable d'être obligée de respirer la fumée des autres. Je déteste cette odeur. Quand je sors du bureau, mes vêtements en sont complètement imprégnés. J'ai lu dans un journal que les femmes non-fumeuses dont le mari fume ont davantage de cancers que les femmes de non-fumeurs. Mon mari ne fume pas non plus. Je refuse d'avoir un cancer parce que mes collègues ont choisi de s'intoxiquer.

● **Ce qui me gêne, c'est qu'on fasse une loi pour interdire,** déclare Catherine, trente-deux ans, employée d'administration. C'est un peu une atteinte à la liberté individuelle. Je ne fume qu'occasionnellement et je peux très bien m'en passer. Mais je trouve que les gens devraient être assez raisonnables pour ne pas avoir besoin de loi. Chaque entreprise devrait décider si elle doit interdire ou non le tabac dans ses murs. Il devrait suffire que des non-fumeurs le demandent pour que les autres respectent ce souhait. Je sais que c'est dur, mon mari est fumeur. Mais on peut toujours sortir en griller une dans le couloir. ■

Randbemerkungen (handschriftlich):

- Introduction: point de départ; question centrale →
- arguments "contre": fait; raisons; solution
- arguments pour une interdiction: absorption inconsciente; – conséquences possibles – dangers
- compromis: refus de la loi; réserves; une solution

Ü 13

Hier eine Übung zum **„Spurenlesen"** und zur **Strukturierung** eines Textes. Lies dir zunächst folgenden Text **kursorisch** durch. Löse dann die nachfolgenden Aufgaben.

Point de vue

Vaincre la faim

Des surplus agricoles en Europe. Des carences alimentaires en Afrique. Quoi de plus logique que d'envoyer nos excédents aux populations de ce continent !

Et pourtant, hormis les indispensables secours d'urgence, ce n'est pas forcément la meilleure façon d'aider le Tiers monde. En moyenne, il s'écoule 419 jours entre le moment où l'aide alimentaire est décidée et celui où elle arrive à destination. Aux lenteurs de la bureaucratie s'ajoutent celles du transport. Et sur place, les denrées vont-elles à ceux qui en ont le plus besoin ? Deux fois sur trois, le gouvernement les vend à la population pour renflouer ses caisses ; et comme partout, il y a des trafics.

Peu efficace, cette aide devient parfois nocive. Ainsi celle de 1985 arrive aujourd'hui seulement. Notre blé européen engorge les silos africains et empêche de stocker la production de mil qui, cette année, est bonne. Même s'il arrive à temps, cet apport extérieur freine les cultures locales. Car l'habitude se prend de consommer du pain, à la manière des Blancs : c'est plus relevé que de manger une galette de mil.

Alors, quelle stratégie ? La plus adaptée est sans doute d'aider les pays du Tiers monde à se prendre en charge, à développer leurs propres cultures vivrières au lieu d'utiliser leurs précieuses devises pour l'achat, à l'extérieur, de denrées alimentaires. Même au Sahel, la pénurie n'est pas générale. La situation varie suivant les régions. Au Sénégal, les greniers de la Casamance peuvent être pleins, tandis qu'au nord on meurt de faim. De même au Mali et au Niger, le sud est mieux pourvu. Pourquoi ne pas mettre en rapport les zones déficitaires avec les autres ? C'est ce que font des organismes comme Peuples solidaires, Frères des hommes et Terre des hommes. A leurs partenaires des régions défavorisées, ils fournissent de l'argent grâce auquel ils achètent, dans une autre région, des produits en excédent.

Cette forme d'aide, appelée « opération triangulaire » – elle met en jeu trois partenaires – commence à intéresser les instances politiques. En France, le gouvernement a débloqué deux millions de francs qui, au Sénégal, en 1985, ont permis d'acheter à des producteurs du sud 900 t de mil et 100 t de riz et de les acheminer vers le nord. Et la Communauté européenne a consacré dix millions d'écus pour une opération similaire.

C'est à l'opinion publique de pousser les gouvernements à s'orienter de plus en plus vers cette forme d'aide. Elle est moins spectaculaire que la pratique habituelle – écouler des surplus et pouvoir dire : « Nous nourrissons les pays de la faim » – mais elle est plus efficace et répond à une aspiration profonde : le droit des peuples à se nourrir eux-mêmes.

Jean TOULAT.

(aus „Ouest France")

1. Welches ist der **Aussageschwerpunkt** dieses Textes? Kreuze die deiner Meinung nach richtige Lösung an.

- [ ] La nécessité des Européens d'aider les Africains en leur envoyant des aliments.
- [ ] Appel au gouvernement français d'arrêter les envois alimentaires et de laisser faire les peuples africains eux-mêmes.

☐ Description de la faim au Tiers Monde.

☐ Stratégie pour aider les peuples africains à se nourrir eux-mêmes.

2. Welche Zeilen umfaßt die **Einleitung**? ________ bis ________

   Welches ist der **Hauptteil** des Textes? ________ bis ________

   Wo beginnt der **Schluß?** ________

3. Hier ist eine Auswahl von **Zwischenüberschriften.** Ordne sie dem Sinn entsprechend verschiedenen Teilen des Textes zu.

   Zwischenüberschriften (bunt gemischt)

   - **conclusion** ________________________________

   - **nouvelle stratégie** ________________________________

     ~opération triangulaire ________________________________

     ~aider les gens à se prendre en charge ________________________________

     ~échanges entre les différentes régions d'un pays ________________________________

   - **point de départ** ________________________________

     ~logique des envois alimentaires ________________________________

   - **inconvénients** (Nachteile) **des envois alimentaires** ________________________________

     ~problèmes de stockage ________________________________

     ~problème de distribution ________________________________

   Mache diese Übung auf folgende Weise: Nenne jeweils zu den **Zwischenüberschriften** und sonstigen Randbemerkungen die richtigen Zeilenangaben, also:

   - *conclusion* (Zeile x–y)

   - *opération triangulaire* (Zeile x ff.) usw.

Zum Abschluß dieses Kapitels eine Übung, die alle Teilbereiche noch einmal zusammenfaßt. Na, hast du noch Mut???

Abschlußübung · Abschlußübung · Abschlußübung

Ü 14

Überfliege den folgenden Text im Sinne des **kursorischen Lesens** und **fasse** das **Thema** des Textes in 1–2 Sätzen **zusammen.**

Les couples longue distance

J'étais institutrice à Lille et mon mari fonctionnaire à Angers. Dans nos deux professions, les couples risquent d'être séparés par la mutation d'un des époux. Aussi quand nous nous sommes mariés, nous savions déjà que nous aurions des problèmes pour nous rejoindre. Mais nous étions jeunes et optimistes. Nous avons donc fait nos demandes pour des postes à Paris.

Au début, c'était le rêve. Jeune couple séparé, notre lutte pour nous rejoindre était même belle … Pendant plus de trois ans, notre mariage a été un mariage week-end, la fête. Quand nous retrouvions, c'était la passion intense. Nous étions tout jeunes, pleins de projets. Pendant l'attente, il me réveillait tous les matins par téléphone et je l'appelais le soir, pour lui dire bonne nuit.

Mais nous avions de gros frais: les voyages, le téléphone, et les loyers de nos deux domiciles, le mien à Lille et le studio de mon mari à Angers. On ne se voyait plus qu'une semaine sur deux. De plus en plus, il ne nous restait que les souvenirs déchirants des gares. L'angoisse du dimanche, du départ, dominait la joie du vendredi soir. Nous étions fatigués d'avoir peu d'argent, de toujours repousser notre projet de fonder une famille. La semaine était remplie par le travail, les visites aux administrations, les lettres échangées avec les bureaux responsables et l'attente, toujours l'attente…

Finalement, une nouvelle: mon mari était muté à Lille!

Vivre ensemble! Nous avons commencé à décorer notre maison, à nous découvrir vraiment, à pouvoir compter l'un sur l'autre, jour après jour … Quand j'apprends que ma demande pour Paris a été acceptée! Je devais partir pour la rentrée scolaire, il y avait déjà quelqu'un pour occuper ma place à Lille … Le désespoir. Recommencer les voyages, les coups de téléphone, les attentes.

Rien à faire, je suis partie. J'ai loué une chambre de bonne. Maintenant, c'était à moi d'aller le rejoindre. Quand j'arrivais, la table était mise, avec une bougie au milieu… Mais ce décor n'etait plus celui de notre passion: c'était celui de très longues discussions pour trouver une solution. Trois fois, nous nous sommes trouvés au bord de la séparation. Quand exceptionnellement il venait à Paris, on ouvrait un lit de camp et c'était les vacances: on ne discutait pas, on essayait de vivre pleinement nos deux jours ensemble. Au bout d'un an, il en a eu assez, il a donné sa démission. A Paris, il a mis trois mois pour trouver du travail, puis il a accepté d'aider son oncle dans sa boutique. Là, les horaires lui ont permis de reprendre des études. Aujourd'hui, il est ingénieur. Si jamais il devait repartir, je laisserais tout tomber et je partirais avec lui…

(nach einem Artikel aus „Femme Pratique")

1. Thema:

______

______

______

2. Spurenlesen:

Was bedeutet: „des couples longue distance“? ______

______

______

Welche Nachteile des Getrenntlebens nennt der Text?

- ______
- ______
- ______

Welches ist die größte Enttäuschung im Zusammenleben dieses Paares? ______

______

______

3. Textaufbau:

Der Text läßt sich in verschiedene **Sinnabschnitte** einteilen:
- Welche Zeilen umfassen Sinnabschnitte?

1. ______ 2. ______ 3. ______

4. ______ ? ______ ? ______

- Finde zu jedem Sinnabschnitt eine **Zwischenüberschrift.**

1. ______

2. ____

3. ____

____

____

4. Markierung:

Unterstreiche oder unterlege (Textmarker) in jedem **Sinnabschnitt** die dir im Hinblick auf das Thema bzw. die Zwischenüberschrift **wichtigen Textstellen.**

Fassen wir noch einmal zusammen, warum das **Markieren** und **Gliedern von Texten** so wichtig ist:

Die **Markierungen** dienen dazu, dem zunächst **unüberschaubaren Text** ein **Relief** zu geben, d. h. ihn durch das Setzen **optischer Schwerpunkte** für das Auge leichter überschaubar zu machen und somit im Bedarfsfall einen **schnellen Zugriff auf Textdetails,** Textversatzstücke, bestimmte Argumente, logische Beziehungen usw. zu ermöglichen.

Dies wird um so wichtiger, je umfangreicher und komplexer die Texte werden. Deshalb ist diese **„Reliefgebung"** auch dann angezeigt, wenn du Ganztexte wie Dramen, Novellen und Romane liest.

Aber noch aus einem anderen Grund ist die **Reliefgebung sinnvoll:** Sehr häufig mußt du, beispielsweise bei der Bearbeitung eines Dossiers (Textsammlung) zu einer bestimmten Thematik auf schon erarbeitete Texte und deren Informationen bzw. Argumente zurückgreifen.

Ein entsprechend „präparierter" Text erschließt sich auch zu einem späteren Zeitpunkt mühelos (z. B. wenn du ihn bei der Abiturvorbereitung noch einmal vornehmen mußt, um ein Thema zu wiederholen!).

Zusammenfassung · Zusammenfassung · Zusammenfassung

Arbeitsschritte für den Umgang mit unbekannten Texten

A) Kursorische/überfliegende Lektüre

1. Grundregel: **Lies** den Text **zügig** von Anfang bis Ende durch, auch wenn nicht alle Wörter bekannt sind, und **fasse** den **inhaltlichen Schwerpunkt** in ein bis zwei Sätzen **zusammen.**

B) Antizipieren der Textaussage

2. Grundregel: Überprüfe die **„sensiblen" Stellen** des Textes **im Hinblick auf den inhaltlichen Schwerpunkt**

a) **die Überschrift,**
b) den **ersten Satz oder Abschnitt,**
c) den **letzten Satz oder Abschnitt,**
d) die **optische Aufmachung** des Textes:
   - **Absätze** und **Einschübe,**
   - **Hervorhebungen** durch unterschiedliche **Schrifttypen,**
   - **Zwischenüberschriften,**
   - **Zeichnungen** und **Fotos.**

C) Vertiefende Lektüre

3. Grundregel: Räume **sprachliche Probleme** aus durch:

a) **Erschließen** unbekannter Wörter aus dem **Kontext/Satzzusammenhang,**
b) Rückgriff auf **Internationalismen,**
c) Rückgriff auf die **Wortfamilie,**
d) Erschließung aufgrund der **Wortzusammensetzung,**
e) Rückgriff auf ein **einsprachiges** oder **zweisprachiges Wörterbuch.**

4. Grundregel: **Markiere** alle dir im Hinblick auf den **inhaltlichen Schwerpunkt wichtig** erscheinenden Textstellen mit Bleistift, Buntstiften oder Textmarkern.

Beachte:
Unterstreiche/markiere **nicht zu viel** und vermeide das Unterstreichen ganzer Textpassagen!!

5. Grundregel: Versuche, wann immer möglich, dir über den **Aufbau des Textes** Klarheit zu verschaffen und diesen durch **optische Markierungen** und **Anmerkungen** (z. B. Untertitel) **am Rand** kenntlich zu machen.

Beachte dabei die **Leitfragen** von S. 34!

3. Kapitel

Ich versteh immer nur Bahnhof ... oder:

Vom Umgang mit unbekannten Wörtern

Folgende Situation dürfte dir nicht unbekannt sein:
Nach Abschluß des Lehrbuchs sollst du lernen, **authentische französische Texte,** d. h. Texte, die **für Franzosen** verfaßt wurden, zu lesen und zu verstehen.
Da die Texte keine Rücksicht auf deinen ja noch begrenzten Kenntnisstand nehmen, wirst du oft ratlos vor einer Fülle von dir **unbekannten Wörtern und Ausdrücken** stehen.
Möglicherweise wirst du den Text gleich lustlos oder verärgert beiseite legen in der Hoffnung, dein Lehrer werde es schon richten. Wenn nicht, so wird dein erster Gedanke sein:

Hier kann nur ein Wörterbuch helfen!!?

Häufig wird der Griff zum Wörterbuch tatsächlich notwendig sein. Das Nachschlagen in einem Wörterbuch ist immer eine lohnende Sache; denn das Wörterbuch gibt relativ schnell Auskunft.
Das Nachschlagen **jedes** unbekannten Wortes kann aber auch ein mühseliges Geschäft werden, vor allem dann, wenn man sich in seinem Wörterbuch nur schlecht zurechtfindet. Aus diesem Grunde wollen wir dir in diesem Kapitel **Kniffe** zeigen, wie du in vielen Fällen auch **ohne Wörterbuch** auskommen kannst. Wenn du ein wenig Ausdauer mitbringst, wirst du beim Durcharbeiten eine Menge über die französische Sprache lernen.

Wörter verstehen ohne Wörterbuch

Lesen soll Spaß machen – darüber sind wir uns wohl einig. Das häufige Nachschlagen in einem Wörterbuch unterbricht und verzögert den Lesefluß, du verlierst schnell die Lust und legst den Text oder das Buch enttäuscht beiseite.
Daß es bei ein wenig kriminalistischem Spürsinn **häufig auch ohne Wörterbuch** geht, wollen wir an einem konkreten Beispiel verdeutlichen. Es handelt sich um einen kleinen Zeitungsartikel aus der Tageszeitung *Le Monde.*

Ü 1

Lies dir den Text zunächst einmal zügig durch, **ohne dich an unbekannten Wörtern aufzuhalten.**

Vingt-trois otages et deux policiers neutralisés au cours d'un hold-up à Poitiers

Vingt-trois personnes ont été prises en otage, mercredi 2 avril, par quatre malfaiteurs, au cours d'un hold-up à la Banque populaire de Touraine et du Haut-Poitou à Poitiers. Peu après midi, les quatre hommes sont entrés l'un après l'autre dans la banque située place Général-Leclerc en plein centre-ville.

Au moment où ils neutralisaient les clients et le personnel présents au rez-de-chaussée et au premier étage de l'établissement, un employé a actionné le signal d'alarme relié au commissariat. Répondant à l'alerte, une voiture de police est arrivée rapidement devant la banque. Mais les malfaiteurs ont désarmé les deux policiers au moment où ils sont arrivés dans la banque. Ils ont ensuite conduit leurs otages - vingt-trois personnes en tout - dans la salle des coffres, au sous-sol, puis ont forcé un employé à ouvrir celui de la banque. Au total, le butin s'élève à 850 000 francs.

Les quatre hommes, qui ont agi en professionnels selon les otages, ont quitté la banque, vingt minutes après leur entrée, sans attirer l'attention du policier resté dans la voiture, garée à une trentaine de mètres de là mais derrière un arrêt de bus qui lui masquait la vue. Celui-ci n'a compris qu'il s'agissait d'un hold-up qu'à l'arrivée de collègues alertés par les otages qui s'étaient libérés entre-temps.

(nach einem Artikel aus „Le Monde")

Auch **ohne jedes einzelne Wort verstanden zu haben,** könntest du sicher schon erste Angaben über den **Textinhalt** machen, also beispielsweise:

- daß es sich um einen **Banküberfall** handelt,
- daß **mehrere Banditen** beteiligt waren,
- daß die **Polizei** alarmiert worden ist,
- daß die **Banditen** haben **fliehen** können.

Es ist also keineswegs unabdingbar, jedes einzelne Wort zu verstehen, um die **wesentlichen Informationen** eines Textes wiedergeben zu können.
Damit haben wir aber auch schon einen ersten **Schlüssel zum Erschließen unbekannter Wörter:**

Lies den Text grundsätzlich zunächst zügig durch, ohne am Einzelwort zu kleben. Die Textaussage erschließt sich aus dem Textzusammenhang.

Doch wir wollen diesmal etwas genauer hinsehen.
Lies dir deshalb den Text noch einmal langsam durch und unterstreiche alle dir unbekannten Wörter.

Nach unserer Einschätzung könntest du folgende Wörter unterstrichen haben:

otages - neutraliser - hold-up - malfaiteurs - client - actionner - alarme - relié - alerte - désarmé - salle des coffres - butin -

Möglicherweise haben wir mehr Wörter zusammengestellt, als du selbst unterstrichen hast. Vielleicht haben wir auch andere herausgesucht als du. Das spielt hier keine Rolle, denn wir wollen dir ja allgemeingültige **Techniken** vorstellen, **unbekannte Wörter ohne Wörterbuch zu verstehen.**

Techniken zur Erschließung fremdsprachlicher Wortbedeutungen

1. Wörter aus dem **Kontext** erschließen

Unbekannte Wörter/Ausdrücke erschließen sich häufig aus dem

textlichen Zusammenhang (Kontext).

Dies gilt beispielsweise in unserem Text für:

otages - personnel - relié - alerte - salle des coffres - butin

otage (1/3/19/31): In der Überschrift ist dieser Begriff zunächst unverständlich. Im **Textzusammenhang** aber wird deutlich, daß es sich um **Kunden** handelt, die von den Kriminellen **benutzt werden,** um **Forderungen durchzusetzen.** Sie werden in den Tresorraum getrieben, sie dienen als **Druckmittel** gegenüber dem Angestellten, der den Hauptsafe der Bank öffnen soll usw. Es handelt sich also, wie so oft bei bewaffneten Raubüberfällen, um **„Geiseln“.**

salle des coffres (20): Aus vielen Kriminalfilmen weißt du, daß, wenn bei einem Banküberfall die Verbrecher in das **Untergeschoß** *(le sous-sol)* drängen, sie vor allem an dem **Banksafe** und den **Schließfächern** interessiert sind, die sich in einem **gut gesicherten Raum** befinden, dem **„Tresorraum“.**

Wie du siehst, lassen sich mit ein wenig Spürsinn **unbekannte Wörter** durchaus **aus dem** textlichen **Zusammenhang erschließen.**

Ü 2

Versuche einmal, in dieser Weise die **Bedeutung** der anderen Wörter zu **erschließen,** die wir oben angegeben hatten. Schreibe nur die von dir angenommene deutsche Bedeutung daneben. Achte darauf, das jeweilige Wort in seinem **textlichen Zusammenhang** zu **untersuchen.**

personnel (11): ______________________________

relié (13): ______________________________

alerte (14): ______________________________

butin (22): ______________________________

2. Wörter über **Internationalismen** erschließen

a) Anglizismen

Es gibt eine Fülle von Wörtern und Begriffen, die in vielen Sprachen vorkommen und deshalb im Hinblick auf ihre **Bedeutungserschließung kaum Probleme** darstellen. Es handelt sich um die sogenannten **Internationalismen.** Ihr Vordringen ist auf die zunehmende **Internationalisierung** von Wissenschaft, Technik, Wirtschaft, Politik, Verkehr, Kultur usw. zurückzuführen.
Einen besonderen Einfluß übt in diesem Bereich das **Angloamerikanische** aus. Wer kennt nicht ***„hot dog“***, ***„big mac“***, ***„T-shirt“*** usw. In Frankreich spricht man vom ***„franglais“*** und meint damit die Durchmischung der französischen Sprache mit **Anglizismen** (Entlehnungen aus dem angloamerikanischen Raum).
Ob dies eine wünschenswerte Entwicklung ist, bleibt dahingestellt; denn diese internationale Mischsprache nimmt den Nationalsprachen viel von ihrer Eigenart.
Für dich aber ist diese Entwicklung insoweit von Vorteil, als du französische Texte leichter verstehen wirst.
Hier eine kleine Zusammenstellung von **Anglizismen aus französischen Texten:**

know-how – Duty Free Shop – week-end – sandwich – container – T-shirt – speakerine – parking – football – champion – flipper – jeans – cocktail – grill – check-up – leader – interview – snack-bar – disco – pub – club – hot dogs – show-business – fair-play – disk-jockey – hardware – pipeline – management – traveling – flash-back – one man show …

Die Wörter werden dir zum großen Teil geläufig sein.
In unserem Text findest du als zentrales Wort ***„hold-up“*** **(2/5/29–30).**

b) Entlehnungen aus dem Lateinischen

Aufgrund der Sprachentwicklung der **romanischen Sprachen (Italienisch, Spanisch, Portugiesisch, Französisch ...)**, die alle auf das **Lateinische** zurückzuführen sind, und aufgrund von **Entlehnungen** gibt es in verschiedenen Fremdsprachen oft **parallele Sprachbildungen,** die dir die **Bedeutung unbekannter Wörter erschließen** helfen.
Die Ähnlichkeiten können entweder im **Klangbild** oder im **Schriftbild** oder in beidem bestehen.

Tabelle 1

Lateinisch	Spanisch	Englisch	Französisch	Deutsch
popularis	popular	popular	**populaire**	populär
res publica	república	republic	**république**	Republik
presentare	presentar	present	**présenter**	präsentieren
persona	persona	person	**personne**	Person
tempus	tiempo	time	**temps**	Zeit
color	color	colour	**couleur**	Farbe

Sprachkenntnisse in anderen Sprachen können dir also eine wertvolle **Hilfe bei der Bedeutungserschließung im Französischen** sein.

3. Wörter als **Fremdwörter** im Deutschen (wieder)erkennen

Im Deutschen gibt es viele Wörter, die entweder **aus dem Französischen entlehnt** sind (z.B. Parfum, Komplet, Kompagnon, Romancier, Ressentiment, Emblem, blanchieren, Baisse, Sorbet, Silhouette, Montage usw.) oder **Ähnlichkeiten mit französischen Wörtern** haben (abonnieren → *abonner,* avisieren → *aviser,* Bulette → *boulette,* brillieren → *briller* usw.).

In unserem Zeitungstext findest du beispielsweise:

neutraliser (10): vgl. deutsch ***„neutralisieren"*** = *ausschalten*

client (10): im Deutschen: ***Klient.*** Wir sprechen von ***Klienten*** eines Rechtsanwalts.
Wir sagen, die Bank habe eine erlesene ***Klientel.***

alarme (13): Gleiche Aussprache wie das deutsche ***„Alarm"***. Der Kontext verdeutlicht, daß es sich um **Bedeutungsidentität** handelt.

masquer la vue (28): In dem Verb ***„masquer"*** steckt das deutsche Wort ***Maske.*** Mit einer ***Maske*** **verdeckt** man etwas.
In unserem Fall ***„verdeckt"*** die Bushaltestelle **den Blick/die Sicht.**

Ü 3

Machen wir zu der Möglichkeit des **Rückgriffs auf deutsche Fremdwörter** eine kleine Übung. Was bedeuten wohl die folgenden französischen Wörter im Deutschen?

französisches Wort	**deutsche Bedeutung**
télévision (f)	
littérature (f)	
auteur (m)	
squelette (m)	
diplomatie (f)	
hégémonie (f)	
robot (m)	
exportation (f)	
organiser	
laboratoire (m)	
impression (f)	
mass media (m)	
principe (m)	
prince (m)	
privilège (m)	

französisches Wort	**deutsche Bedeutung**
ruiner	
tolérer	
personnalisation (f)	
territoire (m)	
statut (m)	
solidarité (f)	
passant (m)	
géographie (f)	
document (m)	
inspecteur (m)	

Daß die **Annahme der Bedeutungsidentität** zwischen zwei Sprachen bei gleichlautenden oder ähnlich lautenden Wörtern ein zweischneidiges Schwert ist, läßt sich an dem Wort ***„populaire"* (5)** aus unserem Text verdeutlichen.
Es darf nämlich nicht verwechselt werden mit dem deutschen *„populär"*, obwohl es **die gleiche lateinische Wurzel** hat. Im Französischen hat es die ursprüngliche Bedeutung behalten (lat. *populus* = das Volk). **„Banque populaire"** heißt also **„Volksbank"**, es handelt sich also keineswegs um eine dank ihres außergewöhnlichen Service „populäre" Bank.

Dieses Problem der **falschen Bedeutungsübertragung** nennt man auch **„Faux Amis" (falsche Freunde).** Wir werden weiter unten noch einmal ausführlich darauf eingehen.

4. Wörter erschließen durch die **Wortfamilie**

Unter einer **„Wortfamilie"** versteht man **Wörter mit gleichem Stamm.**

Beispiel: **Wortfamilie *„forme"***

forme – formel – formellement – formaliser – formalisme – formaliste – formalité

Wenn du eines der Wörter einer **Wortfamilie** kennst, so wird es dir nicht schwerfallen, die **Bedeutung** der anderen **im textlichen Zusammenhang** zu **verstehen.**

In unserem Text findest du:

actionner (13): Es gehört zur **Wortfamilie *„action"*.**
Da dir ***„action"*** sicher bekannt ist (auch aus dem Englischen), kannst du die Bedeutung von ***„actionner"*** leicht erschließen, hier: ***betätigen, in Aktion setzen.***

5. Wörter aus **Wortzusammensetzungen** erkennen

Wörter sind oft **leichter zu verstehen,** wenn man sie in ihre **Bestandteile zerlegt.**

Nehmen wir wieder zwei Beispiele aus dem Text:

malfaiteur (4): ***mal - fait - eur***
Das Adverb ***„mal"*** (Adj. ***mauvais***) ist dir bekannt.
In ***„faiteur"*** steckt das Verb ***„faire"*.** Also kannst du schlußfolgern:
Un ***malfaiteur*** = quelqu'un qui ***„fait du mal"*.**

désarmé (16): Die **Vorsilbe *„dés"*** zeigt eine **Trennung, Verneinung** an. In ***„armé"*** steckt das Wort ***„arme" (= Waffe). „armer"*** bedeutet dann ***„bewaffnen"*, *„désarmer"*** also das Gegenteil, nämlich ***„entwaffnen"*.**

Ü 4

Ob du die **Bedeutung** folgender Wörter herausbekommst? **Zerlege sie dazu (im Kopf) in ihre Einzelteile:**

französisches Wort	**deutsche Bedeutung**
mésaventure (f)	
reprise (f)	
cohabitation (f)	
retrouver	
imprudence (f)	
à contrecœur	
contredire	

Bei der **Analyse** der **Wortzusammensetzung** kannst du dir die **Regeln** der **französischen Wortbildungslehre** zunutze machen, auf die wir weiter unten ausführlicher eingehen wollen.

Die **Bedeutungserschließung** mit Hilfe der **Zerlegung** eines Wortes in seine **Einzelteile** gilt natürlich in besonderer Weise für **zusammengesetzte Wörter/Ausdrücke,** deren **Einzelelemente** als **selbständige Wörter** im **Französischen** existieren.

Beispiel:

une **boîte** aux **lettres:** der **Kasten** für die **Briefe** = der **Briefkasten**

l'**argent** de **poche:** das **Geld** der **Tasche** = das **Taschengeld**

Ü 5

Machen wir dazu eine Übung. Versuche einmal, die **Bedeutung** folgender Wörter **aus ihren Einzelelementen** zu erschließen:

französisches Wort	**deutsche Bedeutung**
un **pèse-lettre**	
un **voyage éclair**	
une **attaque-surprise**	
un **coupe-papier**	
une **phrase-clé**	
une **ville-jardin**	
une **bande dessinée**	
un **petit-bourgeois**	
un **libre-service**	
une **sortie** de **secours**	
une **voie express**	
une **tour** de **contrôle**	

französisches Wort	**deutsche Bedeutung**
une **ligne** d'**arrivée**	
une **agence** de **voyages**	
une **auto-école**	
une **machine** à **coudre**	
une **brosse** à **dents**	
un **chef** d'**orchestre**	
une **cité-dortoir**	
un **trait** de **caractère**	

Zusammenfassung · Zusammenfassung · Zusammenfassung

Fassen wir noch einmal zusammen:

Du hast verschiedene Techniken kennengelernt, um die **Bedeutung unbekannter Wörter** in einem Text zu **erschließen:**

1. Die **Bedeutungserschließung** aus dem **Kontext.**

   Grundregel: Bleibe **nie am Einzelwort** kleben. Versuche, unbekannte Wörter immer in ihrem **textlichen Zusammenhang** zu sehen.

2. Rückgriff auf **Internationalismen**
   - **Anglizismen**
   - **Entlehnungen aus dem Lateinischen**

3. Rückgriff auf **Fremdwörter** im Deutschen

   Achtung: Faux Amis!

4. Das Verstehen unbekannter Wörter durch die Zugehörigkeit zu einer **Wortfamilie**

5. Die Analyse der **Wortzusammensetzung**

Wie oben angekündigt, wollen wir auf **zwei Aspekte der Bedeutungserschließung** noch einmal ausführlicher eingehen:

zu 5. **Analyse der Wortzusammensetzung**

zu 3. Die **Faux Amis (die falschen Freunde)**

zu 5. Analyse der Wortzusammensetzung

Wir wollen uns hier einmal ganz auf die **Vorsilben (Präfixe,** frz. ***préfixes*)** konzentrieren. In vielen Fällen erfährt nämlich das Grundwort eine **Bedeutungserweiterung** bzw. **-veränderung** durch entsprechende **Vorsilben.**

Die **Präfixe** kommen vor:

- als **Elemente,** die als Wörter **nicht unabhängig** existieren:

  relire, impossible ...

  Zu dieser Gruppe gehören auch **Entlehnungen** aus dem **Griechischen** und **Lateinischen:**

  néo-positivisme, hyper-actif, super-marché, multi-national ...

- als **Elemente,** die sonst die Funktion von (dir bekannten) **Präpositionen** haben.

  sous-développement, après-ski, avant-propos, surchauffé ...

Nun ist die **Anzahl der Präfixe** im Französischen **sehr hoch** und relativ **unübersichtlich.** Wir wollen uns im folgenden auf besonders „produktive" konzentrieren und versuchen, sie nach ihrer **Bedeutung** zu gruppieren.

Ihre Kenntnis wird dir helfen

- bei der **Bedeutungserschließung** unbekannter Wörter,
- aber auch bei der **Anfertigung eigener Texte,** denn es lassen sich **bestimmte Regeln ableiten.**

a) Die Gruppe der ***negativen Vorsilben***

Sie drücken aus:

- **Verneinung**
- **Gegenteil**
- **Fehlen**
- **Verlust**

Tabelle 2

in-	**ir- / im- / il-** →	**in**croyable, **ir**responsable ...
dés-	**dé- / dis-** →	**dés**hériter
mal-	**mau- / més- / mé** →	**mal**honnête, **mau**dire, **més**aventure, **mé**content
non-	→	**non**-intervention
a-	→	**a**normal, **a**social

Von diesen Vorsilben ist **in-** die **„produktivste".** Sie tritt in **unterschiedlichsten Formen** auf:

in- / ir- / im- / il-

Welche dieser Formen zur Anwendung kommt, hängt von dem jeweils **auf die Vorsilbe folgenden Buchstaben** ab:

Vor	**l**	**in-**	**il-**	→ **il**logique
Vor	**r**	**in-**	**ir-**	→ **ir**responsable
Vor	**p/b/m**	**in-**	**im-**	→ **im**possible, **im**buvable, **im**matériel

Diese Formen stehen also häufig vor **Adjektiven** und haben dann die Bedeutung:

un-	fähig	**in**capable
un-	logisch	**il**logique
un-	verantwortlich	**ir**responsable

Machen wir dazu zwei Übungen:

Ü 6

Schaffst du es, die folgenden **Wörter** zu **verstehen** und zu **übersetzen?** Schreibe das französische und das deutsche Wort in dein Heft - vielleicht gleich in ein Vokabelheft?
Wenn es dir nicht auf Anhieb gelingt, findest du unter der Übung die deutschen Übersetzungen. Du mußt sie allerdings noch richtig zuordnen:

immobile	**irrésolu**	**imbuvable**
inactif	**immortel**	**impoli**
inutile	**impossible**	**inattendu**
irrégulier	**irraisonnable**	**incomplet**
inaccessible	**inacceptable**	**inconnu**
incompréhensible	**incompétent**	**indéfini**
illimité	**inconfortable**	**irréel**

unhöflich - inakzeptabel - unmöglich - unsterblich - inaktiv - unbeweglich - unnütz - unerreichbar - unerwartet - unvollständig - unbekannt - unbestimmt - unwirklich - unvernünftig - unbegrenzt - unentschlossen - unregelmäßig - inkompetent/unfähig - unbequem - untrinkbar - unverständlich -

Es ist natürlich ein Vorteil, diese Möglichkeit, das **Gegenteil auszudrücken,** auch **aktiv zu beherrschen.** Du solltest versuchen, dir jeweils die **Gegensatzpaare** einzuprägen, also:

limité	≠	**il**limité
connu	≠	**in**connu ...

Ü 7

In der folgenden Übung kannst du einmal selbst versuchen, die **französischen Wörter ins Gegenteil zu verwandeln** und sie dann ins Deutsche zu übersetzen. Wende dabei die **Schreibregel** an, die du auf S. 53 gelernt hast.

französ. Wort	**deutsche Bedeutung**
______ connu	
______ mobile	
______ égal	
______ lisible	
______ actif	
______ puissant	
______ capable	
______ prudent	
______ sensible	
______ attentif	
______ certain	

Doch nun noch einige Beispiele zu den anderen Möglichkeiten, eine **Verneinung,** ein **Gegenteil** etc. auszudrücken, (wie sie in Tabelle 2 schon genannt sind).
Der Normalfall ist natürlich **nicht,** ein **Einzelwort** zu verstehen oder zu übersetzen. Wie du weiter oben gelernt hast, ist es viel **leichter, ein Wort aus dem Satzzusammenhang zu verstehen.**

Ü 8

Deshalb im folgenden eine Übung, in der die zu verstehenden und zu übersetzenden Wörter im Satzzusammenhang auftauchen. Schreibe die deutsche Übersetzung des hervorgehobenen Wortes in die Klammer.

1. Il a été **mécontent** des résultats (________________________).

2. Une politique de **non-intervention** (________________________).

3. La manifestation était **apolitique** (________________________).

4. Sylvie est pour moi une amie **irremplaçable** (______________________________).

5. Il est interdit d'entrer dans la zone **démilitarisée** (______________________________).

6. Quelle chance! Il faut **déboucher** une bouteille (______________________________).

7. Après la mort de sa femme, il a été complètement **désespéré**
(____).

b) Die zweite Gruppe der Vorsilben

Sie drücken aus:

- eine **Wiederholung**
- einen **Neuanfang**

r- **re-** **ré-**

Ü 9

Sicher kein Problem für dich, die folgenden **Verben zu verstehen.**
Schreibe die Übersetzung in die Klammern:
(Wenn du willst, natürlich auch gern gleich wieder in dein Vokabelheft)

rouvrir (______________________________)

relever (______________________________)

refroidir (______________________________)

reprendre (______________________________)

réintégrer (______________________________)

réchauffer (______________________________)

réorganiser (______________________________)

remonter (______________________________)

réapparaître (______________________________)

relire (______________________________)

rebâtir (______________________________)

refaire (______________________________)

c) Die dritte Gruppe der Vorsilben

Sie existieren:

- als **Präpositionen** im **Französischen**
- oder waren **Präpositionen** im **Lateinischen**

Tabelle 3

sur-	**über-**	auch im Sinne eines höheren/niederen Grades
sous-	**unter-**	
avant- **pré-**	**vor-**	zeitlich
après- **post-**	**nach-**	
pro-	**für-, vor-, pro-**	Zustimmung
contre- **anti-**	**gegen**(feindlich)	Opposition, Feindschaft, Verteidigung

Diese **Vorsilben** lassen sich gut in **Gegensatzpaaren** lernen:

sur- ⟷ **sous-**
avant- ⟷ **après-**
pré- ⟷ **post-**
pro- ⟷ **contre-**
anti-

Ü 10

In der folgenden Übung sind **Wortzusammensetzungen mit Vorsilben** hervorgehoben. Versuche, sie mit Hilfe der Angaben s. o. und **aus dem Kontext** zu verstehen. Schreibe dir die entsprechenden Wörter heraus (in dein Heft) und setze die deutsche Übersetzung daneben. Die Übersetzung muß nicht immer ein passendes deutsches Wort, sondern kann auch eine Umschreibung sein.

1. Le roman d'**après-guerre.**
2. L'acteur se dirige vers l'**avant-scène.**
3. Il y a eu des manifestations **anti-américaines.**
4. Il faut le **contredire,** autrement il ne comprendra pas qu'il a tort.
5. Pour faire son footing, il a mis un **survêtement.**
6. Le Parti Communiste Français est **pro-soviétique.**

7. Il est toujours à l'hôpital pour un traitement **post-opératoire.**
8. Elle prétend savoir **prédire** l'avenir.
9. Une installation **anti-vol.**
10. Renault a un excellent service **après-vente.**

Ü 11

Ordne jetzt die richtigen deutschen Begriffe den französischen zu.

le sous-sol		Unterentwicklung
survivre		widerwillig
la surpopulation		Untergeschoß
contredire		widersprechen
suranné		Gegengewicht
le sous-vêtement		überleben
à contre-courant		gegen den Strom
survoler		überaltert
le contrepoids		Überbevölkerung
le sous-développement		überfliegen
à contre-cœur		Unterwäsche

d) Die vierte Gruppe der Vorsilben

Sie drücken aus

- einen **hohen Grad** (wie der Superlativ)

Einige davon haben im Deutschen die gleiche Bedeutung.

archi-
extra-
hyper-
super-
sur-
ultra-

Diese Vorsilben werden sehr häufig in der **Presse,** der **Werbung,** aber auch im **politischen** und **wirtschaftlichen Bereich** benutzt.

Dazu einige Beispiele:

1. La salle a été **archipleine** („bis zum Bersten" gefüllt/brechend voll)
2. Ces élèves sont **surdoués** (hochbegabt).
3. C'est une femme **hypersensible** (überempfindlich).
4. On va construire dans le quartier un centre commercial **ultra-moderne** (ein supermodernes Geschäftszentrum).

Dazu eine kleine Übung:

Ü 12

Versuche, die hervorgehobenen **Wortzusammensetzungen** zu verstehen und zu übersetzen.

1. Ce professeur est **archifou.** ______
2. C'est un régime **ultra-conservateur.** ______
3. Cette femme est **hyperémotive.** ______
4. Les pays occidentaux (westliche Länder) souffrent d'une **surproduction.**

   ______
5. Une commission **super-compétente** s'occupera de cette affaire.

   ______
6. Actuellement tu trouves des haricots (Bohnen) **extra-fins** au marché.

   ______

e) Die fünfte Gruppe der Vorsilben

Sie stammen aus dem **Griechischen** und **Lateinischen**, aus dem Bereich der **Wissenschaftssprache.**

Es handelt sich um Vorsilben, die sehr „produktiv" sind und in vielen Sprachen vorkommen.

Ü 13

Wir wollen die **Vorsilben** diesmal nicht sofort mit ihrer Bedeutung vorstellen. Vielmehr sollst du versuchen, ihre Bedeutung selbst zu umschreiben. Da hilft dir sicher **deine Allgemeinbildung.** Gelingt dir das nicht, hilft dir vielleicht das Lösungsangebot unter der Übung, die zugehörige Bedeutung herauszufinden.

Das Stichwort, mit dem diese Vorsilbe zu tun hat, heißt:

aéro- : Luft

cosmo- : ______

démo- : ______

géo- : ______

moto- : ______

néo- : ______

proto- : ______

pseudo- : ______

thermo- : ______

xéno- : ______

Einige dieser Vorsilben betreffen:

die Wärme – die Bewegung – die Erde – die Welt – die Luft – das Volk.

Andere bedeuten, daß etwas:

neu – fremd – das erste – falsch ist.

Ü 14

In der folgenden Übung sollst du wieder die beiden richtigen Worthälften miteinander verbinden. Setze, wenn du das zusammengesetzte Wort gefunden hast, die deutsche Bedeutung dahinter. Hier darfst du ausnahmsweise auch das **Wörterbuch** benutzen:

aéro-		…nyme	
démo-		…cyclette	
moto-		…logisme	
néo-		…type	
proto-		…port	Flughafen
pseudo-		…cratie	
géo-		…phobie	
thermo-		…graphie	
xéno-		…mètre	

Zusammenfassung · Zusammenfassung · Zusammenfassung

Fassen wir noch einmal zusammen, was du über die **Vorsilben** als **„bedeutende" Wortelemente** gelernt hast:

Du hast folgende **Arten von Vorsilben** kennengelernt:

a) **Vorsilben,** die eine **Verneinung,** ein **Gegenteil,** ein **Fehlen,** einen **Verlust** ausdrücken:
in-(ir-/im-/il-), dés-(dé-/dis-), mal-(mau-/més-/mé-), non-, a-

b) **Vorsilben,** die eine **Wiederholung,** einen **Neuanfang** ausdrücken:
r-/re-/ré

c) **Vorsilben,** die dir als **Präpositionen** bekannt sind:
sur-/sous-/avant-/après-/pré-/post-/pro-/contre-/anti-

d) **Vorsilben,** die einen **„hohen Grad"** ausdrücken:
archi-/extra-/hyper-/super-/sur-/ultra-

e) **Vorsilben** aus dem **Griechischen** und **Lateinischen**, aus dem Bereich der **Wissenschaftssprache**:
aéro-/cosmo-/démo-/géo-/moto-/néo-/proto-/pseudo-/thermo-…

Alle diese Vorsilben findest du übrigens als Einzeleinträge mit ihren Bedeutungsnuancen in einsprachigen Wörterbüchern.

Abschlußübung • Abschlußübung • Abschlußübung

Ü 15

Wenn du Lust hast, kannst du dich noch einmal testen.
Gib zu jedem der folgenden Wörter das **Gegenteil** an.
Schreibe die Wortpaare in ein Heft.

utile
honnête
sous-production
sous-estimer
entente

acceptable
lisible
après-guerre
attaque

activité
pro-américain
responsable
possible

Zu 3. Die **Faux Amis** (die falschen Freunde)

Wir haben weiter oben gesehen, daß
- **Fremdwörter** aus dem Deutschen oder
- Wörter im Französischen mit **ähnlicher Lautung** oder **Schreibung** wie im Deutschen

eine **Hilfe bei der Bedeutungserschließung** unbekannter Wörter sein können.

Wir haben aber schon angedeutet, daß hier auch nicht zu unterschätzende **Gefahren** lauern, und zwar in Form der sogenannten **Faux Amis.**

Das wollen wir an einer kleinen Episode verdeutlichen:

Herr und Frau Schmitz aus Wanne-Eickel legen auf ihrem Weg an die Costa Brava in Orange eine Pause ein. Auf der Suche nach einem Café stellen sie mit Befremden fest, daß sich mitten in der Stadt eine Bar an die andere reiht, so daß Frau Schmitz schon mutmaßt, in einem verruchten Viertel der Stadt gelandet zu sein. Schließlich finden sie ein kleines Café, stellen aber beim Eintreten mit Erstaunen fest, daß gar keine Kuchentheke vorhanden ist. Des Französischen nicht gerade mächtig, aber von ihren schönen Sahne-Baisers in Wanne-Eickel träumend, nimmt Frau Schmitz ihren ganzen Mut zusammen, winkt dem Kellner und bittet: Un baiser!?! Hat sie Glück, wird ihr der Kellner charmant einen Kuß auf die Wange drücken und ihr seine Adresse ins Ohr flüstern, hat sie Pech, wird er loslachen.

Nun, was ist passiert?

Frau Schmitz ist bei ihrem ersten Kontakt mit Frankreich verschiedenen **„Faux Amis"** aufgesessen, und zwar in der Annahme, daß in verschiedenen Sprachen auftretende identische Wörter auch identische Bedeutung hätten.

Die **„Bars"** waren natürlich keine Nachtclubs, sondern ganz normale **Kneipen.** Was man in Deutschland **„Café"** nennt, ist in Frankreich ein **„salon de thé"** (ein **„café"** ist ebenfalls eher eine **Kneipe**), und unter **„baiser"** versteht der Franzose eben **nicht** ein **Schaumgebäck,** sondern einen **Kuß.**

Obwohl bei sehr vielen Wörtern, die dir aus dem Deutschen bekannt sind, **Bedeutungsidentität** besteht, ist, wie die Episode gezeigt hat, doch **Vorsicht** geboten.

Beispiele für Wörter, die in **Bedeutung** und **Schreibung identisch** sind, gibt es genug. Hier eine kleine Kostprobe:

Tabelle 4

D	F	D	F
die Liste	**la liste**	das Niveau	**le niveau**
die Revue	**la revue**	die Situation	**la situation**
der Sprinter	**le sprinter**	die Diplomatie	**la diplomatie**
das Testament	**le testament**	die Harmonie	**l'harmonie**
der Garant	**le garant**	das Examen	**l'examen**
der Amateur	**l'amateur**		

Die Reihe ließe sich ebenfalls beliebig fortsetzen. **Gewißheit** darüber allerdings, ob **Bedeutungsidentität** vorliegt, vermittelt entweder der **Kontext** oder das **Wörterbuch** (darauf kommen wir noch ausführlich in **Kapitel 4**).

Bei den **Faux Amis** kann man **drei Problemfelder** unterscheiden:

a) ***Abweichende Schreibung*** *oder* ***anderes Geschlecht***

Vom Deutschen her bekannte **Fremdwörter** haben im Französischen zwar oft **dieselbe Bedeutung,** werden dort aber **anders geschrieben** oder haben ein **anderes Geschlecht.**

- Bei der **Bedeutungserschließung** eines **französischen Wortes** kann dir die Kenntnis des deutschen Fremdwortes dennoch eine Hilfe sein, auch wenn Geschlecht und Schreibung abweichend sind.

- Bei der **Übertragung** eines **deutschen Fremdwortes** ins Französische aber besteht die **Gefahr falscher Schreibung** oder **Genuswahl.** **Hier ist also Vorsicht geboten!!**

Ü 16

In den folgenden Sätzen findest du jeweils Wörter, die in beiden Sprachen zwar **identische Bedeutung** haben, aber entweder **unterschiedlich geschrieben** werden oder ein **anderes Geschlecht** haben. Ordne die entsprechenden Wörter (mit Artikel) in die Tabelle ein. Einige Wörter kannst du in beide Spalten eintragen (*Accents* gelten nicht als unterschiedliche Schreibweise):

1. La situation économique est vraiment catastrophique en ce moment.
2. Il est absurde d'acheter une voiture avec tant de confort, c'est trop cher et ça ne sert à rien.
3. La forteresse se trouvait au bord du Sahara. On avait mit les canons dans le grand axe de la rue centrale.
4. Il n'a pas arrêté de répéter cet épisode.
5. J'aime le numéro 1 du hit-parade de cette semaine, c'est le groupe x. Je l'ai entendu ce matin à la radio.
6. Le cambrioleur (Einbrecher) fit un geste et renversa (umstoßen) le vase.
7. Il est très conservateur dans ses idées.

anderes Geschlecht	
französisch	**deutsch**

andere Schreibung	
französisch	**deutsch**

andere Schreibung	
französisch	**deutsch**

b) ***Bedeutungsverschiebung***

Wörter mit gleicher oder zum Verwechseln ähnlicher Schreibung können erhebliche Bedeutungsunterschiede aufweisen.

Diese ergeben sich vielfach daraus, daß ein irgendwann aus dem Französischen übernommenes Wort in einer der beiden Sprachen seine **ursprüngliche Bedeutung** behalten hat, während in der anderen Sprache eine **Bedeutungsverschiebung** stattgefunden hat.

Hier nur eine kleine Auswahl aus einer Fülle solcher **„Faux Amis"**:

Tabelle 5

wird im **Französischen** durch **ein anderes Wort** übersetzt ←	**das deutsche Wort**	→ existiert mit **ähnlicher** oder **gleicher Schreibung** im **Französischen** →	hat aber **folgende Bedeutung**
acrobate (m)	**der Artist**	**artiste (m)**	der Künstler
compromettant	**blamabel**	**blâmable**	tadelnswert
se rendre ridicule	**sich blamieren**	**blâmer**	tadeln
gai, joyeux	**fidel**	**fidèle**	treu

wird im **Französischen** durch **ein anderes Wort** übersetzt ←	**das deutsche Wort** ↓	→ existiert mit **ähnlicher** oder **gleicher Schreibung** im **Französischen**	→ hat aber **folgende Bedeutung**
groupe parlementaire (m)	**die Fraktion**	**fraction (f)**	der Teil/Bruch (mathém.)
perfusion (f)	**die Infusion**	**infusion (f)**	der Aufguß/ Kräutertee
charogne (f)	**der Kadaver**	**cadavre (m)**	die Leiche (Mensch)
boussole (f)	**der Kompaß**	**compas (m)**	der Zirkel
luxueux	**luxuriös**	**luxurieux**	wollüstig/unzüchtig
imagination (f)	**die Phantasie**	**fantaisie (f)**	launischer, origineller Einfall
édredon (m)	**das Plumeau (Federbett)**	**plumeau (m)**	der Federbesen, Staubbesen
contravention (f)	**das Protokoll (wegen Verkehrsübertretung)**	**protocole (m)**	die Gesamtheit der Regeln für Höflichkeit im diplomatischen Verkehr
logement (m)	**das Quartier**	**quartier (m)**	das (Stadt-)Viertel
mise (f) en scène	**die Regie**	**régie (f)**	staatliche Verwaltung
metteur (m) en scène	**der Regisseur**	**régisseur (m)**	der Verwalter
gilet (m)	**die Weste**	**veste (f)**	die Jacke, das Sacko

Wohl gemerkt:
Dieses **Problem** tritt sowohl bei der **Bedeutungserschließung unbekannter Wörter** wie beim **Übersetzen ins Französische** auf.

Ü 17

Deshalb zur Abwechslung hier einmal eine **Übersetzung aus dem Deutschen ins Französische.** Orientiere dich dabei an **Tabelle 5** und übersetze ins Heft.

1. Nach dem Unfall hat der Arzt ihm eine Infusion gegeben.
2. Es ist wirklich schwer, seinen Wagen in Paris zu parken (garer). Ich habe schon wieder ein Protokoll.

3. Kennst du den Regisseur des Films „La Nuit Américaine“?
4. In Frankreich wirst du selten Plumeaus (Federbetten) finden.
5. Die sozialistische Fraktion hat den Plenarsaal (l’hémicycle) verlassen.
6. Um diese Aufgabe (problème, m) zu lösen (résoudre), brauchst du ein wenig Phantasie.
7. Die Gattin des Präsidenten trug ein luxuriöses Kleid.

Wir wollen die **Faux Amis** nicht verlassen, ohne nicht noch einen letzten **Problemkreis** anzusprechen, der für dich besonders wichtig werden kann.
Er betrifft zwar **nicht** direkt das **Verstehen** unbekannter Wörter in einem Text, gehört aber trotzdem zur Kategorie der **Faux Amis.** Deshalb wollen wir ihn hier mit abhandeln.

*c) **Fehlerhafte Übertragungen** von **Verbkonstruktionen***

In Klassenarbeiten und Klausuren stellen die **fehlerhaften Übertragungen** von **Verbanschlüssen** aus dem Deutschen ins Französische ein nur schwer auszumerzendes **Fehlerreservoir** dar. Deshalb lohnt es sich, sich etwas intensiver damit auseinanderzusetzen.

1. Verben, denen **im Deutschen** ein **indirektes Objekt (Wem?)** folgt, die aber **im Französischen** ein **direktes Objekt (Wen?)** haben.

   Beispiel:

jemande**m** helfen	aider **quelqu’un**
Er hilft **ihm**.	Il **l’** aide.

Dazu eine Übersicht:

Tabelle 6

Französisch: direktes Objekt (Wen?)	**Deutsch: indirektes Objekt (Wem?)**
aider qn	jdm. helfen
contredire qn	jdm. widersprechen
croire qn	jdm. glauben
écouter qn	jdm. zuhören
féliciter qn	jdm. gratulieren
flatter qn	jdm. schmeicheln
menacer qn	jdm. drohen
remercier qn	jdm. danken
suivre qn	jdm. folgen

2. Verben, die **im Französischen** die **zusammengesetzten Zeiten** mit avoir (haben), **im Deutschen** aber mit sein bilden:

Beispiel: Er ist gelaufen. Il a couru.

Tabelle 7

céder	weichen (nachgeben)
courir	laufen
diminuer	weniger werden
disparaître	verschwinden
finir	zu Ende gehen
marcher	gehen/wandern
nager	schwimmen
rouler	rollen/fahren

rencontrer	begegnen
réussir	gelingen
sauter	springen
suivre	folgen
voyager	reisen

3. Verben, die im **Französischen reflexiv** (rückbezüglich) sind, im **Deutschen** aber **nicht:**

Beispiel: Das Feuer **ist erloschen.** Le feu **s'est éteint.**

Tabelle 8

s'apercevoir de	bemerken (jmd. auffallen)
se composer de	bestehen aus
se douter de	ahnen
s'écrier	ausrufen
s'éteindre	erlöschen
s'étonner	staunen
s'évader	entweichen, entfliehen
se lever	aufstehen
se méfier de	mißtrauen
se noyer	ertrinken
se passer	geschehen, passieren
se repentir de	bereuen
se résigner	resignieren
se réveiller	aufwachen
se révolter	revoltieren, aufbegehren
se taire	schweigen, verstummen

4 Verben, die **im Französischen** einen **anderen präpositionalen Anschluß** haben als **im Deutschen:**

Beispiel: Ihre Unterhaltung **bestand aus** einer Serie von Banalitäten. — Leur conversation **consistait en** une série de banalités.

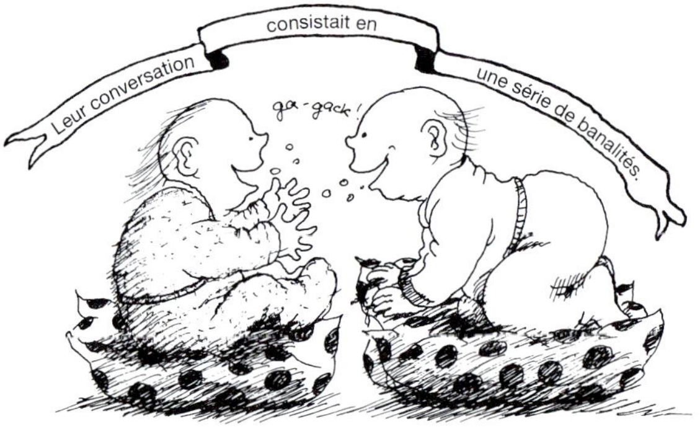

Tabelle 9

finir par	enden auf (mit)
commencer par	beginnen mit (+ Substantiv)
consister en	bestehen aus
être content de	zufrieden sein mit
se composer de	sich zusammensetzen aus

Wie du siehst, ist die **Übertragung von Wörtern, Bedeutungen, Verbkonstruktionen** usw. von einer Sprache in die andere **voller Fallen** und Quelle ständigen Ärgers.
Bei den von uns zuletzt genannten **Verben** handelt es sich um besonders häufig auftretende **Übertragungsfehler. Du solltest sie intensiv lernen** und immer wieder mal durchlesen. So könntest du eine ärgerliche Fehlerquelle ausschalten.

Ganz ohne Übung wollen wir das Kapitel aber nicht abschließen:

Abschlußübung · Abschlußübung · Abschlußübung

Ü 18

Zum Abschluß eine kleine **Übersetzung,** die es „in sich hat“.

Übersetze ins Heft:

1. Sie haben gestaunt, als sie sahen, wie sich die Lage (situation) verbessert hat.
2. Warum bist du rot geworden, warum schämst du dich, warum schweigst du? Mißtraust du uns?
3. Sprich mit ihm, höre ihm zu. Wenn du Geduld hast, wird er dir helfen können.
4. Un tract:

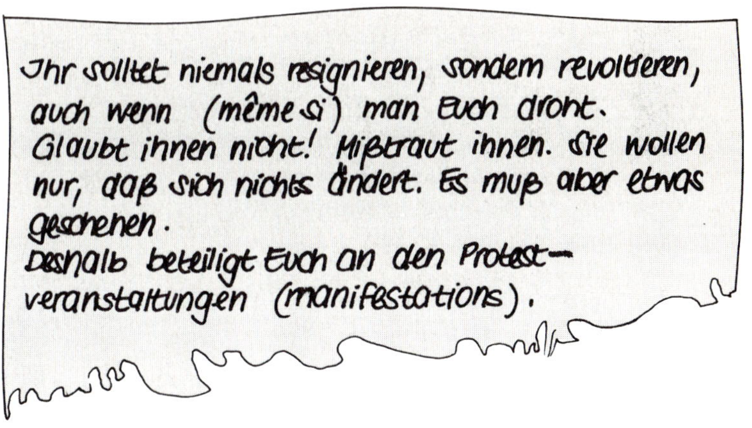

4. Kapitel

Sprachtraining mit dem Wörterbuch

Das folgende Kapitel ist aufgrund seines großen Angebots an Übungen sehr umfangreich. Die Übersicht auf S. 153 gibt dir einen genauen Überblick über die Inhalte dieses Kapitels. Vielleicht überfliegst du sie schnell einmal, damit du weißt, was dich alles erwartet.

Wörterbücher sind unentbehrliche Helfer beim Erlernen einer Fremdsprache.

Zwar hast du im vorausgehenden Kapitel erfahren, wie man mit Spürsinn in vielen Fällen Texte **ohne** die Benutzung von **Wörterbüchern** verstehen kann, manchmal lassen einen aber auch diese Techniken im Stich. Dann hilft nur noch **der Griff zum Wörterbuch.**

Nun dienen **Wörterbücher** aber keineswegs nur dazu, unbekannte Wörter zu verstehen bzw. für deutsche Ausdrücke französische Entsprechungen zu finden. Wollte man ihre Bedeutung auf die **Funktion der Bedeutungserhellung und Übersetzung** beschränken, so würde man sie **weit unter Wert** verkaufen.

Wir wollen dir im folgenden Kapitel zeigen, daß sie sehr viel mehr bieten. Auch wenn du dich im Umgang mit Wörterbüchern schon relativ sicher fühlst (wahrscheinlich arbeitest du ja im Englischen schon länger damit), lohnt sich die Mühe, dieses Kapitel durchzuarbeiten. Denn wahrscheinlich kennst du doch nicht alle **Tricks** und **Kniffe,** mit Hilfe des **Wörterbuchs schwierige sprachliche Situationen** zu **meistern.** Außerdem wirst du beim Durcharbeiten sprachlich eine Menge lernen!

Bist du ein wenig neugierig geworden?

Tant mieux!!!

Die in diesem Kapitel verwendeten Ausschnitte aus Wörterbüchern sind jeweils nur als Beispiele zur Demonstration eines Phänomens oder einer bestimmten Arbeitstechnik gedacht. Sie sind daher in den meisten Fällen mit Artikeln aus vergleichbaren Wörterbüchern austauschbar, und die beschriebenen Arbeitstechniken oder Übungen sind übertragbar z. B. auf das Wörterbuch, das du gerade in deiner Klasse oder Schule benutzt.

Wir haben unsere Beispiele hier in diesem Kapitel aus gängigen Wörterbüchern für den Schulgebrauch ausgewählt, die im Langenscheidt-Verlag erschienen sind.

Die Arbeit mit den zweisprachigen Wörterbüchern

Wörterbücher können dir **in allen Situationen** nützlich sein, in denen du mit der **Fremdsprache** umgehst, also nicht nur beim

a) **Verstehen von Texten**, sondern auch

b) beim **Abfassen von Texten,**

c) beim **Wiederholen und Erweitern deines Wortschatzes,** ja sogar

d) beim **Sprechen.**

Hilfsmittel, die dich ständig begleiten, solltest du natürlich gut kennen. Wir wollen dir in diesem Kapitel mit vielen Übungen helfen, deine **Wörterbücher besser kennenzulernen.** Deshalb solltest du zunächst **alle Wörterbücher** heranschaffen, die du besitzt, damit du die vorgestellten Möglichkeiten sofort erproben kannst.

Wie du weißt, gibt es **einsprachige** und **zweisprachige Wörterbücher.**
Stellt sich zunächst die Frage:

Welches Wörterbuch überhaupt benutzen???

Natürlich wäre es wünschenswert, möglichst frühzeitig mit einem **einsprachigen Wörterbuch** zu arbeiten, da es, wie du weiter unten sehen wirst, **viele Vorteile** gegenüber den **zweisprachigen Wörterbüchern** bietet.

Aber wir wollen uns nichts vormachen:

Du wirst zunächst zu einem **zweisprachigen Wörterbuch** greifen. Schließlich gibt es die gesuchten **Auskünfte** in der **Muttersprache,** und das ist zunächst einmal von Vorteil und so schön bequem, vor allem dann, wenn die eigenen Sprachkenntnisse noch etwas lükkenhaft sind.
(Du brauchst übrigens kein schlechtes Gewissen zu haben. Auch dein Französischlehrer benutzt häufig ein zweisprachiges Wörterbuch, vor allem dann, wenn er eigene Texte erstellt.)
Leider zeigt aber die Erfahrung, daß gerade bei der **Benutzung von zweisprachigen Wörterbüchern** sehr häufig **Fehler** gemacht werden.
Diese sind allerdings eher auf einen fehlerhaften Umgang mit dem Wörterbuch als auf mangelnde Qualität des Wörterbuchs zurückzuführen.
Ein Grund mehr, sich mit der Handhabung des Wörterbuchs intensiv auseinanderzusetzen. Die hier investierte Zeit zahlt sich später in vielfacher Weise aus.

Befassen wir uns zunächst mit den **deutsch-französischen** bzw. **französisch-deutschen Wörterbüchern.**

Ein Ratschlag:

Du solltest dir ein nicht zu „schmalbrüstiges" **deutsch-französisches** bzw. **französisch-deutsches Wörterbuch** zulegen. Die Schulbuchverlage haben inzwischen Wörterbücher erstellt, die sehr zuverlässig sind und die Lernprobleme deutscher Schüler berücksichtigen.

Da wir im Rahmen dieses Buches wie gesagt nicht alle auf dem Schulbuchmarkt erhältlichen Wörterbücher vorstellen können, wollen wir uns fragen, was alle Wörterbücher gemeinsam haben. (Danach wollen wir den Umgang mit dem Wörterbuch konkret üben.)

Strukturelle Gemeinsamkeiten der zweisprachigen Wörterbücher

1. Alphabetische Reihenfolge der Stichworteinträge

Nahezu **alle Wörterbücher** (zweisprachige wie einsprachige) nehmen die **Stichworteinträge** in **alphabetischer Reihenfolge** vor.

Um dir das **Auffinden eines Stichwortes** zu erleichtern, solltest du dein Wörterbuch „präparieren", indem du das **Alphabet** und die zu jedem Buchstaben gehörenden Seiten auf der Stirnseite des Wörterbuchs **markierst** (s. Abbildung). Dies erspart dir zeitraubende Sucherei.

Einige Wörterbücher bieten als Service schon eine **ABC-Griffleiste** an, die die Präparierung überflüssig macht.

ABC-Griffleiste

Die ABC-Griffleiste am Rand dieser Seite hilft, den gesuchten Buchstaben im französisch-deutschen oder deutsch-französischen Teil schnell aufzufinden.

Man „greift" den gesuchten Buchstaben hier am Rand und blättert mit dem Daumen, bis der gesuchte Buchstabe auf dem Rand der betreffenden Seite auftaucht. Er kommt zweimal vor – einmal im französisch-deutschen und einmal im deutsch-französischen Teil.

Linkshänder benutzen in gleicher Weise die ABC-Griffleiste am Ende des Buches.

(aus: „Langenscheidts Schulwörterbuch", Französisch)

Vielleicht hast du Lust, dich ein wenig zu testen, ob du die **Systematik der alphabetischen Ordnung** beherrschst; denn, wie du weißt, **entscheidet** oft erst der **4.** oder **5. Buchstabe** eines Wortes über die **Reihenfolge** des Eintrags im Wörterbuch.

Ü 1

Ordne die folgenden Wörter entsprechend ihrer alphabetischen Reihenfolge:

a) fourreau - formulaire - forfait - fourgon - fourche - forge

1. ____________________
2. ____________________
3. ____________________
4. ____________________
5. ____________________
6. ____________________

b) leçon - larron - lège - largue - large - lecteur - larvaire

1. ____________________
2. ____________________
3. ____________________
4. ____________________
5. ____________________
6. ____________________
7. ____________________

Ü 2

Die Wörterbuch-Autoren haben sich hier bei der **Reihenfolge der Einträge** geirrt. Kreuze das Wort an, das aus der **alphabetischen Reihenfolge** herausfällt:

a)

sorte	
sortie	
soubresaut	
souche	
soufflage	
souci	
soudain	

b)

convention	
convergence	
convertir	
conversation	
convcxc	
conviction	
convulser	

c)

école	
écorce	
écossais	
écrémage	
écrasant	
écrire	
écriteau	

d)

motivation	
motorisation	
motrice	
mouillage	
mouchard	
mouillette	
mouler	

2. ***Abkürzungen*** *und* ***Symbole***

. . . Symbole

Die Autoren von **Wörterbüchern** bemühen sich, auf möglichst **engem Raum** möglichst **viele Informationen** über

- **Bedeutung**
- **Anwendung**
- **Aussprache**
- **Rechtschreibung**
- **Grammatik**

von **Wörtern** und **Wortverbindungen** zusammenzutragen.

Deshalb bedienen sich alle **Wörterbücher** einer Fülle von

Abkürzungen und **Symbolen**,

deren **Kenntnis** für das **Verständnis** eines Lexikonartikels, eines einzelnen Wortes und seiner verschiedenen Anwendungsmöglichkeiten und Bedeutungsebenen **unentbehrlich** ist.

Dazu ein konkretes Beispiel:

In dem kurzen **Stichwortartikel über *„harmonie“*** findest du nicht weniger als **17 verschiedene Abkürzungen, Symbole** und **Zahlen,** die alle ihre **besondere Bedeutung** haben.

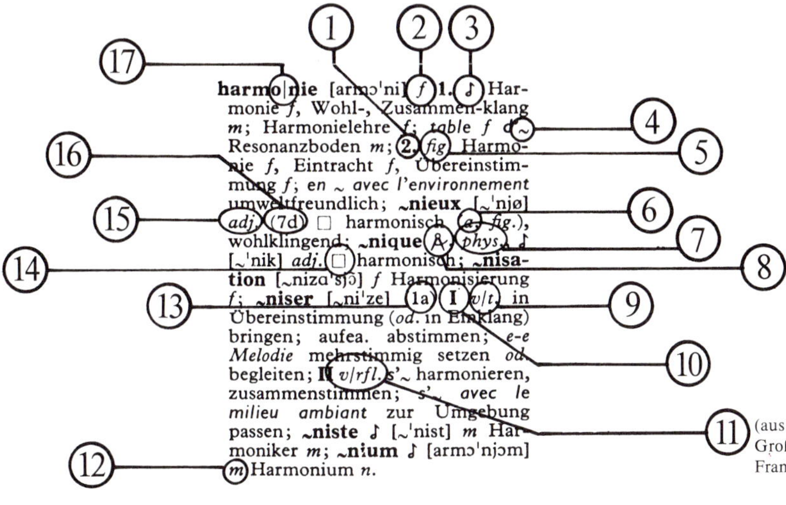

(aus: „Langenscheidts Großes Schulwörterbuch“, Französisch-Deutsch)

Du findest:

Zahlen

- Römische Ziffern ⑩: Sie verweisen auf unterschiedliche **Wortarten** (*Substantiv/Verb/Adjektiv* usw.).
- Arabische Ziffern ①: Sie verweisen auf unterschiedliche **Bedeutungen** eines Wortes/Lexikoneintrags.
- Zahlen in runden Klammern ⑬: Sie verweisen z. B. auf die Konjugations**tabellen** am Ende des Wörterbuchs.

Symbole

- Die **Symbole** ③ und ⑧ verweisen auf das **Fachgebiet,** in dem das Wort häufig gebraucht wird.
- Das **Quadrat** □ ⑭ verweist auf Adjektive mit regelmäßiger Adverbbildung.

Ü 3

Auf welches **Fachgebiet** verweisen denn deiner Meinung nach die beiden **Symbole:**

Wie heißen die beiden **französischen Adverbien** zu dem **deutschen Adjektiv**

harmonisch	

Tilde

- Die Tilde (~) ④ ist das wichtigste Symbol.
  Sie stellt ein **Wiederholungszeichen** dar und vertritt entweder das **ganze Stichwort** oder den vor dem senkrechten Strich ⑰ stehenden **Teil des Stichwortes.**
  Sie hat eine wichtige Funktion beim **Auffinden** des **gesuchten Stichwortes.**

Grundsätzlich sind die **Stichwörter** zwar in **alphabetischer Reihenfolge** angeordnet, aber nicht alle Wörter haben den **Rang von Stichwörtern.** So finden wir in einem **Lexikonartikel** häufig **Wörter zusammengefaßt,** die thematisch zusammengehören und/ oder die ersten Buchstaben, eine Silbe oder einen ganzen Wortteil gemeinsam haben.

Ü 4

Dazu drei kleine Übungen:

Nenne die durch die **Tilde** ersetzten Teile der Lexikoneinträge und schreibe die deutsche Bedeutung des ganzen Ausdrucks hinzu: (Bezug: **Stichwortartikel: *„harmonie"***)

~niste		
en ~ avec l'environnement		
s'~		
table d'~		
~niser		

Ü 5

Suche aus dem **Stichwortartikel** auf der nächsten Seite die **Entsprechungen** für folgende Wörter:

hinhalten	
hinhören	
hingebungsvoll	
Hingerichteter	
Hingebung	

'**Hin|gabe** *f* (*Ergebenheit*) dévouement *m*; sollicitude *f*; *mit ~ a.* avec passion; **~gang** *st.s. m* (*Tod*) trépas *m*; décès *m*; mort *f*; **2geben 1.** *v/t.* donner; (*preisgeben*) abandonner; (*opfern*) sacrifier; **2.** *v/rf.*: *sich ~* (*sich überlassen*) s'abandonner (à), (*frönen*) *a.* s'adonner (à), (*sich widmen*) s'adonner (à), se consacrer (à), se (dévouer (à); *sich der Hoffnung ~* espérer; *sich der Verzweiflung ~* se laisser aller au désespoir; **~gebung** *f* dévouement *m*; **2gebungsvoll** *adj.* plein de dévouement; **2'gegen** *adv.* au contraire; par contre; **2gehen** *v/i.* aller (*od.* se rendre) (*zu* à *resp.* chez); *so vor sich hin gehen* aller au 'hasard; aller droit devant soi; *etw. ~ lassen* passer sur qch.; *das mag diesmal noch ~* (cela) passe pour cette fois; *Zeit*: passer; s'écouler; s'enfuir; (*sterben*) mourir; décéder; **2gehören** *v/i.* être à sa place; *wo gehört er hin?* où est sa place?; *wo gehört das hin?* où faut-il mettre cela?; *es gehört da hin* voilà sa place; **2gelangen** *v/i.* y accéder, s'y rendre; parvenir (*zu* à *resp.* chez); **2geraten** *v/i.* tomber; *niemand weiß, wo er ~ ist* personne ne sait où il est passé (*od.* ce qu'il est devenu); **~gerichtete(r** *a. m*) *m, f* supplicié *m*, -e *f*; **2gerissen** *fig. adj.* transporté; ravi; **2gezogen** *fig. adjt.*: *sich zur Literatur ~ fühlen* se sentir du goût pour la littérature; **2gleiten** *v/i.*: *~ über* (*acc.*) glisser sur; **2halten** *v/t.* tendre; présenter; *fig.* (*verzögern*) faire traîner; retarder; *j-n ~* (*vertrösten*) faire prendre patience à q.; *j-n mit Versprechungen ~* payer q. de promesses; **2haltend** *adj. a.* ⚔ retardateur, -trice; **2hängen** *v/t.* suspendre; accrocher; **2hauen** P **1.** *v/t. Arbeit*: bâcler; gâcher; F brocher; **2.** *v/i.*: P *das haut hin* c'est au poil; ça colle; ça gaze; **3.** *v/rf.*: P *sich ~* (*schlafen gehen*) P (aller) se pieuter; **2horchen** *v/i.* écouter; dresser l'oreille; **2hören** *v/i.* écouter; *nur mit e-m Ohr ~* n'écouter que d'une oreille.

(aus: „Langenscheidts Großes Schulwörterbuch", Deutsch-Französisch)

Ü 6

Übersetze mit Hilfe desselben **Stichwortartikels** folgende Sätze in dein Heft.

1. Er hat nur mit einem Ohr hingehört.
2. Die Zeit geht schnell dahin.
3. Wo gehört das hin?
4. Wir gingen so vor uns hin.

Wie du siehst, findet man sich in einem solchen, zunächst sehr unübersichtlich anmutenden **Wörterbuchartikel** schnell zurecht, wenn man die **Technik mit der Tilde** verstanden hat.

Abkürzungen

Die Wörterbücher benutzen eine **Fülle von Abkürzungen.** So weist das Wörterbuch, dem der kurze Stichwortartikel ***„harmonie"*** entnommen ist, nicht weniger als **175 Abkürzungen** auf.

Du kannst und sollst natürlich nicht alle beherrschen, zumal sich die verschiedenen Wörterbuch-Autoren **nicht auf eine einheitliche Abkürzungspraxis einigen können.**

Viele der **Abkürzungen** wirst du übrigens auf Anhieb **verstehen,** vor allem dann, wenn du den zugehörigen **Wörterbuch-Eintrag** liest, bei anderen aber wird es dir sicher schwerfallen.

2. Abkürzungen

a.	*aussi*, auch.
Abk.	Abkürzung, *abréviation*.
Abltg.	Ableitung(en), *dérivation(s)*.
abr.	*abréviation*, Abkürzung.
abs.	*absolu*, absolut.
abus.	*abusivement*, mißbräuchlich.
acc.	*accusatif*, Akkusativ (4. Fall).
adj.	*adjectif*, Adjektiv, Eigenschaftswort.
adjt.	*adjectivement*, als Adjektiv.
adm.	*administration*, Verwaltung.
adv.	*adverbe*, Adverb, Umstandswort.
advt.	*adverbialement*, als Adverb.
adj./f.	*adjectif féminin*, weibliche Form des Eigenschaftswortes.
adj./n	*adjectif numéral*, Zahlwort.
anat.	*anatomie*, Anatomie.
adj./n.c.	*adjectif numéral cardinal*, Grundzahl.
adj./n.o.	*adjectif numéral ordinal*, Ordnungszahl.
a/n.c.	s. *adj./n.c.*
a/n.o.	s. *adj./n.o.*
ant.	*antonyme*, entgegengesetzter Sinn.
antiq.	*antiquité*, Altertum.
arab.	*arabe*, arabisch.
arch.	*archéologie*, Archäologie.
arith.	*arithmétique*, Arithmetik, Rechenkunst.
arp.	*arpentage*, Feldmeßkunst.
art.	*article*, Artikel, Geschlechtswort.
artill.	*artillerie*, Artillerie.

(aus: „Langenscheidts Großes Schulwörterbuch", Französisch-Deutsch)

Schlage einmal das **Abkürzungsverzeichnis vorne** in deinem **Wörterbuch** auf.

Machen wir dazu eine kleine Übung. Nehmen wir uns noch einmal den **Stichwortartikel** zu *„harmonie"* vor:

Ü 7

Was bedeuten deiner Meinung nach die folgenden Abkürzungen?

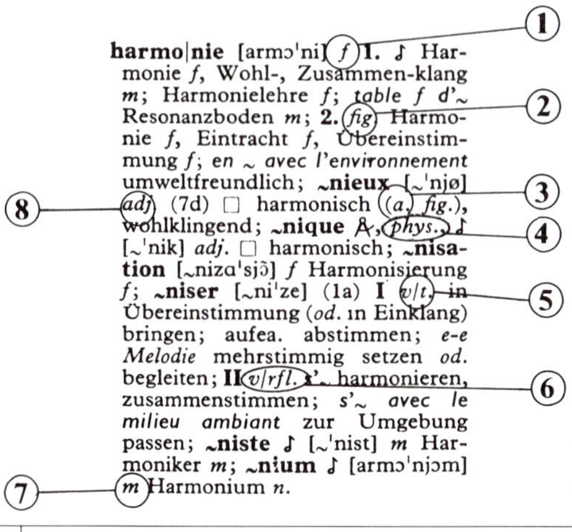
harmo|nie [armɔ'ni] *f* **1.** ♪ Harmonie *f*, Wohl-, Zusammen-klang *m*; Harmonielehre *f*; *table f d'~* Resonanzboden *m*; **2.** *fig* Harmonie *f*, Eintracht *f*, Übereinstimmung *f*; *en ~ avec l'environnement* umweltfreundlich; **~nieux** [~'njø] *adj* (7d) □ harmonisch (*a. fig.*), wohlklingend; **~nique** A, *phys.* ♪ [~'nik] *adj.* □ harmonisch; **~nisation** [~nizɑ'sjɔ̃] *f* Harmonisierung *f*; **~niser** [~ni'ze] (1a) **I** *v/t.* in Übereinstimmung (*od.* in Einklang) bringen; aufea. abstimmen; *e-e Melodie* mehrstimmig setzen *od.* begleiten; **II** *v/rfl.* *s'~* harmonieren, zusammenstimmen; *s'~ avec le milieu ambiant* zur Umgebung passen; **~niste** ♪ [~'nist] *m* Harmoniker *m*; **~nium** ♪ [armɔ'njɔm] *m* Harmonium *n*.

(aus: „Langenscheidts Großes Schulwörterbuch", Französisch-Deutsch)

①	*f*	
②	*fig.*	
③	*a.*	

④	*phys.*	
⑤	*v/t.*	
⑥	*v/rfl.*	
⑦	*m*	
⑧	*adj.*	

Bei ***f, m, adj.*** hattest du sicher keine Schwierigkeiten, bei den übrigen aber wurde es kniffliger. Im Lösungsteil findest du die richtige Lösung.

Zusammenfassung · Zusammenfassung · Zusammenfassung

Fassen wir zusammen, was alles an diesem Beispiel deutlich geworden ist:

1. Jeder **Stichwortartikel** eines Wörterbuchs enthält eine Fülle von **verschlüsselten Informationen.**

2. Es ist notwendig, sich mit der Verwendung der **Symbole** und **Abkürzungen** vertraut zu machen.

3. Das Wörterbuch enthält neben den Stichwortartikeln viele **Service-Kapitel.**

   Zum Beispiel:

- **Konjugationstabellen**
- **Übersichten** über **Adverbbildung**
  ~**Pluralbildung**
  ~**Bildung der weiblichen Form** von Substantiven und Adjektiven
  ~**Zahlwörter** (Grund-/Ordnungszahlen)
  ~**gebräuchliche Abkürzungen** aus dem politischen und gesellschaftlichen Leben
- **Hinweise** zur **Aussprache**/phonetischen Umschrift
  ~**Bindung**
  ~**Silbentrennung**
  ~**Zeichensetzung** usw. usw. ...

3. Benutzungshinweise

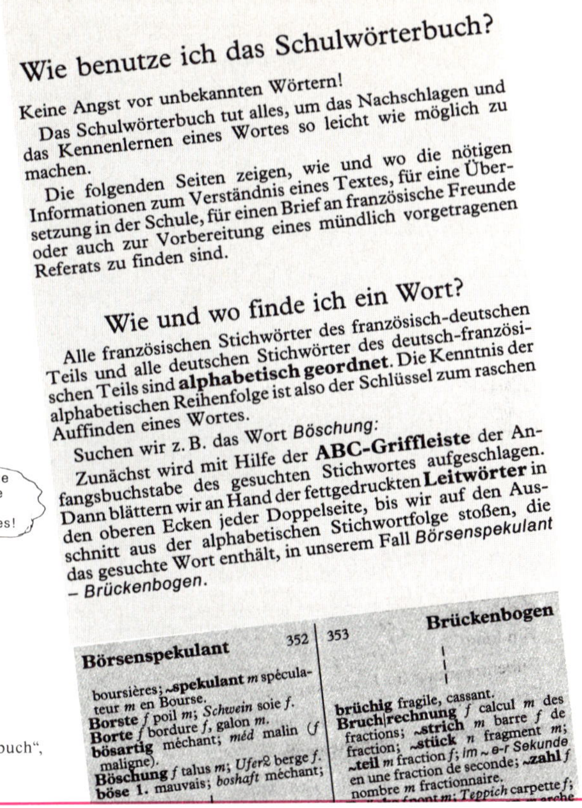

Wie benutze ich das Schulwörterbuch?

Keine Angst vor unbekannten Wörtern!

Das Schulwörterbuch tut alles, um das Nachschlagen und das Kennenlernen eines Wortes so leicht wie möglich zu machen.

Die folgenden Seiten zeigen, wie und wo die nötigen Informationen zum Verständnis eines Textes, für eine Übersetzung in der Schule, für einen Brief an französische Freunde oder auch zur Vorbereitung eines mündlich vorgetragenen Referats zu finden sind.

Wie und wo finde ich ein Wort?

Alle französischen Stichwörter des französisch-deutschen Teils und alle deutschen Stichwörter des deutsch-französischen Teils sind **alphabetisch geordnet**. Die Kenntnis der alphabetischen Reihenfolge ist also der Schlüssel zum raschen Auffinden eines Wortes.

Suchen wir z. B. das Wort *Böschung:*

Zunächst wird mit Hilfe der **ABC-Griffleiste** der Anfangsbuchstabe des gesuchten Stichwortes aufgeschlagen. Dann blättern wir an Hand der fettgedruckten **Leitwörter** in den oberen Ecken jeder Doppelseite, bis wir auf den Ausschnitt aus der alphabetischen Stichwortfolge stoßen, die das gesuchte Wort enthält, in unserem Fall *Börsenspekulant – Brückenbogen.*

Börsenspekulant 352 | 353 **Brückenbogen**

boursières; **~spekulant** *m* spéculateur *m* en Bourse.
Borste *f* poil *m*; *Schwein* soie *f*.
Borte *f* bordure *f*, galon *m*.
bösartig méchant; *méd* malin (*f* maligne).
Böschung *f* talus *m*; *Ufer*♀ berge *f*.
böse 1. mauvais; *boshaft* méchant;

brüchig fragile, cassant.
Bruch|rechnung *f* calcul *m* des fractions; **~strich** *m* barre *f* de fraction; **~stück** *n* fragment *m*; **~teil** *m* fraction *f*; *im ~ e-r Sekunde* en une fraction de seconde; **~zahl** *f* nombre *m* fractionnaire.

(aus: „Langenscheidts Schulwörterbuch", Französisch)

Jedes **Wörterbuch** enthält auf den ersten Seiten **ausführliche Benutzungshinweise.** Diese solltest du sorgfältig durchlesen, bevor du mit dem Wörterbuch arbeitest.

Keine Frage, das **Vorwort** ist meist der langweiligste Teil eines Buches, den man gerne überschlägt, um „zur Sache" zu kommen.

Bei den **Vorworten** zu den **Wörterbüchern** sieht das aber ganz anders aus. Hier findest du **wertvolle Hinweise** darauf, wie du mit dem Wörterbuch sinnvoll und ökonomisch umgehen kannst, zudem Verweise auf die „Service"-Kapitel.

Hand auf's Herz. Hast du schon jemals die **Benutzungshinweise** in einem **Wörterbuch** durchgelesen?

Machen wir also gleich Nägel mit Köpfen. Nimm dir, bevor du in diesem Kapitel fortfährst, 15 Minuten Zeit, um die **Benutzungshinweise deines Wörterbuchs** in Ruhe durchzulesen. Da dich das Wörterbuch noch Jahre begleiten wird, lohnt sich diese zeitliche Investition.

In den meisten Wörterbüchern findest du darüber hinaus vorne eine Übersicht, in der die **Besonderheiten der Stichwortartikel** an einem Beispiel erläutert werden. Es handelt sich quasi um die **Kurzfassung der Benutzungshinweise.**

Deutsches Stichwort in halbfetter Schrift

Französische Übersetzung in Grundschrift

Genusangabe beim deutschen und französischen Substantiv

Wortartbezeichnung beim deutschen Stichwort

Deutsche Redewendungen und Anwendungsbeispiele in Auszeichnungsschrift

Hinweis auf das französische h aspiré

Neuwörter und moderner Wortschatz im Deutschen und Französischen

Dringlichkeitsantrag

Reihenfolge der ~ ordre *m* de priorité; **≈lichkeitsantrag** *m* demande *f* de priorité; **≈lichkeitsbescheinigung** *f* certificat *m* de priorité; **≈lichkeitsfall** *m* cas *m* urgent (*od.* d'urgence); **≈lichkeitsfrage** *f* question *f* d'urgence; **≈lichkeitsliste** *f* liste *f* de priorité; **≈lichkeitsstufe** *f* degré *m* d'urgence; **≈lichkeitsvermerk** *m* mention *f*: urgent.

ˈ**drinnen** *adv.* (au) dedans; (là-)dedans.

dritt *a/n.o.*: *der, die, das* ˈ**~e** le, la troisième; *der* (*od. den od. am*) *~e(n)* (*3.*) *März* le trois (3) mars; *Heinrich III.* (*der* ≈*e*) Henri III (trois); *in die ~e Potenz erheben* élever à la troisième puissance (*od.* au cube); cuber; *pol. ~e Macht* tierce puissance *f*; *die ~e Welt* le tiers monde; *politische Konzeption f der ~en Welt* tiers-mondisme *m*; *~e Person* tierce personne *f*; *gr.* troisième personne *f*; *in der ~en Person reden* parler à la troisième personne; *aus ~er Hand haben* tenir d'un tiers; *am ~en Orte* en lieu tiers; *hist. der ~e Stand* le tiers État; *wir waren zu ~* nous étions (à) trois; *er kam als* ≈*er an* il arriva le troisième; ˈ**≈el** *n* tiers *m*; ˈ**~eln** *v/t.* diviser en trois parties; ˈ**~ens** *adv.* troisièmement; tertio (*mst geschr.* 3°).

ˈ**Dritt|land** *pol. n* pays *m* tiers, pays *m* non-aligné; **~staat** *m* État *m* tiers.

Drive-ˈin-Bank ✝ *f* autobanque *f.*

ˈ**droben** *adv.* là-ˈhaut; en ˈhaut.

ˈ**Droge** *f* drogue *f*, *défonce *f* (*harte* dure; *weiche* douce); *~n nehmen* se droguer; *se défoncer; **~nabhängige(r)** *m* drogué *m*; intoxiqué *m*; fainéant *m*.

ˈ**dröhnen I** *v/i.* retentir; bourd… ronfler; ✈ vrombir; *Donner* … der; **II** ≈ *n* retentissement *m* … donnement *m*; ronflement … vrombissement *m*; *des D…* grondement *m*.

ˈ**Droh|rede** *f* propos *m* men… **~ung** *f* menace *f*.

ˈ**drollig** *adj.* plaisant; amusant … facétieux, -euse; F cocasse; … -ote; *~er Kerl* rigolo *m*; joyeu… *m*; *e-e ~e Geschichte* une … drôle, amusante; **≈keit** *f* cara… plaisant; drôlerie *f*; F cocasse…

Dromeˈdar *n* dromadaire *m*.

Drops *pl.*: *saure ~s pl.* bonbon… acidulés.

ˈ**Droschke** *f* fiacre *m*.

Drossel *orn. f* grive *f*; **~ader** … (veine *f*) jugulaire *f*; **~hebel** *m* … *m* (*od.* manette *f*) d'étrangl… **~klappe** *f* clapet *m* d'étrangl… *am Motor*: papillon *m*; **≈n** *v/…* *fuhr*: limiter; *fig. Inflation*: j… **~spule** ⚡ *f* bobine *f* de réactan… de self); **~ung** *f fig.* *~ der* … freinage *m* des prix; **~vent…** soupape *f* d'étranglement.

ˈ**drüben** *adv.* de l'autre côt… -delà; *hüben und ~* d'un côté … de l'autre.

Druck[1] *m* pression *f*; (*Last*) p… (*Bedrückung*) oppression *f*; … *gen*≈) pesanteur *f* d'estomac … *sammendrücken*) compressio… *die Wirkung*); étreinte *f*; ⚠ … *wölbes, der Erdmassen*: eff… poussée *f*; *fig. péj.* mainmise … prise *f*; *~ ausüben* faire pressi…

(aus: „Langenscheidts Großes Schulwörterbuch", Französisch)

Zusammenfassung · Zusammenfassung · Zusammenfassung

1. Alle **Wörterbücher** nehmen eine **alphabetische Reihenfolge** ihrer **Stichwortartikel** vor. „Präpariere" deshalb dein Wörterbuch zum schnellen Auffinden der Stichwörter.

2. Alle **Wörterbücher** arbeiten mit **Symbolen** und **Abkürzungen,** über deren **Funktion** und **Bedeutung** du dich vor dem Umgang mit dem Wörterbuch **vertraut machen** solltest.

3. Die **Tilde** spielt im Aufbau eines Wörterbuchartikels eine **wichtige Rolle.** Verschaffe dir Klarheit über ihre **Funktion.**

4. Lies dir die **Benutzungshinweise** deines Wörterbuchs sorgfältig durch.

Service-Leistungen der Wörterbücher

Wörterbücher liefern **Informationen** zur

- **Aussprache**
- **Rechtschreibung**
- **Grammatik**
- **Wortbedeutung/~gebrauch**

1. Aussprache

Alle Wörterbücher (außer den deutsch-französischen) geben hinter dem jeweiligen Stichwort

die **Aussprache** in **phonetischer Umschrift** [eckige Klammer] an.

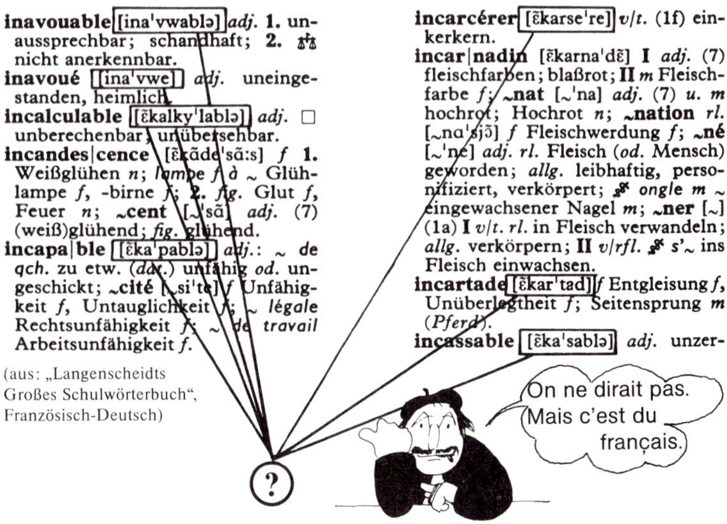

inavouable [ina'vwablə] *adj.* **1.** unaussprechbar; schandhaft; **2.** ⚖ nicht anerkennbar.
inavoué [ina'vwe] *adj.* uneingestanden, heimlich.
incalculable [ɛ̃kalky'lablə] *adj.* □ unberechenbar, unübersehbar.
incandes|cence [ɛ̃kɑ̃de'sɑ̃:s] *f* **1.** Weißglühen *n*; *lampe f à* ~ Glühlampe *f*, -birne *f*; **2.** *fig.* Glut *f*, Feuer *n*; **~cent** [~'sɑ̃] *adj.* (7) (weiß)glühend; *fig.* glühend.
incapa|ble [ɛ̃ka'pablə] *adj.*: ~ *de qch.* zu etw. (*dat.*) unfähig *od.* ungeschickt; **~cité** [~si'te] *f* Unfähigkeit *f*, Untauglichkeit *f*; ~ *légale* Rechtsunfähigkeit *f*; ~ *de travail* Arbeitsunfähigkeit *f*.

incarcérer [ɛ̃karse're] *v/t.* (1f) einkerkern.
incar|nadin [ɛ̃karna'dɛ̃] **I** *adj.* (7) fleischfarben; blaßrot; **II** *m* Fleischfarbe *f*; **~nat** [~'na] *adj.* (7) *u. m* hochrot; Hochrot *n*; **~nation** *rl.* [~nɑ'sjɔ̃] *f* Fleischwerdung *f*; **~né** [~'ne] *adj. rl.* Fleisch (*od.* Mensch) geworden; *allg.* leibhaftig, personifiziert, verkörpert; ⚕ *ongle m* ~ eingewachsener Nagel *m*; **~ner** [~] (1a) **I** *v/t. rl.* in Fleisch verwandeln; *allg.* verkörpern; **II** *v/rfl.* ⚕ *s'~* ins Fleisch einwachsen.
incartade [ɛ̃kar'tad] *f* Entgleisung *f*, Unüberlegtheit *f*; Seitensprung *m* (*Pferd*).
incassable [ɛ̃ka'sablə] *adj.* unzer-

(aus: „Langenscheidts Großes Schulwörterbuch", Französisch-Deutsch)

Die **Aussprachehinweise** nützen dir aber nur dann, wenn du die **phonetische Umschrift** (die **Lautschriftzeichen**) kennst. Sollte dies nicht der Fall sein, so hilft dir auch hier dein Wörterbuch weiter. Vorne findest du in allen Wörterbüchern eine Übersicht über die

Lautschriftzeichen.

Ü 8

Machen wir dazu eine kleine Übung:

Setze die in phonetischer Umschrift angegebenen französischen Wörter in die Lücken der folgenden Sätze:

1. [sã] Le blessé perd beaucoup de ____________________. Il faut appeler un médecin.
2. [elɛktœr] Les partis politiques essaient de convaincre les ____________________ de leurs programmes.
3. [masaʒ] C'est bon, un ____________________ après le sauna.
4. [kup] L'équipe du Bayern de Munich a gagné la ____________________ d'Europe.
5. [ɛ̃tɛʀɔgasjõ] Ce que les élèves aiment le moins, ce sont les ____________________ écrites.

Ü 9

Setze auch in dieser Übung die **phonetische Umschrift in Normalschrift** um. Um das ganze etwas interessanter zu gestalten, haben wir die Übung so gestaltet, daß die Wörter, von oben nach unten gelesen, ein französisches Sprichwort *(un proverbe)* ergeben.

[ɔ̃]	
[nə]	
[fɛ]	
[pa]	
[ɔmlɛt]	d'
[sã]	
[kase]	
[ø]	

Die deutsche Entsprechung dazu lautet:

„Wo gehobelt wird, fallen Späne".

Ü 10

Machen wir es noch ein wenig kniffliger für die Tüftler unter euch. Bekommst du den folgenden zusammenhängenden Satz heraus? Es handelt sich wieder um ein Sprichwort.

[œ̃tjɛ̃vomjøkədøtylora]

Schreibe den französischen Satz in dein Heft:

Un "tiens"...

Vielleicht bekommst du es eher heraus, wenn du die deutsche Entsprechung kennst:

„Ein Spatz in der Hand ist besser als eine Taube auf dem Dach"

> Übrigens:
>
> Oft findest du im Anhang von Wörterbüchern eine **Zusammenstellung der wichtigsten französischen Sprichwörter.** Vielleicht schlägst du mal nach!

2. Rechtschreibung

Die **Rechtschreibung** ist, und da wirst du sicher schon leidvolle Erfahrungen gemacht haben, ein **schwieriges Kapitel** beim Erlernen einer **Fremdsprache.**

> Jede Sprache weist eine Fülle von sogenannten
>
> **Homophonen**
>
> auf, Wörtern, die die **gleiche Aussprache,** aber erhebliche **Unterschiede** sowohl in der **Rechtschreibung** als auch in der **Bedeutung** aufweisen.

Sie sind ein unerschöpflicher Fundus für die sogenannten ***„calembours"*, Wortspiele,** die sich dieser Besonderheit der französischen Sprache bedienen. Die Franzosen haben sogar ein eigenes **Lexikon** für diese ***„calembours"****.

* P. *Berloquin: Dictionnaire de Jeux de Mots, Paris: Encre 1980*
** Ils étaient offerts.
*** Ils n'ont rien à foutre (Sie haben nichts zu tun! sehr familiär).

Um dir das zu verdeutlichen, müssen wir ein paar kleine Übungen machen:

Ü 11 Suche für die **Lautfolgen** dieser Übung jeweils mindestens zwei sprachliche Realisierungen:

Beispiel: [pɛ̃] = *pain, pin*

1. [pɛʀ]	
2. [so]	
3. [po]	
4. [sɛ̃]	
5. [lɛ]	

Setze das jeweils passende französische Wort in die folgenden Sätze ein.

1. [pɛʀ] Elle m'a offert une __________ de chaussures.

2. [so] Il est allé chercher de l'eau avec un __________.

3. [po] Alors viens avec moi au café. On va prendre un __________.

4. [sɛ̃] Faire de la gymnastique le matin, la fenêtre ouverte, c'est très __________.

5. [lɛ] Qu'il est __________, ce chien. Je ne vais pas le prendre.

Sicher geht es dir auch häufig so: Im Radio, auf einer Urlaubsreise hörst du französische Wörter, die du zwar aus dem Kontext heraus verstehst, die du aber nur mit Schwierigkeiten schreiben könntest.
Das ist nicht verwunderlich, wenn man weiß, daß es für den Laut [ɛ̃] beispielsweise immerhin 6 verschiedene Schreibungen gibt:

[ɛ̃] = **ain, aim, ein, en, in, im**

Immer wenn du Zweifel bezüglich der Schreibung hast, schlage in deinem Wörterbuch nach.

Ü 12

Probieren wir das doch gleich einmal aus: Vervollständige die folgende Wortliste. Einzusetzen ist immer der Laut [ɛ̃], aber in unterschiedlichsten Realisierungen.

Benutze dabei das **Wörterbuch.**

Un gardi__________, un chem__________, du chagr__________,

un t__________bre, un exam__________, un moy__________, le fr__________,

dem__________, du rais__________, j'ai f__________, un terr__________,

un p__________tre, un b__________.

Für die Laute [a/ɑ] gibt es noch mehr Schreibungen: [a/ɑ] = **a, as, at, ap, ac, à, â, e**

Ü 13

Auch dazu eine kleine Übung:

Un b______ton

l______-b______

une vill______

une f______mme

du p______té

elle est p______le

du t______b______

l'estom______

le rep______

b______

voil______

un écl______

un dr______

Für den Laut [u] gibt es folgende Schreibungen: [u] = **hou, ou, oue, oup, ous, out, oux**

Ü 14

Vervollständige die folgenden Wörter und schreibe die deutsche Bedeutung hinzu:

	deutsche Bedeutung
un ch______	
la j______	
s______ la table	
la b______	
un ______til	
la r______	
un tr______	
t______t à c______	
surt______	
le l______	

Die wenigen Übungen haben dir vielleicht verdeutlicht, wie schwierig die **französische Rechtschreibung** ist und wie **wichtig** es ist, bei Unsicherheiten **im Wörterbuch nachzuschlagen.**

3. Grammatik

Grammatik und **Wörterbuch,** das scheint doch zunächst überhaupt nichts miteinander zu tun zu haben. Wahrscheinlich wirst du Hinweise auf **Lösungen grammatischer Probleme** im Wörterbuch am wenigsten vermuten.
Tatsächlich aber bietet das Wörterbuch in diesem Bereich eine Fülle von **Informationen** an, die du vor allem bei der eigenen **Textproduktion** nutzen solltest.

Du erfährst darin Genaueres über

a) die **Wortarten,**

b) **Genus** und **Numerus** (**Geschlecht** und **Zahl, Singular/Plural**) der **Substantive** und **Adjektive**

c) **Adjektiv** und **Adverb** **(Adverbbildung)**

d) die **Konjugation** der **Verben (Zeiten/Formen)**

e) die **Konstruktion** der **Verben** (**syntaktischer** Bereich)

Jedem dieser Aspekte wollen wir uns kurz zuwenden.

a) Informationen über die **Wortart**

Der **Stichwortartikel** gibt Auskunft darüber, ob ein Wort:

- **Substantiv**
- **Verb/Hilfsverb**
- **Adjektiv**
- **Adverb**
- **Präposition**
- **Konjunktion**
- **Pronomen**
- **Interjektion** (Ausruf) ist.

Dazu ein konkretes Beispiel:

Dem **Stichwortartikel** über *ce* können wir folgende **grammatische Informationen** entnehmen:

1. *ce* kann ***„adjectif démonstratif"*** (hinweisender Begleiter) → ⑩ oder
2. ***„pronom démonstratif"*** → ⑫ sein.

Über diese Auskunft zur **Wortart** hinaus vermittelt uns der Artikel aber noch eine Fülle anderer **grammatischer Informationen:**

3. *ce* hat im **Singular 3** Formen: *ce* – *cet* – *cette* ② ⑤ ⑥, im **Plural** aber nur **eine** Form, *ces* ①.

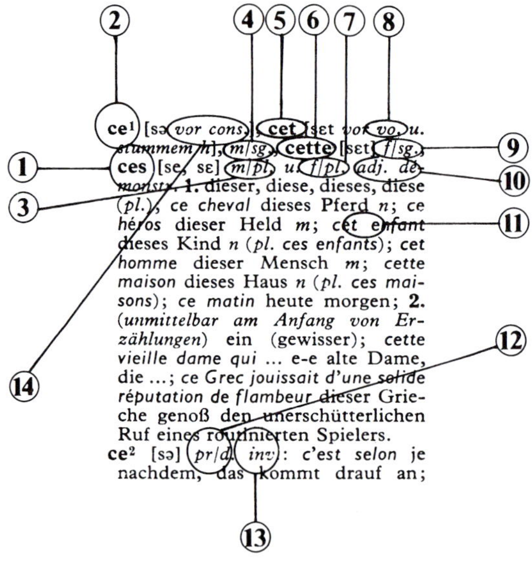
ce¹ [sə *vor cons.*], **cet** [sɛt *vor vo. u. stummem h*], *m/sg.*, **cette** [sɛt] *f/sg.*, **ces** [se, sɛ] *m/pl. u. f/pl. adj. démonstr.* **1.** dieser, diese, dieses, diese (*pl.*); *ce cheval* dieses Pferd *n*; *ce héros* dieser Held *m*; *cet enfant* dieses Kind *n* (*pl. ces enfants*); *cet homme* dieser Mensch *m*; *cette maison* dieses Haus *n* (*pl. ces maisons*); *ce matin* heute morgen; **2.** (*unmittelbar am Anfang von Erzählungen*) ein (gewisser); *cette vieille dame qui ...* e-e alte Dame, die ...; *ce Grec jouissait d'une solide réputation de flambeur* dieser Grieche genoß den unerschütterlichen Ruf eines routinierten Spielers.
ce² [sə] *pr/d. inv.*: *c'est selon* je nachdem, das kommt drauf an;

(aus: „Langenscheidts Großes Schulwörterbuch", Französisch-Deutsch)

4. *ce* steht vor **konsonantisch** anlautendem **männlichen Substantiv** ⑭ ④,

   cet vor **vokalisch** anlautendem **männlichen Substantiv** ⑧ ④ ⑪,

   cette vor allen **weiblichen Substantiven** ⑨.

5. *ces* steht sowohl vor **männlichen** wie vor **weiblichen Substantiven** im **Plural** ③ ⑦.

6. Das **Pronomen** *ce* ist **unveränderlich** ⑬.

Fazit: Der **Lexikonartikel** beinhaltet praktisch **alle Regeln** zum **Demonstrativbegleiter!!!**
Das ist doch schon etwas, oder?

Machen wir dazu eine kleine Übung:

Ü 15

Welche **grammatischen Informationen** kannst du dem **Stichwortartikel** über ***celui*** entnehmen?

celui [sə'lɥi] *m/sg.*, **celle** [sɛl] *f/sg.*, **ceux** [sø] *m/pl.*, **celles** [sɛl] *f/pl.* *pr/d.* a) *nur vor de od. qui gebraucht:* der(jenige), die(jenige), das(jenige), *pl.* die(jenigen); b) *substantivisch gebraucht: celui-ci, celle-ci* dieser, diese, dieses (hier), letzterer, letztere(s); *celui-là, celle-là* jener, jene, jenes (dort), ersterer, erstere(s); *il ne s'attendait pas à celle-là* (*d. h. à cette nouvelle bzw. à cette sottise*) darauf war er nicht gefaßt.

(aus: „Langenscheidts Großes Schulwörterbuch", Französisch-Deutsch)

1. **Wortart?** ______________________

2. Welche **Formen** gibt es?

	m	**f**
sg.		
pl.		

3. ***celui, celle, ceux, celles*** können niemals alleine benutzt werden. Was kann/muß bei ihnen stehen?

celui	

Hinzuzufügen wäre noch:

celui | ***que*** |

4. Darüber hinausgehende **grammatische Informationen?**

Zurück zu den **Wortarten.**
Oft kann ein Wort auch **verschiedenen Wortarten** angehören.

bleu kann **Adjektiv** *(la voiture* ***bleue****),*
aber auch **Substantiv** sein *(****Le bleu*** *de cette robe ne me plaît pas.).*

Das **Wörterbuch** gibt darüber präzise Auskunft. Die beiden folgenden Übungen geben dir Gelegenheit, dies zu überprüfen.

Ü 16

Um **welche Wortarten** handelt es sich bei den folgenden Stichwörtern, und welche Stichwörter gehören **verschiedenen Wortarten** an?

	1. Wortart	2. Wortart
aïe	Interjektion	
bien		
après		
bien que		
leur		
ami		
zut		
cher		
pour		
manger		
lever		

Ü 17

Welchen Wortarten gehören die **Hauptstichwörter** von ***„ailier“*** bis ***„aimer“*** an?

ailier *Sport* [ɛl'je] *m* Außenstürmer *m.*
aillade [a'jad] *f* Knoblauchbrühe *f.*
ailleurs [a'jœ:r] *adv.* **1.** anderswo (-hin); *partout* ~ sonst überall; *nulle part* ~ sonst nirgends; **2. d'~**: a) anderswoher; b) außerdem, überdies; übrigens; sonst; **3. par ~** a) sonst, außerdem; b) *abus.* andererseits. [stoßenem Knoblauch.]
ailloli [ajɔ'li] *m* Olivenöl *n* mit zer-
aimable [ɛ'mablə] **I** *adj.* □ liebenswürdig; *peu* ~ unfreundlich; *c'est bien* ~ *à vous* das ist sehr freundlich von Ihnen; **II** *su. faire l'*~ freundlich (*od.* schön)tun; die (den) Liebenswürdige(n) spielen.
aimant[1] [ɛ'mɑ̃] *m* Magnet (*a. fig.*) *m*; ~ *naturel* Magnetstein *m.*
aimant[2] [~] *adj.* liebend, liebevoll, zärtlich, leutselig.
aimanter [ɛmɑ̃'te] (1a) **I** *v/t.* magnetisieren; **II** *v/rfl.* s'~ magnetisch werden.
aimer [ɛ'me] (1b) *v/t.* lieben; gern haben, gern tun, gern essen *od.* trinken *usw.*; Gefallen finden an (*dat.*); ~ *q. à la folie* in j-n restlos verliebt sein; *se faire* ~ *de q.* sich bei j-m beliebt machen; *il aime la*

(aus: „Langenscheidts Großes Schulwörterbuch“, Französisch-Deutsch)

	1. Wortart	2. Wortart
ailier		
aillade		
ailleurs		
ailloli		
aimable		
aimant		
aimanter		
aimer		

b) Informationen über **Genus** und **Numerus** (Geschlecht und Zahl) der Substantive

Gerade im Bereich **Genus** und **Numerus** lauern **viele Gefahren,** denn:

- es gibt viele deutsche Substantive, die im Französischen ein **anderes Geschlecht** haben (**die** Garage – ***le*** *garage*),
- es gibt Berufsbezeichnungen, die **nur eine männliche Form** haben, auch wenn die Berufe von Frauen ausgeübt werden (*Simone de Beauvoir est* ***un*** *écrivain important./Elle est* ***un*** *professeur très recherché* usw. ...),
- es gibt Substantive, die im Französischen **sowohl männlich als auch weiblich** sind (***le/la*** *journaliste*),
- es gibt im Französischen Substantive, die **nur im Plural** vorkommen, während sie im Deutschen im Singular stehen (*les fiançailles* – die Verlobung),

- die **Pluralbildung** der Substantive ist häufig unregelmäßig *(le travail-**les travaux**)*. Bei zusammengesetzten Substantiven treten zusätzliche Schwierigkeiten auf (*un timbre-poste - des timbres-poste,* aber: *un après-midi - des après-midi*),
- die Bildung der **weiblichen Form** des Substantivs ist nicht immer eindeutig (*chanteur* → *chanteuse* [f], aber: *acteur* → *actrice* [f]).

Vergewissere dich also immer im **Wörterbuch.** Anhand einiger Übungen sollst du lernen, wie du dir die nötigen Informationen beschaffen kannst.

Ü 18

Ordne die folgenden Substantive danach, ob sie **männlich, weiblich** oder sowohl männlich als auch weiblich sind.

enfant - hiver - comprimé - groseille - table - antilope - artiste - atlas - adversaire - automne - accordéon - porte - cheval - élève - secrétaire

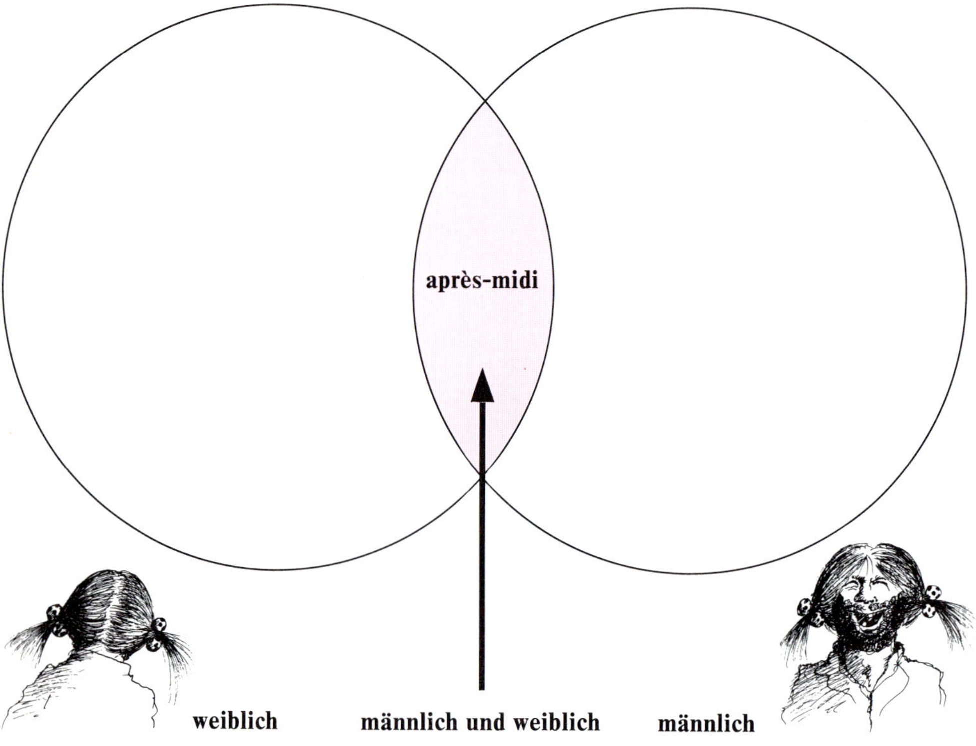

Ü 19

Kreuze das **Genus** folgender Substantive an und gib die deutsche Übersetzung (mit Artikel zum Vergleich):

	m	f	deutsche Übersetzung
chaise			
groupe			
épisode			
troupe			
contrôle			
cigare			
offre			
plage			
manège			
nombre			
choix			
vie			
monde			
radio			

Ü 20

Suche in deinem **deutsch-französischen Wörterbuch** die französischen Entsprechungen und kreuze **das Geschlecht** an:

	französische Übersetzung	m	f
die Umgebung			
das Gestrüpp			

	französische Übersetzung	**m**	**f**
die Beerdigungsfeier			
die Schere			
die Brille			

(Wenn du die Übung mit Hilfe des Schlüssels überprüft hast, wirst du festgestellt haben, daß es sich **um Substantive handelt, die ausschließlich im Plural vorkommen.**)

Ü 21

Suche in deinem Wörterbuch die **weibliche Form** folgender Substantive:

chanteur	
speaker	
chat	
comte	
spectateur	
époux	
boulanger	
paysan	
infirmier	

Ü 22

Im Französischen gibt es viele Substantive, die männlich und weiblich gleich geschrieben werden, die aber mit ihrem grammatischen Geschlecht die **Bedeutung ändern.** Versuche, mit Hilfe deines Wörterbuchs die **Bedeutungsunterschiede** herauszubekommen:

le poste		**la poste**	
le voile		**la voile**	

le vase		**la vase**	
le poêle		**la poêle**	
le physique		**la physique**	
le mode		**la mode**	
le tour		**la tour**	

Zum **Plural** sollten wir auch noch zwei Übungen machen.

Merke dir: Der **Plural** ist häufig auch den **Beispielen** zu entnehmen, die dem **Hauptstichwort** beigefügt worden sind!!

Ü 23

Suche den **Plural** folgender Substantive:

le bal		**le manteau**	
l'animal		**le genou**	
le détail		**le gaz**	
le vitrail		**le bonhomme**	
le portail		**le festival**	
un os		**la voix**	
le chou			

Bei den **zusammengesetzten Substantiven** ist die **Pluralbildung** immer besonders kompliziert.

Ü 24

Ob du herausbekommst, wie der Plural und die Bedeutung folgender Substantive lauten?

	Plural	**deutsche Bedeutung**
le pare-chocs		
le haut-parleur		
l'après-midi		
le sourd-muet		
le chef-lieu		

c) Informationen über Adjektiv und Adverb

Im Zusammenhang mit **Adjektiv** und **Adverb** sind vor allem zwei Aspekte **wichtig:**

- **Wie** lautet die **weibliche Form** des Adjektivs; denn hier gibt es sehr viele **unregelmäßige Formen?**
- **Welche Form** hat das vom Adjektiv abgeleitete **Adverb!?**

Gehen wir von einem konkreten Beispiel aus:

Ⓐ **be'ständig** (1) *adj.* stable; (2) constant; (*dauerhaft*) durable; (*ausdauernd*) persévérant; (*unbeweglich*) fixe; (*ununterbrochen*) continuel, -elle; (*immerwährend*) permanent; (*auf Lebenszeit*) perpétuel, -elle; (*widerstandsfähig*) résistant (**gegen** à); *das Barometer steht auf* ~ le baromètre est au beau fixe; **≈keit** *f* stabilité *f*; constance *f*; (*Fortdauer*) durée *f*; perpétuité *f*; permanence *f*; persistance *f*; (*Ausdauer*) persévérance *f*; (*Widerstandsfähigkeit*) résistance *f* (**gegen** à).

(aus: „Langenscheidts Großes Schulwörterbuch", Französisch-Deutsch)

Ⓑ (6) **const|amment** [kõsta'mã] (7) *adv.* von *constant* beständig; **~ance** [~'stã:s] *f* **1.** Standhaftigkeit *f*, Ausdauer *f*, Beharrlichkeit *f*, Beständigkeit *f*; **2.** *géogr.* ≈ *f* Konstanz *n*; *lac m* de ≈ Bodensee *m*; (5) **~ant** [~'stã] (4) *adj.* (7) **1.** standhaft, fest; **2.** ausdauernd, beharrlich; **3.** unzweifelhaft, sicher, feststehend; **4.** beständig; treu; **5.** *a. f*: (*quantité f*) (3) **~e** Konstante (*od.* unveränderliche) Größe *f*, Festwert *m*; ⊕ **~es** *f/pl.* Daten *n/pl.*

(aus: „Langenscheidts Großes Schulwörterbuch", Deutsch-Französisch)

Hier sind die Wörterbücher in ihren Informationen deutlich zurückhaltender, und du mußt schon ein wenig **Spürsinn** aufbringen, vor allem dann, wenn du vom Deutschen ausgehst. Im **Schulwörterbuch** Ⓐ findest du im **deutsch-französischen Teil** zu deutsch **„beständig"** nur das Adjektiv *„constant"* ① ②, aber weder die weibliche Form noch das Adverb. Willst du sie finden, mußt du auf das **französisch-deutsche Wörterbuch** Ⓑ zurückgreifen. Dort allerdings findest du dann sowohl das **Adjektiv** ④ ⑤ als auch die **weibliche Form** ③ (hier gleichzeitig auch Substantiv) und das **Adverb** ⑥ ⑦.

Du siehst, du mußt ein wenig **kombinieren,** mit Geduld kommst du aber immer zum Ziel!

Machen wir hierzu eine kleine Übung, um deinen Spürsinn zu schärfen.

Ü 25

Suche mit Hilfe deines Wörterbuchs zunächst die **weibliche Form** der angegebenen **Adjektive** und dann das jeweils zugehörige **Adverb.**

	Adjektiv	**Adverb**
absolu		
récent		
gentil		
différent		
lent		
doux		

Ü 26

In der nächsten Übung sollst du das französische Adjektiv, dann die weibliche Form und schließlich das Adverb herausbekommen:

	Adjektiv	**weibliche Form**	**Adverb**
geduldig			
gewaltig			
offensichtlich			
genau			

d) Informationen zur **Konjugation** der **Verben**

dont [dõ] wovon; dessen, deren.
doré, ~e [dɔre] vergoldet; goldgelb.
dorénavant [dɔrenavɑ̃] von nun an; künftig.
dorer [dɔre] (1a) vergolden.
dorloter [dɔrlɔte] (1a) verzärteln.
dorm|eur, ~euse [dɔrmœr, -øz] *m, f* Schläfer(in) *m(f)*; **~ir** (2b) schlafen; ruhen.
dorsal, ~e [dɔrsal] (⚠ *m/pl -aux*) Rücken…
dortoir [dɔrtwar] *m* Schlafsaal *m*.
dorure [dɔryr] *f* Vergoldung *f*.

(aus: „Langenscheidts Schulwörterbuch", Französisch)

blesser [blɛ'se] (1b) **I** *v/t.* **1.** verwunden; **2.** wund reiben, (auf-) scheuern; drücken (*Schuhe*); **3.** *fig.* unangenehm berühren, verwunden, verletzen; *~ au vif od. au cœur* auf das empfindlichste verletzen; *~ la vue* das Auge beleidigen; **4.** *fig. ~ les intérêts* die Interessen schädigen; **II** *v/rfl. se ~* sich weh tun, sich verletzen; *fig.* sich beleidigt fühlen.
blessure [blɛ'syːr] *f äußere* Wunde

(aus: „Langenscheidts Großes Schulwörterbuch", Französisch-Deutsch)

dormir [dɔʀmiʀ] v. intr. **[33]** **I. 1.** Être dans le sommeil. *Dormir profondément, légèrement. Dormir du sommeil du juste.* — *Dormir debout :* avoir une forte envie de dormir. — **Fig.** *Histoire à dormir debout,* extravagante. ▷ *Dormir sur ses deux oreilles,* sans être inquiet. ▷ *Ne dormir que d'un œil,* légèrement. ▷ v. tr. **Fam.** *Il n'a pas dormi son compte.* ▷ **Proverbe** *Qui*

(aus: „Dictionnaire pratique du français", Langenscheidt/Hachette)

Nur in den **französisch-deutschen** und den **einsprachigen Wörterbüchern** findest du hinter dem jeweiligen Verb in runden oder eckigen Klammern Zahlen, die auf die

Konjugationstabellen

am Ende des Wörterbuchs verweisen, denen du die gesuchte **Personalform** des Verbs in **allen Zeiten** entnehmen kannst.

Gehst du allerdings **vom Deutschen aus,** so mußt du **zunächst im deutsch-französischen Wörterbuch** das Verb und **dann im französisch-deutschen** oder im **einsprachigen Wörterbuch** über die **Konjugationstabellen** die entsprechende **Personalform** suchen.

Also: das deutsche Wort: → **Wörterbuch dt.-frz.** → **Wörterbuch frz.-dt./einsprachig**

schlafen → ***dormir*** → ***dormir* (2 b)** → **Konjugationstabelle**

Zeichen	Infinitif	Bemerkungen	Présent de l'indicatif	Présent du subjonctif	Passé simple	Futur
(2b)	sentir	Keine Stammerweiterung durch **…iss…**	sen*s* sen*s* sen*t* sent*ons* sent*ez* sent*ent*	sent*e* sent*es* sent*e* sent*ions* sent*iez* sent*ent*	sent*is* sent*is* sent*it* sent*îmes* sent*îtes* sent*irent*	sent*irai* sent*iras* sent*ira* sent*irons* sent*irez* sent*iront*

(aus: „Langenscheidts Großes Schulwörterbuch", Französisch-Deutsch)

In der **Konjugationstabelle** siehst du:

- daß ***dormir*** als Verb dort gar **nicht** aufgeführt wird, erkennst aber, daß es **genauso** konjugiert wird wie ***„sentir“***
- daß nur ganz **bestimmte Zeiten** angegeben sind:
  Présent / Passé Simple / Futur
  sowie das **Participe Passé.**

Was nun aber tun, wenn du zum Beispiel übersetzen willst: **„er schlief“ (Imparfait)?**

Du mußt zunächst wissen: Die Wörterbuch-Autoren haben die aufgeführten **Zeiten** nicht ohne Grund **ausgewählt;** denn von den in der Konjugationstabelle **aufgeführten Zeiten/Modi** lassen sich **alle anderen Zeiten/Modi ableiten.**

Du erinnerst dich vielleicht noch daran, daß das **Imparfait** gebildet wird aus dem

Stamm der 1. Person Plural Präsens und der Imparfait-Endung:

nous dorm-ons – **il dorm-ait**

Kannst du dich nicht mehr an die Imparfait-Endungen erinnern?
Kein Problem!!!

Am Anfang der **Konjugationstabellen** findest du die Hilfsverben ***avoir*** und ***être*** in **allen Zeiten und Modi durchkonjugiert.**
Dort findest du also leicht die **Endungen** zu **Imparfait, Conditionnel** usw.

Damit du wieder fit wirst, hier noch einmal die **Grundableitungen**

Tabelle 1

Imparfait	**Stamm** 1. Pers. Pl. Präsens		+	**-ais** **-ais** **-ait** **-ions** **-iez** **-aient**
	nous **dorm**-(ons)		→	
	Beispiel:	nous **dorm-ions**		
Passé composé (PC)	**Präsens** von ***„avoir“*** oder ***„être“***		+ →	**Participe Passé**
	Beispiele:	tu **as cherché** il **est arrivé**		
Plus-que-parfait (PQP)	**Imparfait** von ***„avoir“*** oder ***„être“***		+ →	**Participe Passé**
	Beispiele:	ils **avaient dormi** nous **étions partis**		
Futur simple (Fut I)	***„r“*** des **Infinitivs**		+	**-ai** **-as** **-a** **-ons** **-ez** **-ont**
	prend**r**-(e)		→	
	Beispiel:	nous prend**r-ons**		
Conditionnel I (Cond. I)	**Futurstamm**		+ →	**Imparfait-Endung (s. o.)**
	Beispiel:	je prend**r-ais**		
Futur II (Fut. II)	**Futur I** von ***„avoir“*** oder ***„être“***		+ →	**Participe Passé**
	Beispiele:	tu **auras appris** nous **serons partis**		
Conditionnel II (Cond. II)	**Conditionnel I** von ***„avoir“*** oder ***„être“***		+ →	**Participe Passé**
	Beispiele:	Il **aurait vu.** Vous **seriez descendus.**		
Subjonctif Présent (Subj. Prés.)	**Stamm** 3. Pers. Pl. Präsens		+	**-e** **-es** **-e** **-ions** **-iez** **-ent**
	Ils **descend**-(ent)		→	
	Beispiel:	Il faut que vous **descend-iez**		

Ü 27

Ob du es nun schaffst, **mit Hilfe deines Wörterbuchs folgende Verbformen** zu finden?

recevoir	**Fut. I**	tu
mourir	**PC**	elle
fuir	**Subj. Prés.**	que nous
venir	**Imparfait**	vous
courir	**Cond. II**	tu
cueillir	**Prés.**	nous
faire	**Cond. I**	nous
prendre	**Imparfait**	vous
choisir	**Subj. Prés.**	que vous
dormir	**Fut. II**	il

Ü 28

In der nächsten Übung sollst du zunächst das **französische Verb** (im Infinitiv) und dann die **angegebene Zeit** suchen:

wollen		**Imparfait**	nous
sehen		**Impératif**	
wissen		**Subj. Prés.**	qu'il
verkaufen		**Passé Simple**	ils
nähen		**Présent**	il
pflücken		**Présent**	nous

Natürlich kannst du auch **umgekehrt verfahren,** d. h. mit deinem **Wörterbuch** herausbekommen, um **welche Zeit/welchen Modus** es sich bei einer **Verbform** handelt, die du in einem Text findest.

Nehmen wir uns einmal eine solche Verbform vor: ***il aurait cru***

C.R.S. [seɛrɛs] (*abr compagnie républicaine de sécurité*) *etwa* Bereitschaftspolizei *f*.
cru, ~e [kry] **1.** *p/p von croire*; **2.** *adj* ungekocht, unbearbeitet, roh; grell; *fig* geradeheraus; **3.** *m* (Wein-)Gebiet *n*; Weinberg *m*; *du* ~ einheimisch; *fig de mon* ~ von mir erfunden.
cruauté [kryote] *f* Grausamkeit *f*.
cruche [kryʃ] *f* Krug *m*.

(aus: „Langenscheidts Schulwörterbuch", Französisch)

In **neueren Schulwörterbüchern** findest du die **Partizipien** als **eigene Stichwörter.**

cru ← ***croire***

„aurait" identifizierst du leicht als **Hilfsverb** (es handelt sich ja offensichtlich um eine **zusammengesetzte Zeit**).
Die Hilfsverben ***„avoir"*** und ***„être"*** aber findest du mit **allen Zeiten/Modi** entweder vorne oder hinten in deinem **Wörterbuch** in den **Konjugationstabellen.**

Dort siehst du: *il* ***aurait eu*** (= **Cond. II**).

Daraus kannst du dann schließen: ***il aurait cru*** = **Cond. II** von ***„croire"***

Auch dazu eine etwas knifflige Übung:

Ü 29

Du sollst herausfinden, um **welches Verb** es sich handelt und in **welcher Zeit/welchem Modus** dieses Verb steht:

	Verb	**Zeit/Modus**
il aurait mis	mettre	Cond. II
nous avions appris		
qu'elle prenne		
tu aurais dû		
elle eut		
nous avons su		
elle perdrait		
nous avions couru		

	Verb	**Zeit/Modus**
il serait venu		
qu'il sache		
tu feras		
elle aurait été		
que vous puissiez		
il avait voulu		
nous avons lu		

e) Informationen zur **Konstruktion** der **Verben/Verbanschlüsse**

Wir kommen nun auf ein sehr fehleranfälliges Terrain, auf dem dir das **Wörterbuch** eine wichtige und vor allem **zuverlässige Stütze** sein kann. Es handelt sich um die

Verbanschlüsse

Beispiel: **Il a peur de** ne pas réussir.
Il pense à sa petite amie.

Dies wollen wir mit Hilfe des Wörterbuchs ausprobieren. Nehmen wir einmal die **Verben** ***contraindre*** (zwingen) und ***aider*** (helfen).

Ⓐ

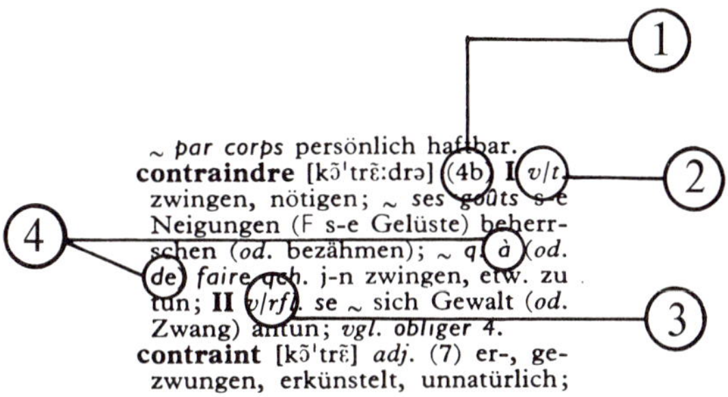
~ *par corps* persönlich haftbar.
contraindre [kɔ̃'trɛ̃:drə] (4b) **I** *v/t.* zwingen, nötigen; ~ *ses goûts* s-e Neigungen (F s-e Gelüste) beherrschen (*od.* bezähmen); ~ *q. à* (*od.* *de*) *faire qch.* j-n zwingen, etw. zu tun; **II** *v/rfl.* *se* ~ sich Gewalt (*od.* Zwang) antun; *vgl. obliger 4.*
contraint [kɔ̃'trɛ̃] *adj.* (7) er-, gezwungen, erkünstelt, unnatürlich;

(aus: „Langenscheidts Großes Schulwörterbuch", Französisch-Deutsch)

Wir erfahren:

Ⓐ - daß ***„contraindre“*** (wie im Deutschen) ein **transitives Verb ist** ②, d. h. das Objekt ohne Präposition anschließt:

Il contraint sa famille *à participer à la cérémonie.*

- daß es auch **reflexiv** gebraucht werden kann ③.

Elle ne voulait pas y aller. Mais ***elle s'est contrainte.*** *(Sie hat sich dazu gezwungen).*

- daß der **Infinitiv mit *„à“*** oder ***„de“*** angeschlossen werden kann ④.

Ⓑ

⑤ ⑥

'helf|en *v/i.*: *j-m* ~ aider q.; assister q.; prêter aide (*od.* assistance *od.* main forte) à q.; secourir q.; porter secours à q.; donner son concours à q.; seconder q.; épauler q.; *j-m etw. tun* ~ aider q. à faire qch.; *ich helfe ihm in den Mantel* je l'aide à mettre son manteau; *ich helfe ihm aus dem Mantel* je l'aide à ôter son manteau; *sich zu ~ wissen* savoir se débrouiller (*od.* se tirer d'affaire); ~ *gegen* être

(aus: „Langenscheidts Großes Schulwörterbuch“, Deutsch-Französisch)

Ⓑ - daß im Französischen dem Verb ***„aider“*** (anders als im Deutschen) kein indirektes *(Wem?)*, sondern ein **direktes *(Wen?)* Objekt** folgt ⑤.

Sie ***hilft ihm.*** *Elle* ***l'aide.***

- daß bei ***„aider“*** der **Infinitiv mit *„à“*** angeschlossen wird ⑥.

Wie die Beispiele zeigen, kann das **syntaktische Verhalten** der Verben entweder den entsprechenden **Abkürzungen *(v/t - v/i - v/rfl)*** oder den **Beispielen** entnommen werden. Dies gilt übrigens für **alle Wörterbücher,** ob **ein-** oder **zweisprachig.**

Die folgende Übung basiert nur auf dem **Stichwortartikel** zu ***rendre.*** Alle zur Lösung dieser Übung notwendigen **Informationen** kannst du diesem **Stichwortartikel** entnehmen.

wieder zum Einschlafen bringen; **II** *v/rfl.* se ~ wieder einschlafen.
rendosser [rãdoˈse] *v/t.* (1a) *ein Kleid usw.* wieder anziehen.
rendre [ˈrã:drə] (4a) **I** *v/t.* **1.** wiedergeben, zurückgeben; zurückerstatten; *pouvez-vous me ~ sur mille francs?* können Sie mir auf tausend Franc herausgeben?; **2.** abgeben, abliefern; *écol.* ~ *un devoir a.*: e-e Hausarbeit abliefern; **3.** erweisen; ~ *compte* Rechnung ablegen; Bericht erstatten (*de* über *acc.*); ~ *ses devoirs à q.* j-m s-e Aufwartung machen; ~ *les derniers devoirs à q.* j-m die letzte Ehre erweisen; ~ *grâce* Dank sagen; ~ *hommage* huldigen; ~ *honneur* Ehre erweisen; ~ *justice à q.* j-m Gerechtigkeit widerfahren lassen; ~ *service* e-n Dienst erweisen; ~ *témoignage* Zeugnis ablegen; ~ *visite à q.* j-n besuchen; ~ *sa visite à q.* j-m e-n Gegenbesuch machen; **4.** *fig.* vergelten, erwidern; ~ *la pareille* Gleiches mit Gleichem vergelten; ~ *la monnaie de sa pièce à q.* j-m etw. mit gleicher Münze heimzahlen; ~ *une invitation* e-e Einladung erwidern; **5.** *mit adj. od. su.* machen; ~ *q. heureux* j-n glücklich machen; ~ *maître* zum Herrn machen; ~ *tranchant* schärfen; ~ *uniforme* vereinheitlichen; ~ *un chemin praticable* e-n Weg fahrbar machen; **6.** von sich geben; *cette plaie rend beaucoup* diese Wunde eitert sehr; ~ *gorge* sich übergeben, brechen; *fig.* (*unredlich Erworbenes*) wieder herausrücken müssen; ~ *l'âme*, ~ *le dernier soupir*, ~ *l'esprit*, ~ *la vie* den Geist aufgeben; * *les clés* an Drogenvergiftung sterben; **7.** abtreten, übergeben; ~ *les armes* die Waffen strecken; **8.** ausdrücken, wiedergeben; ~ *le sens d'un passage* den Sinn e-r Stelle wiedergeben; wiedererzählen; **9.** aussprechen, verkünden; ~ *un arrêt*, ~ *un jugement* ein Urteil sprechen *od.* fällen; ~ *des oracles* Orakel verkünden; **II** *v/i.* **10.** ↗ einbringen, abwerfen; ↗ ~ *bien* gut tragen; **11.** F *phot.* wirken, aussehen; *bien ~ à l'écran* sich auf dem Bildschirm gut machen; *ne ~ jamais bien* nie gut aussehen; **III** *v/rfl.* se ~ **12.** sich *wohin* begeben; *irgendwohin* reisen, fahren, fliegen; se ~ *chez* q. zu j-m gehen; se ~ *à son travail* an s-e Arbeit gehen; **13.** sich ... machen; werden; se ~ *malade* sich e-e Krankheit zuziehen; se ~

(aus: „Langenscheidts Großes Schulwörterbuch", Französisch-Deutsch)

Ü 30 Welche **Informationen** zur **Konstruktion** kannst du dem **Stichwortartikel** über ***„rendre"*** entnehmen?

① ____________________

② ____________________

③ ____________________

④ ____________________

⑤ ____________________

⑥ ____________________

⑦ ____________________

Mache den folgenden Übungsteil erst, wenn du den ersten Teil mit Hilfe des Schlüssels überprüft hast.

Ü 31

Nachdem du dir über die **Konstruktionsmöglichkeiten** dieses **Verbs** Klarheit verschafft hast, dürfte dir das Ausfüllen des folgenden Lückentextes keine Probleme bereiten:

1. Il ______________________________ ses devoirs.
   (Er hat ihr seine Aufwartung gemacht.)

2. Cet homme ______________________________ heureuse.
   (Dieser Mann hat sie glücklich gemacht.)

3. Les élèves ______________________________ à ____________ travail.
   (Die Schüler haben sich wieder an ihre Arbeit gemacht.)

4. Elle ______________________________ son beau-père.
   (Sie hat sich zu ihrem Schwiegervater begeben.)

5. Voilà les documents ____________ il a ______________________________ .
   (Hier sind die Dokumente, die er zurückgegeben hat.)

6. Cette émission ______________________________ à l'écran.
   (Diese Sendung macht sich gut auf dem Bildschirm.)

Besonders fehleranfällig sind die **Konstruktionen „Verb + Infinitiv"**. Hier geht es um die Frage, ob ein **Infinitiv mit *„à"*** oder ***„de"*** oder **<u>ohne</u> Präposition** angeschlossen wird. **Dies kannst du dem Wörterbuch hervorragend entnehmen.**

Ü 32

In der folgenden Übung sollst du nur entscheiden, ob du den **Infinitiv mit** oder **ohne Präposition** anschließen mußt. Schreibe mit **Hilfe** des **Wörterbuchs** die **richtige Präposition** in die Lücke. Wenn keine hineingehört, mach einen dicken Strich.

1. Il affirme ____________ tout savoir.

2. Il s'agit ____________ travailler.

3. On lui a permis ____________ regarder la télé.

4. Elle est décidée ____________ terminer ses études.

5. Son père refuse ____________ lui acheter un vélomoteur.

6. Je n'osais pas ____________ vous déranger.

7. Il semble ____________ rêver au lieu de faire attention.

8. Il a réussi ____________ passer son bac.

9. Il a invité ses amis ____________ prendre un pot chez lui.

10. Il a été condamné ____________ payer une somme importante.

11. Je viens ____________ le rencontrer (Ich habe ihn gerade eben getroffen).

12. Il vaut mieux ____________ éviter (vermeiden) cette autoroute.

13. Elle viendra ____________ me chercher à la gare (Sie wird mich am Bahnhof abholen).

14. Elle s'est décidée ____________ prendre l'avion.

15. Il faut que je me fasse ____________ opérer.

Ü 33

Die letzte Übung zu den **Verbkonstruktionen** hat es in sich. Es handelt sich um Fälle, in denen Schüler besonders **häufig Fehler** machen, weil sie die **Verbkonstruktion** unerlaubterweise aus dem Deutschen ins Französische übertragen. Übersetze ins Heft.

1. Er bittet ihn um Verzeihung (demander).
2. Er bittet sie zu sprechen.
3. Er hat seine Freundin geheiratet.
4. Sie hat sich verändert.
5. Er ändert immer seine Meinung.
6. Sie nehmen diese Angelegenheit ernst (une affaire).
7. Er braucht Geld.
8. Sie hören ihrem Lehrer zu.
9. Sie fahren in Ferien.
10. Er wollte auf uns warten.

4. Wortbedeutung und Wortgebrauch

Wir haben bisher gelernt, dem **Wörterbuch Informationen** über

- **Aussprache,**
- **Rechtschreibung,**
- **Grammatik** zu entnehmen.

Wir wollen nun untersuchen, welche **Hilfen** das **Wörterbuch** anbietet beim

Verstehen und **Abfassen** von **Texten.**

Verstehen von Texten mit dem französisch-deutschen Wörterbuch.

Wenn du das Kapitel 3 durchgearbeitet hast, weiß du noch, daß man, um einen fremdsprachlichen Text zu verstehen, keineswegs immer ein Wörterbuch braucht.

Erinnere dich noch einmal an die dort vorgestellten **Erschließungstechniken:**

- Erschließung der Wortbedeutung **aus dem Kontext** (textlicher Zusammenhang),
- **Internationalismen,**
- Rückgriff auf Aspekte der **Wortbildungslehre:**
  - **Präfixe** (Vorsilben),
  - Aufgliederung der Worte in **Einzelelemente,**
  - Rückgriff auf die **Wortfamilie.**

Leider gibt es aber Fälle, in denen alle diese Erschließungstechniken versagen. Dann hilft wirklich nur noch der **Griff zum Wörterbuch.** Der Umgang mit dem Wörterbuch im Hinblick auf die Bedeutungserschließung **will allerdings gelernt sein.**

Du wirst später zwar sehen, daß die **Bedeutungserschließung** unbekannter Wörter und Ausdrücke auch mit einem **einsprachigen Wörterbuch** möglich ist. Doch wirst du zunächst bei auftretenden Schwierigkeiten verständlicherweise zum **französisch-deutschen Wörterbuch** greifen. Nur gibt es da leider einige **„Stolpersteine"**, die wir aus dem Weg räumen müssen. Hauptprobleme sind die **„Polysemie"** (Mehrdeutigkeit von Wörtern) und die **idiomatischen Redewendungen.**

a) Polysemie (Mehrdeutigkeit)

Untersuchen wir das gleich an einem konkreten Beispiel. Du findest in einem Text folgenden Satz:

C'est à ce moment-là qu'apparut Mathilde. Je fus ébloui par son ***éclat.***

Je fus ébloui par son éclat.

Wenn dir ***„éclat"*** in seiner Bedeutung unbekannt ist, schlägst du den entsprechenden **Stichwortartikel** in deinem **Wörterbuch** auf.

Um nicht einen groben Fehlgriff zu tun, solltest du dir zunächst einen Überblick über **alle Bedeutungsvarianten** des Wortes verschaffen, um entscheiden zu können, **welche** in den textlichen Zusammenhang (Kontext) **paßt,** in dem das Wort steht. Das ist nicht sehr zeitaufwendig, denn die **Bedeutungsvarianten** sind mit **arabischen Ziffern gekennzeichnet.**

éclat [e'kla] *m* 1. Splitter *m*; *à l'abri des ~s* splittersicher; *~ d'obus* Bomben-, Granat-splitter *m*; *~ de verre* Glassplitter *m*; *voler en ~s* in Stücke fliegen, (sich) zersplittern; 2. Knall *m*, starker Schall *m*; *~s du tonnerre* Rollen *n* des Donners; *~ de tonnerre* Donnerschlag *m*; *fig. etw.* Niederschmetterndes *n*; *~s de voix* schallende Stimmen *f/pl.*; *(grands) ~s de rire* schallendes Gelächter *n*; *rire aux ~s* laut auflachen; 3. Aufblitzen *n*, Helligkeit *f*, Lichtschein *m*; 4. *fig.* Auftritt *m*, Skandal *m*; *provoquer un ~* e-n Skandal herbeiführen; *faire beaucoup d'~* ein großes Aufsehen erregen; *~s pl.* heftiger Wortstreit *m*; 5. Glanz *m*; frisches, jugendliches Aussehen *n*; *fig.* Pracht *f*; *action f d'~* glänzende Tat *f*, Glanzleistung *f*; *coup m d'~* Glanzstück *n*; *~ des couleurs* Farbenpracht *f*; *sans ~* glanzlos, matt; *fig.* unscheinbar.

(aus: „Langenscheidts Großes Schulwörterbuch", Französisch-Deutsch)

Du findest:

Splitter - Knall - Aufblitzen - Helligkeit - Auftritt/Skandal - Glanz - jugendliches Aussehen -

- Da ***„éclat"*** sich im vorliegenden Fall auf eine **Frau** (Mathilde) bezieht, scheiden die Bedeutungen „Splitter - Knall - Aufblitzen" wohl aus.

- ***„être ébloui"*** heißt „überwältigt/geblendet sein".

  Da man von einem „skandalösen Auftritt" eher geschockt als überwältigt ist, trifft an dieser Stelle wohl die Bedeutung **„Glanz, frisches, jugendliches Aussehen"** zu.

Lösung:

„Ich war überwältigt (geblendet) von ihrem **Glanz (jugendlichen Aussehen)"**.

Zusammenfassung · Zusammenfassung · Zusammenfassung

- **Wörter** sind meist **mehrdeutig.**
- **Vermeide** es, dich bei der Arbeit mit dem Wörterbuch mit der **erstbesten Bedeutungsvariante** zufriedenzugeben.
- Verschaffe dir einen **Überblick über alle Bedeutungsvarianten,** bevor du entscheidest, welche davon im konkreten Kontext zutrifft.

Ü 34

Dazu zwei Übungen:

Finde mit Hilfe der **Stichwortartikel** heraus, welche (deutsche) **Bedeutung** die unterstrichenen Satzteile in dem jeweiligen Kontext haben:

matière [ma'tjɛːr] *f* **1.** Materie *f*, Stoff *m*, Material *n*; ~ *brute*, ~ *première*, ~ *primitive* Ur-, Roh-stoff *m*; ~ *collante* Klebemasse *f*; F ~ *grise* Grips *m* F; ⚓ ~ *en vrac* Schüttgut *n*; ~ *plastique* Plast *m*, Plastik *n*, Form-, Preß-stoff *m*; ~ *de base* Grundstoff *m*; *paiement m en* ~ Zahlung *f* in Waren; **2.** ⚕ ~ *purulente* Eiter *m*; ~ *fécale* Exkremente *n/pl.*; ~ *cérébrale* Hirnmasse *f*; **3.** *fig.* Thema *n*, Gegenstand *m*; Gebiet *n*; *écol.* Fach *n*; ⚖ Tatbestand *m*; *écol.* ~ *à option* Wahlfach *n*; *table f des* ~*s* Inhaltsverzeichnis *n*; *entrer en* ~ zur Sache kommen; *en pareille* ~ in solchen Sachen; *en* ~ *de fig.* auf dem Gebiet (*gén.*); *en la* ~ auf diesem Gebiet; in dieser Hinsicht; *en* ~ *de conclusion* zum Schluß; **4.** Veranlassung *f*, Anlaß *m*.

dessous [də'su] **I** *adv.* **1.** unten, d(a)runter; *vêtements m/pl. de* ~ Unterkleidung *f*; **2.** *en* ~ (nach) unten; *fig.* versteckt; *manœuvrer* (*od. agir*) *en* ~ nicht mit offenen Karten spielen; *attaques f/pl. en* ~ versteckte Angriffe *m/pl.*; *par-*~, *en* ~ unten durch; *fig.* heimlich, hintenherum F; *regarder en* ~ nicht offen ins Gesicht schauen (*od.* blicken); **3.** *de* ~ von unten her; unter ... hervor; **II** *prp.* **4.** *de* ~, *par-*~ *z.B. in*: *arracher un voleur de* ~ *le lit* e-n Dieb unter dem Bett hervorziehen; *dégager q. de* ~ *sa voiture* j-n unter s-m Wagen hervorziehen; *passer par-*~ *la table* unter dem Tisch durchgehen; **III** *m* **5.** Unterseite *f*, -teil *m u. n*; Unterlage *f*; Grundlage *f*; ~ *du pied* Fußsohle *f*; **6.** *fig.* Kehrseite *f*; *connaître les* ~ die Hintergründe kennen; **7.** ~*-de--bras* Armblatt *n* (*Kleid*); *les* ~ *pl.* die Unterwäsche *f* (*der Frauen*); **8.** ~ (*d'un théâtre*) Versenkung *f*; *fig. être dans le trente-sixième* ~ in e-r äußerst üblen Lage sein; **9.** ~ *de bouteille* Flaschenuntersatz *m*; **10.** *avoir le* ~ den kürzeren ziehen; unterliegen; **11.** ⚓ ~ *du vent* Lee(seite *f*) *f*.

éclat [e'kla] *m* **1.** Splitter *m*; *à l'abri des* ~*s* splittersicher; ~ *d'obus* Bomben-, Granat-splitter *m*; ~ *de verre* Glassplitter *m*; *voler en* ~*s* in Stücke fliegen, (sich) zersplittern; **2.** Knall *m*, starker Schall *m*; ~*s du tonnerre* Rollen *n* des Donners; ~ *de tonnerre* Donnerschlag *m*; *fig. etw.* Niederschmetterndes *n*; ~*s de voix* schallende Stimmen *f/pl.*; (*grands*) ~*s de rire* schallendes Gelächter *n*; *rire aux* ~*s* laut auflachen; **3.** Aufblitzen *n*, Helligkeit *f*, Lichtschein *m*; **4.** *fig.* Auftritt *m*, Skandal *m*; *provoquer un* ~ e-n Skandal herbeiführen; *faire beaucoup d'*~ ein großes Aufsehen erregen; ~*s pl.* heftiger Wortstreit *m*; **5.** Glanz *m*; frisches, jugendliches Aussehen *n*; *fig.* Pracht *f*; *action f d'*~ glänzende Tat *f*, Glanzleistung *f*; *coup m d'*~

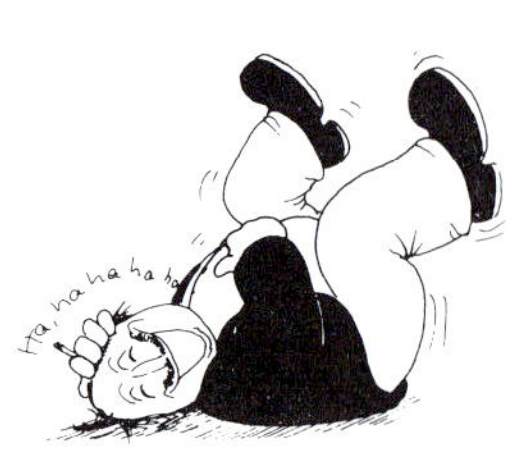

(aus: „Langenscheidts Großes Schulwörterbuch", Französisch-Deutsch)

1. Il manque de matière grise. (______________________________)
2. Quel fétichiste! Il collectionne des dessous.

   (______________________________)
3. Le français est la matière qu'il aime le moins.

   (______________________________)
4. Cette glace (Spiegel) est sans éclat. (______________________________)
5. Je me suis fait mal au dessous de mon pied.

   (______________________________)
6. Le vase a volé en éclats. (______________________________)
7. Quand tu cherches un chapitre particulier, regarde la table des matières.

   (______________________________)
8. On a tiré le voleur de dessous le lit. (______________________________)
9. En société, elle essaie toujours de faire beaucoup d'éclat.

   (______________________________)
10. Il agit toujours en dessous. (______________________________)
11. Entrons en matière. (______________________________)

Ü 35

Jetzt sollst du mit deinem eigenen **französisch-deutschen Wörterbuch** arbeiten. Informiere dich über die **verschiedenen Bedeutungen** der Wörter

manche – lettre – comprendre – louer

und gib ihre Bedeutung in den folgenden Sätzen an:

manche

1. Il a cassé le manche du couteau. ______
2. Le joueur de tennis a perdu la première manche par six à deux. ______
3. Les manches de cette robe sont trop courtes. ______

lettre

4. Ce mot s'écrit en six lettres. ______
5. Je viens de recevoir une lettre de ma correspondante allemande. ______
6. Cet élève est fort en sciences, mais faible en lettres. ______
7. Il a pris cette loi à la lettre. ______

comprendre

8. Cette maison comprend trois chambres, cuisine, salle de séjour et salle de bains. ______
9. Le prix du transport n'est pas compris dans cette somme. ______
10. J'ai très bien compris vos explications. ______

louer

11. Il a loué une maison au bord de la mer. ______
12. Il loue la beauté de la Provence et des Alpes françaises. ______
13. Pour gagner un peu d'argent, il loue son appartement à des touristes. ______

b) Idiomatische Redewendungen

Das Problem der **Polysemie** (Mehrdeutigkeit) verschärft sich durch die sogenannten **idiomatischen Redewendungen;** das sind **festgefügte sprachliche Wendungen/Wortverbindungen,** die sich einer wörtlichen Übersetzung entziehen.

Beispiel: *Depuis que son fils est parti en auto-stop, elle* ***se fait du mauvais sang.***

sang [sɑ̃] *m* **1.** Blut *n*; *fig.* Gemüt *n*; Leben *n*; ~ *veineux* Venenblut *n*; *couleur f de* ~ blutrot; ⚕ *coup m de* ~ Schlaganfall *m*; *flux m de* ~ Blutfluß *m*; *perte f de* ~ Blutverlust *m*; *transfusion f de* ~ Blutübertragung *f*; *échauffer le* ~ aufregen; *suer* ~ *et eau* Blut und Wasser schwitzen; *être altéré de* ~ blutdürstig sein; *avoir le* ~ *chaud* hitzig sein, leicht aufbrausen; *avoir horreur du* ~ kein Blut sehen können; *être tout en* ~ blutüberströmt sein; ¹F *avoir du sang de navet* F ein Schlappschwanz sein; *se faire du mauvais* ~ sich Sorgen machen; F *se ronger les* ~*s* vor Sorgen umkommen; **2.** Abkunft *f*; Geschlecht *n*; Familie *f*; Verwandtschaft *f*; *droit m du* ~ Geburtsrecht *n*; *prince m du* ~ Prinz *m* von Geblüt; **3.** Menschenschlag *m*; ~ *mêlé* Mischblut *n*; **4.** *pur-*~ *m* (6c), *cheval m pur* ~ Vollblutpferd *n*.

(aus: „Langenscheidts Großes Schulwörterbuch", Französisch-Deutsch)

Eine **wörtliche Übersetzung** ergibt **keinen Sinn.** Die unter den arabischen Ziffern aufgeführten Bedeutungen

Blut - Leben - Abkunft - Menschenschlag

helfen nicht weiter.

Also mußt du dich ans **„Kleingedruckte"** heranmachen.

Bei genauem Hinschauen findest du im Mittelteil des Stichwortartikels eine Fülle von **„Redewendungen",** u. a. auch **„se faire du mauvais sang".**

Wie muß also die korrekte Übersetzung lauten?

Ü 36

„Seitdem ihr Sohn per Anhalter abgereist ist, ______________________

____."

Das Auffinden derartiger Redewendungen ist nicht immer leicht, denn die Stichwortartikel enthalten oft eine Fülle von Redewendungen. Und um die **Sucharbeit** kommst du leider häufig (s. o.) nicht herum.

Ein kleiner Trost:

Ganz nutzlos ist die Sucherei schon deshalb nicht, weil dir beim Überfliegen des Wörterbuchartikels sicher **Redewendungen** auffallen, die du schon immer wissen wolltest. Vielleicht sind sie dir so **wichtig,** daß du sie **rausschreibst** und **lernst.**

Merke:

- Versuche **nie, idiomatische Redewendungen wörtlich** zu **übersetzen.** Nur selten entsprechen sich Redewendungen in zwei Sprachen.

- Nimm die **Sucharbeit** auf dich. **Es lohnt sich immer!!!**

- Suche unter dem **Stichwort,** das deiner Meinung nach den **Bedeutungskern** der Redewendungen ausmacht:

  z. B. un **homme** comme on n'en fait plus
  (ein Mann vom alten Schlag)

  jouer au plus **fin** avec qn
  (jemanden überlisten wollen)

  Qui **vole** un œuf, vole un bœuf.
  (Wer einmal lügt, dem glaubt man nicht ...)

Ü 37

So, dann mach' dich einmal auf die Suche. Versuche mit Hilfe deines **französisch-deutschen Wörterbuchs** herauszufinden, welche Bedeutung die unterstrichenen Satzteile haben. Schreibe am besten die meist kurzen Sätze gleich mit der Übersetzung in dein (Vokabel-) Heft. Dann behältst du sie besser.

1. Il n'en cherche pas long.
2. Je n'aime pas notre prof de maths, il a le sang chaud.
3. Elle lui a fait un pied de nez.
4. Ils ne savent plus sur quel pied danser.
5. Il n'y va pas de main morte.
6. Moi, je n'y suis pour rien, je m'en lave les mains.

c) Sachgebietsbezeichnungen

Zum Auffinden der **richtigen Bedeutung** bietet das **Wörterbuch** übrigens – neben der angesprochenen Gliederung durch die arabischen Ziffern – noch weitere **Hilfen** an, und zwar die **Zuordnung bestimmter Bedeutungsnuancen** zu **Sachgebieten.**

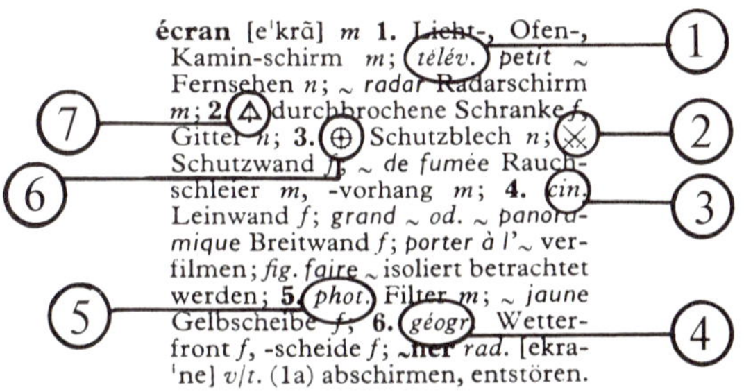

écran [eˈkrɑ̃] *m* **1.** Licht-, Ofen-, Kamin-schirm *m*; *télév.* *petit* ~ Fernsehen *n*; ~ *radar* Radarschirm *m*; **2.** ⚠ durchbrochene Schranke *f*, Gitter *n*; **3.** ⊕ Schutzblech *n*; ⚔ Schutzwand *f*; ~ *de fumée* Rauchschleier *m*, -vorhang *m*; **4.** *cin.* Leinwand *f*; *grand* ~ *od.* ~ *panoramique* Breitwand *f*; *porter à l'*~ verfilmen; *fig. faire* ~ isoliert betrachtet werden; **5.** *phot.* Filter *m*; ~ *jaune* Gelbscheibe *f*; **6.** *géogr.* Wetterfront *f*, -scheide *f*; **~ner** *rad.* [ekraˈne] *v/t.* (1a) abschirmen, entstören.

(aus: „Langenscheidts Großes Schulwörterbuch", Französisch-Deutsch)

Das geschieht auch durch

- **Symbole** ② **(Militär),**
  ⑥ **(Technik/Handwerk)**
  ⑦ **(Baukunst)**
- **Abkürzungen** ① ③ ④ ⑤.

Der **Kontext** eines unbekannten Wortes gibt meist schon **Hinweise** auf das **Sachgebiet.** Die **Symbole** und **Abkürzungen** erleichtern dann das schnelle Auffinden der **gesuchten Bedeutung.** Vielleicht siehst du dir das noch einmal in deinem **Wörterbuch** an.

Ü 38

Welchen Sachgebieten gehören die unterstrichenen Wörter in den folgenden Sätzen an? Nenne das **Sachgebiet (S)** und die **Bedeutung (B)** in dem jeweiligen Kontext.

1. Ils ont construit un écran contre la chaleur du four.
   S: ______
   B: ______
2. Hier soir, nous sommes restés à la maison pour regarder ce film au petit écran.
   S: ______
   B: ______
3. Pour prendre la photo, il a mis un écran jaune.
   S: ______
   B: ______
4. J'aime ce cinéma, il y a un écran panoramique.
   S: ______
   B: ______

Benutze nun dein **eigenes Wörterbuch,** um herauszufinden, welchen **Sachgebieten** die folgenden Wörter angehören.

1. Il souffre d'une <u>dégénération graisseuse</u> du cœur.
   S: ______________________
   B: ______________________
2. Sur la plage, il a découvert <u>des épaves</u>.
   S: ______________________
   B: ______________________
3. Il ne fait pas d'études, il <u>fait son service</u>.
   S: ______________________
   B: ______________________
4. On a <u>poinçonné</u> mon billet.
   S: ______________________
   B: ______________________

d) Erkennen der Stilebene

Über die erklärenden Zusätze hinaus machen die **Wörterbücher** auch Angaben zur **Stilebene** eines Wortes. Dies wird dann für dich interessant, wenn du einen **Text analysieren** und **kommentieren** sollst. <u>Die Stilebene eines Textes verrät:</u>

- **welche Zielgruppe** der Autor des Textes ansprechen möchte (vgl. z. B. die Sprachunterschiede zwischen *„Le Monde"* als anspruchsvoller Tageszeitung und *„France Soir"* als Boulevardblatt),
- ob der Autor eine **Milieuschilderung** möglichst wirklichkeitsnah gestalten möchte,
- ob er durch einen **Wechsel der Stilebene** oder eine **Mischung der Stilebenen** bestimmte **stilistische Effekte** erzielen will usw.

bagarr|er [baga're] *v/rfl.*: F se ~ sich raufen; P *fig.* sich abmühen; **~eur** [~'rœːr] *m* Schlägertyp *m.* — populär
bagasse [ba'gas] *f* ausgepreßter Stengel *m* des Zuckerrohrs; Trester *pl.*
bagatelle [baga'tɛl] *f* Kleinigkeit *f*, Bagatelle *f*, Lappalie *f*.
bagnard *ehm.* [ba'ɲaːr] *su.* Zuchthäusler *m.*
bagne [baɲ] *m* **1.** *ehm.* Zuchthaus *n*; **2.** F Strafkolonie *f*. — familiär
bagnol|e P [ba'ɲɔl] *f* Karrete *f*, schlechter Wagen *m*, Klapperkasten *m*; *Auto péj.*: Karre *f*, Mühle *f*, Schlitten *m*; **~eux** P [~'lø] *su.* (7d) *Auto*: Fahrer *m* e-r Mühle. — populär, abwertend

Hemmschuh *m.*
chien|dent ⚘ [ʃjɛ̃'dɑ̃] *m* Quecke *f*; **~-estafette** [~ɛsta'fɛt] *m* (6b) Meldehund *m*; **~lit** [ʃjɑ̃'li] *m* Maskerade *f*; F *péj.* Pöbelherrschaft *f*; **~-loup** [ʃjɛ̃'lu] *m* (6a) Wolfsspitz *m*; **~ne** [ʃjɛn] *f* Hündin *f*; **~nerie** [ʃjɛn'ri] *f* **1.** Knickrigkeit *f*; **2.** Gemeinheit *f*; Schweinerei *f*. — familiär + abwertend
chier V [ʃje] (1a) *v/i.* scheißen V. — vulgär
chiffe [ʃif] *f* Papierlumpen *m*; dünnes Zeug *n*; *fig.* (*homme mou comme une*) ~ *fig.* Waschlappen *m*, schlap-

(aus: „Langenscheidts Großes Schulwörterbuch", Französisch-Deutsch)

Es lohnt sich also, sich mit diesem **Service des Wörterbuchs** vertraut zu machen.

Ü 39

Als Beispiel hier ein kurzer Ausschnitt aus *„Les petits enfants du siècle"* von *Christiane Rochefort.* Es wird dir nicht schwerfallen, die **Stilebene** zu erkennen. Wir wollen das aber mit einer kleinen Übung verbinden. Du sollst mit Hilfe deines Wörterbuchs für die unterstrichenen Wörter die **französischen „Normalwörter"** herausfinden.

Je boufferais pas; d'ailleurs j'avais pas faim; et puis je m'en foutais de leurs salades; j'avais autre chose à penser, moi, ce que, depuis que j'avais remis le pied dans cette piaule je n'avais pas pu faire, pas une seule seconde, tellement vite ils s'étaient rués sur moi, m'avaient jeté leur connerie à la tête.
Eh bien, ils avaient gagné. Mon trésor était en morceaux, je ne sais où, noyé dans la rogne, je ne pouvais pas arriver à le retrouver. C'est des vrais détersifs ces mecs-là, là où ils sont passés l'herbe ne repousse plus, comme on nous avait appris à l'école à propos d'Attila, roi des Huns.
J'avais beau me répéter: «Guido, Guido. Tintin. Ah! les vaches!»

(von Christiane Rochefort)

Abfassen von Texten mit dem deutsch-französischen Wörterbuch

Beim **Abfassen eigener Texte** in der Fremdsprache ist das **deutsch-französische Wörterbuch** eine große Hilfe, aber auch eine **ständige Gefahrenquelle!**
Für den deutschen Wörterbuchbenutzer ist nämlich die **Eignung eines französischen Wortes** in einem bestimmten Kontext nur sehr schwer abzuschätzen. Grobe Mißgriffe (im Schulalltag an der Tagesordnung) lassen sich vermeiden, wenn man die **Hilfen** kennt und nutzt, die die **deutsch-französischen Wörterbücher** anbieten.

Zunächst sei noch einmal daran erinnert, daß beim Abfassen von **Texten** in der Fremdsprache Aspekte der **grammatischen Korrektheit** eine wichtige Rolle spielen. Wir haben weiter oben gesehen, daß Wörterbücher in diesem Bereich wertvolle Hilfestellung anbieten:

- **Konjugationstabellen,**
- **Informationen über Verbanschlüsse,**
- **Informationen über Pluralbildung, Adverbbildung** usw.,
- Übersichten über die **verschiedenen Determinanten** usw.

Wir wollen uns nun aber ausschließlich dem Bereich der **Bedeutungsübertragung** in die Fremdsprache widmen.

Vier Aspekte sind hier zu beachten:

a) **Polysemie**

b) **Kollokationen**

c) **idiomatische Redewendungen**

d) **Stilebenen.**

a) **Polysemie** (Mehrdeutigkeit) (vgl. S. 115)

Die **Polysemie** stellt **das zentrale Problem** beim Abfassen von Texten dar.

Nehmen wir ein konkretes Beispiel:

Das Wort **„Rand"** hat im Deutschen eine Fülle von **Bedeutungsnuancen:**

Stadtrand – Waldrand – Tellerrand – Schmutzrand – Wundrand – Ränder unter den Augen – Rand (Saum) eines Kleides – Bücher-/Seitenrand – Rand der Gesellschaft – Rand (als scharfe Kante) – Rand (als erhöhter Rand) usw. ...

Für fast jede dieser **Bedeutungsnuancen** gibt es im Französischen ein **Äquivalent** (eine Entsprechung, eine eigene Übersetzung).

bord – bordure – lèvre – rebord – arête – lisière – les abords – les cernes – auréole – marge – ...

Die Wahl des **richtigen Äquivalents** wäre für einen deutschen Sprecher nahezu unmöglich, wenn das **deutsch-französische Wörterbuch** nicht eine Fülle von

erklärenden Zusätzen und **anschaulichen Anwendungsbeispielen**

anbieten würde.

Ü 40

Probieren wir das gleich einmal mit Hilfe des gezeigten **Stichwortartikels** aus. Ordne die eben genannten **deutschen Bedeutungsnuancen** für **„Rand"** mit Hilfe des **Stichwortartikels** den **französischen Äquivalenten** zu. (Es kann zu Überschneidungen kommen.)

Rand *m* bord *m*; (*Saum, Borte*) bordure *f*; (*Wald*≈) lisière *f*; *e-s Fleckens*: auréole *f*; *e-r Wunde, e-s Trichters*: lèvres *f/pl.*; *um die Augen*: cerne *m* (*a. e-r Wunde, e-s Fleckens*); *e-s Buches usw.*: marge *f*; *erhöhter*: rebord *m*; *scharfer* ~ arête *f*; *mit schwarzem* ~ bordé de noir; *am* ~*e* en marge, *fig.* au bord (*gen.* de); *an, auf dem (den)* ~ *s-s Heftes* dans la marge de son cahier; *außer* ~ *und Band* déchaîné; 'hors de ses gonds; *am* ~*e bemerkt* soit dit en passant; *das versteht sich am* ~*e* c'est facile à comprendre; *bis an den* ~ *gefüllt mit ...* plein à ras bord de ...; *mit etw. zu* ~*e kommen* venir à bout de qch.; *am* ~*e des Grabes stehen* être à l'article de la mort; P *halt den* ~*!* (ferme) ta gueule!; ferme-la!

(aus: „Langenscheidts Großes Schulwörterbuch", Deutsch-Französisch)

	deutsche Bedeutung
bord	
bordure	
rebord	
arête	
marge	
lisière	
auréole	
lèvre	
les cernes	

Ü 41

Welches sind die **französischen Entsprechungen** für das Wort **„Einstellung"** in den folgenden Sätzen?

'**Einstellung** *f* ⊕ réglage *m*; ajustage *m*; ajustement *m*; *phot.* mise *f* au point; *opt.*, ⚔ pointage *m*; *Radio*: réglage *m*; *Arbeitskräfte*: embauche *f*; embauchage *m*; (*Unterbrechung*) interruption *f*; suspension *f*; (*Aufhören*) cessation *f*; (*Stillegung*) arrêt *m*; *der Arbeit, Tätigkeit*: cessation *f*; *der Zahlung, Feindseligkeiten*: cessation *f*; suspension *f*; (*Abschaffung*) abolition *f*; *v. Buslinien od. Zeitungen*: suppression *f*; ⚖ *Befehl zur* ~ *des Verfahrens* ordonnance *f* de non-lieu; *fig.* (*Ansicht*) opinion *f* (*zu* au sujet de); avis *m* (au sujet de); (*Haltung*) attitude *f* (*zu* au sujet de).

(aus: „Langenscheidts Großes Schulwörterbuch", Deutsch-Französisch)

1. Ich kann deine Einstellung gegenüber Ausländern nicht billigen.

   (____________________________________)

2. Die Bewohner der Avenue Richelieu haben sich gegen die Einstellung der Buslinie 44 zur Wehr gesetzt.

   (____________________________________)

3. Die Regierung sollte mehr für die Einstellung von Langzeitarbeitslosen tun.

   (____________________________________)

4. So kann die Maschine nicht rund laufen. Die Einstellung der Zündung stimmt nicht.

   (____________________________________)

5. Wir plädieren für die Einstellung der Feindseligkeiten.

   (____________________________________)

Ü 42

Welche **französischen Äquivalente** findest du in **deinem Wörterbuch** für die folgenden unterstrichenen Satzteile?

1. Das war höhere Gewalt. (____________________________________)
2. Sie hat ihm ihren Ring (Ehering) vor die Füße geworfen.

   (____________________________________)

3. Der Sturm hat nachgelassen. (____________________________________)
4. Der Schmerz hat nachgelassen. (____________________________________)
5. Darauf wäre ich nicht gekommen. (____________________________________)
6. Ohne mir den Grund seines überraschenden Besuches zu nennen, überfiel er mich mit Fragen. (____________________________________)
7. Aus diesem Grund nehme ich nicht an dieser Fahrt teil.

   (____________________________________)

b) **Kollokationen** (typische Wortverknüpfungen)

> **Nicht** jedes **Verb** kann mit jedem **Substantiv, nicht** jedes **Adjektiv** mit jedem **Substantiv, nicht** jedes **Adverb** mit jedem **Adjektiv** usw. verbunden werden.

In unserer **Muttersprache** haben wir dafür ein **untrügliches Gespür.** So sprechen wir nicht von *„flüsternder“, sondern von schreiender Ungerechtigkeit, nicht von *„hochhüpfenden“, sondern von hochfliegenden Plänen, nicht von einer *„dornigen“, sondern von einer hitzigen Debatte, nicht von einem *„schreienden“, sondern von einem stechenden Schmerz.

In der Fremdsprache aber fehlt uns dieser Erfahrungsschatz. Deshalb **Vorsicht!!!**

> **Vor einer wörtlichen Übertragung deutscher Kollokationen ins Französische ist dringend zu warnen!!!**

Nur in den seltensten Fällen trifft eine solche wörtliche Übertragung in der Fremdsprache zu.
(Schülerarbeiten sind eine wahre Fundgrube für fehlerhafte Übertragungen aus dem Deutschen ins Französische, sogenannte „Germanismen“.) Einige der häufigsten Beispiele haben wir dir hier aufgeschrieben.

„Germanismus“	**richtiges Französisch**
*Je suis de l'opinion que	**Je suis d'avis que**
*sur l'une côté	**d'un côté**
*elle le fait heureux	**elle le rend heureux**
*il change son avis	**il change d'avis**
*il est 17 ans	**il a 17 ans**
*ils visitent leurs grands-parents	**ils vont voir leurs grands-parents**
*il marie son amie d'enfance	**il se marie avec son amie d'enfance**
*par conséquence	**par conséquent**

Da aber auch umfangreiche **deutsch-französische Wörterbücher nicht alle** möglichen **Kollokationen** eines Wortes aufnehmen können, wirst du auf der Suche nach entsprechenden **Äquivalenten** häufig enttäuscht werden. In einem solchen Fall gibt es zwei Möglichkeiten:

- Du suchst nach einem **Ausdruck,** der dem gewünschten **nahekommt.**
- Du greifst auf ein **einsprachiges Wörterbuch** zurück, das aufgrund seiner wesentlich größeren Zahl von Einträgen ein **größeres Spektrum an Kollokationen** anbietet. (Davon weiter unten mehr, vgl. S. 137 ff.)

In jedem Fall lohnt es sich immer, das **einsprachige Wörterbuch als letzte Kontrollinstanz** zu Rate zu ziehen!!

ein Wörterbuch „zu Rate" ziehen...

Machen wir dazu eine Übung:

Ü 43

Versuche mit Hilfe deines **deutsch-französischen Wörterbuchs,** die **französischen Entsprechungen** für folgende **Kollokationen** zu finden:

ein gezwungenes Lächeln	
Lebensgefahr	
auf eigene Gefahr	
Mann gegen Mann	

schreiende Ungerechtigkeit	
ein freier Beruf	
ein weiches Herz	
die bildenden Künste	

Auch in der folgenden Übung sollst du versuchen, die unterstrichenen Kollokationen ins Französische zu übertragen.

Ü 44

1. In Lugano herrscht ein mildes Klima.

   (______________________________)

2. Er hat scharfe Kritik an der Politik der Regierung geübt.

   (______________________________)

3. Er hat einen scharfen Blick (durchdringenden Blick).

   (______________________________)

4. Bei ruhiger Überlegung kann man dieser Entscheidung nicht zustimmen.

   (______________________________)

5. Sie hat heiße Tränen vergossen. (______________________________)

6. Es gab eine stürmische Debatte. (______________________________)

7. Er verließ den Saal unter stürmischem Beifall.

   (______________________________)

8. Er läuft Gefahr, verhaftet zu werden.

   (______________________________)

9. Diese Angelegenheit ist streng vertraulich.

   (______________________________)

c) Idiomatische Redewendungen

Für **idiomatische Redewendungen** gilt ähnliches wie für die Kollokationen. Es handelt sich um noch **fester verbundene, unveränderliche sprachliche Fügungen,** die man **nicht übersetzen kann.**

Einige „bildliche" Darstellungen sollen dir verdeutlichen, wie **unterschiedlich** die Franzosen **deutsche Redewendungen** umsetzen.

(aus: „Les Idiomatics" Français-Allemand, dessins de Nestor Salas)

Retourner sa veste ← Sein Fähnchen nach dem Wind drehen

Être au bout du tunnel ← Über den Berg sein

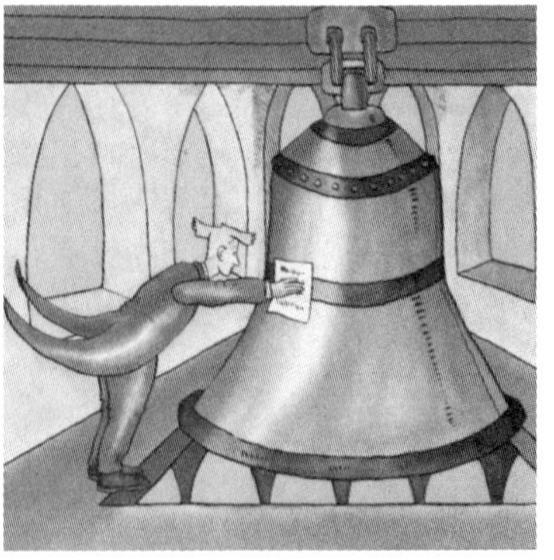

Crier quelque chose sur les toits ← Etwas an die große Glocke hängen

Mener quelqu'un en bateau ← Jemandem einen Bären aufbinden

Se jeter dans la gueule du loup ← Sich in die Höhle des Löwen begeben

Obtenir quelque chose pour une bouchée de pain ← Etwas für einen Apfel und ein Ei bekommen

Wie du siehst, ist das Übersetzen solcher Redewendungen zwecklos.

Wenn du also ein **Äquivalent** für eine deutsche Redewendung **im Französischen** suchst, bist du auf das **Wörterbuch** angewiesen.
Die Redewendungen machen übrigens den größten Teil der Stichwortartikel aus, lassen sich aber nicht nach bestimmten Kriterien ordnen. Es sind also wieder **Sucharbeit** und **Geduld** angesagt.

Aber erinnere dich: **Jedes Nachschlagen lohnt sich!**

Ü 45

Welche der aufgeführten **französischen Redewendungen entsprechen** deiner Meinung nach den deutschen Redewendungen? Schreibe die deutschen und französischen Wendungen in dein (Vokabel-)Heft und versuche sie zu lernen.

- donner prise/se prêter à la critique - appeler un chat un chat - partir l'oreille basse - être connu comme le loup blanc - voir les choses en face - sauter à la gorge de qn

1. jemandem ins Gesicht springen
2. Anlaß zur Kritik geben
3. bekannt sein wie ein bunter Hund
4. wie ein begossener Pudel abziehen
5. das Kind beim rechten Namen nennen
6. den Dingen ins Gesicht sehen

Festgefügte Redewendungen findest du vor allem auch bei **Sprichwörtern** *(proverbes).*

Ü 46

In der folgenden Übung sollst du versuchen, die **deutschen Sprichwörter** mit ihren **französischen Entsprechungen** durch eine Linie zu verbinden.

Achtung!!!

Nicht für alle haben wir schon die Entsprechungen eingetragen. Versuche mit Hilfe deines Wörterbuchs, die leeren *„bulles“* zu füllen.

Übung macht den Meister.

Tel père, tel fils.

Einmal ist keinmal.

Ende gut, alles gut.

Une fois n'est pas coutume.

Tout est bien qui finit bien.

Lerne was, so kannst du was.

Unkraut vergeht nicht.

Wo gehobelt wird, fallen Späne.

Frisch gewagt ist halb gewonnen.

Un tiens vaut mieux que deux tu l'auras.

Versprochen ist versprochen.

Au royaume des aveugles, les borgnes sont rois.

Prudence est mère de sûreté.

Im Reich der Blinden ist der Einäugige König.

Der Apfel fällt nicht weit vom Stamm.

Ein Spatz in der Hand ist besser als ein Taube auf dem Dach.

On ne fait pas d'omelette sans casser d'œufs.

Ü 47

Versuche nun, mit Hilfe deines **deutsch-französischen Wörterbuchs Entsprechungen** für folgende **Redewendungen** zu finden und trage sie in dein Übungs-/Vokabelheft ein.

1. sich wie zu Hause fühlen
2. vor ausverkauftem Hause spielen
3. vor jemandem zu Kreuze kriechen
4. am Ende seiner Kunst sein
5. einen Streit vom Zaun brechen
6. auswendig lernen
7. eine lange Leitung haben

8. in „wilder" Ehe leben
9. auf frischer Tat ertappen
10. man reißt sich um ihn

d) Stilebene

Noch ein wichtiger Aspekt, den es zu beachten gilt, ist die **Stilebene** eines Wortes oder Textes, denn:

Das richtige Wort zu verwenden, bedeutet nicht unbedingt auch, den richtigen „Ton" zu treffen.

Bei einem Gespräch mit dem Direktor deiner Schule bedienst du dich einer anderen Sprache als bei einem Pausengespräch mit deinen Freunden. In einem Brief an deinen französischen Brieffreund wählst du eine andere Stilebene als in einem Brief an deine französischen Gasteltern.
Die Wahl der falschen **Stilebene** kann witzige, aber auch peinliche Situationen heraufbeschwören, und es gibt kaum ein Gebiet, wo du leichter ins Fettnäpfchen treten kannst.

So werden deine französischen Freunde ganz selbstverständlich das *Argot* (Slang, Umgangssprache) benutzen. Du solltest sie aber nicht imitieren; denn im Munde eines Ausländers wirkt das *Argot* gewollt, anbiederisch, aufgesetzt und provoziert oft ablehnende oder ironische Reaktionen.
Es ist deshalb von Vorteil, sich über die **Stilebene** von Wörtern und Ausdrücken sachkundig zu machen. Dein **Wörterbuch** gibt dir hierzu vielerlei **Informationen.**

Nehmen wir uns ein konkretes Beispiel:

Für deutsch **„Kerl“** findest du in verschiedenen Wörterbüchern **unterschiedlichste Äquivalente:**

Kerl *m* F type *m*; gaillard *m*; individu *m*; gars *m*; *ganzer* ~ chic type *m*; *armer* ~ pauvre diable *m*; *braver* ~ brave type *m*; *elender* ~ misérable *m*; *fideler* ~ gai luron *m*; *guter* ~ bon diable *m*; *gutmütiger* ~ bon garçon *m*; *liederlicher* ~ mauvais sujet *m*; *geriebener* (*od. durchtriebener od. gerissener*) ~ roublard *m*; ficelle *f*; malin *m*; *gemeiner* (*od. niederträchtiger*) ~ salaud *m*; saligaud *m*; salopard *m*; *grober* ~ rustre *m*; lourdaud *m*; malotru *m*; P péquenot *m*; *gemütlicher* (*od. goldiger*) ~ pâte *f* d'homme; *lustiger* ~ joyeux compère *m*; **~chen** *n* petit bonhomme *m*; bout *m* d'homme.

① ③ ④ ⑤ ⑥ ②

(aus: „Langenscheidts Großes Schulwörterbuch“, Deutsch-Französisch)

Kerl

- **„neutral“**
  homme - individu - garçon
- **familiär** *(fam.)*
  gaillard - drôle - lascar - type
- **populär** *(pop.)* (niedriges Sprachniveau)
  bougre - zig(ue)
- **argot** *(arg.)*
  gouze - gus - mec - zèbre
- **abwertend** (pejorativ, *pej.*)
  espèce de (salaud)

Welchen dieser Ausdrücke du in einem bestimmten Kontext benutzt, hängt ab vom **sozialen Umfeld,** der **Sprechsituation** und **-intention** oder der **Textsorte.**

Wie du dem abgedruckten Wörterbuchauszug entnehmen kannst, verfolgen einige Wörterbücher auch eine Art Mischverfahren.

Sie informieren einerseits durch entsprechende **Abkürzungen** (**F** = familiär ①, **P** = populär ②) über die **Sprach-/Stilebene,** andererseits durch die Aufnahme **typischer Kollokationen** im Deutschen ③ ④ ⑤. Sie gehen dabei von dem Einfühlungsvermögen des deutschen Lesers in eine bestimmte **Sprechsituation** aus.

Willst du allerdings im vorliegenden Fall das sehr vulgäre **„Saukerl“** übersetzen, so wirst du das entsprechende Äquivalent <u>nicht</u> finden. In diesem Fall mußt du das Äquivalent wählen, das im Deutschen dem gesuchten Äquivalent am nächsten kommt,
hier: „gemeiner/niederträchtiger **Kerl** = *salaud, saligaud, salopard* ⑥.

Zum Problem der **Sprach-/Stilebene** sollten wir eine Übung machen.

Ü 48

Setze jeweils eines der vorgeschlagenen Wörter in die folgenden Sätze ein. Beachte den angedeuteten **Kontext** und vergewissere dich in deinem Wörterbuch über die **Stilebene.**

Für **„Arbeit"** findest du im Wörterbuch:

travail - besogne - collier - boulot - turbin -

1. Arbeiter zu seinem Arbeitskollegen am Fließband:

„Ah, tu sais, j'ai marre de mon ______________________"

2. Minister vor der Fernsehkamera:

„Vous savez, le marché du ______________ offre des aspects très positifs".

Für „**Lassen Sie mich in Ruhe**" führt das Wörterbuch folgende Ausdrücke auf:

- „Laissez-moi tranquille" - „Ne m'embêtez pas" - „Fichez-moi la paix" - „Foutez-moi la paix"

3. Eine Dame wird von Jugendlichen in der Metro angepöbelt: Sie reagiert:

____

4. Ein Clochard zu zwei Jugendlichen, die ihn provozieren:

____

5. Eine entnervte Mutter zu ihren Kindern:

____

Zusammenfassung · Zusammenfassung · Zusammenfassung

Fassen wir zusammen:

Beim Verfassen eigener Texte in der Fremdsprache solltest du beachten:

1. **Jedes Nachschlagen im Wörterbuch lohnt sich!**

2. Verschaffe dir grundsätzlich einen **Überblick über alle Bedeutungsnuancen** eines Wortes, bevor du es in einem bestimmten Kontext benutzt.

3. Vermeide das **wörtliche Übersetzen** von **Kollokationen** und **idiomatischen Redewendungen.**

4. Informiere dich mit Hilfe des Wörterbuchs über die **Stilebene** der Wörter, deren Anwendungsbereich dir nicht bekannt ist.

Die Arbeit mit dem einsprachigen Wörterbuch

Wir haben gesehen, daß sich mit zweisprachigen Wörterbüchern recht gut arbeiten läßt, wenn man sich mit ihrer Handhabung vertraut gemacht hat.

Nun stellt sich die berechtigte Frage: **Warum** ein **einsprachiges Wörterbuch** benutzen, wenn der Umgang mit dem zweisprachigen viel leichter erscheint?

- Ein erster, keineswegs zu vernachlässigender Grund ist der, daß du in den **Klausuren** der **gymnasialen Oberstufe** wahrscheinlich nur ein **einsprachiges Wörterbuch** benutzen darfst.

- Ein wichtigerer Grund aber ist der, daß das **einsprachige Wörterbuch** in einigen Bereichen **deutliche Vorteile** gegenüber den zweisprachigen Wörterbüchern aufweist.
  Und genau diese **Vorteile** sollst du kennenlernen.

1. Ähnlichkeiten zwischen einsprachigen und zweisprachigen Wörterbüchern

Wenn du dir **dein einsprachiges Wörterbuch** einmal etwas genauer ansiehst, wirst du zunächst etwas Erfreuliches feststellen:

Das einsprachige Wörterbuch hat viele Ähnlichkeiten mit den zweisprachigen Wörterbüchern.
Auch im **einsprachigen Wörterbuch** findest du:

- **ausführliche Benutzungshinweise,**
- **Service-Kapitel** wie
  - **Konjugationstabellen,**
  - **Abkürzungsverzeichnis,**
  - Hinweise zur **Wortbildungslehre** (Präfixe/Suffixe), eine Übersicht über **Sprichwörter** usw. usw. ...

Die entscheidenderen **Parallelen** findest du aber in den eigentlichen **Stichwortartikeln.** Dort gibt es Angaben

1. zur **Aussprache der Wörter** (phonetische Umschrift),
2. zur **Grammatik:**
   a) zu den **Wortarten,**
   b) zum **Genus** der Substantive,
   c) zu Besonderheiten der **Pluralbildung** (Adjektive/Substantive),
   d) zur Bildung der **weiblichen Form** (Adjektive/Substantive),
   e) zur **Adverbbildung,**
   f) zur **Konjugation** der Verben (Hinweis auf Konjugationstabellen),
   g) zu den **Verbanschlüssen** (Konstruktion der Verben).
3. zur **Bedeutung der Wörter:**
   a) Hinweise auf **Bedeutungsvarianten** durch arabische Ziffern,
   b) Angabe von **Kollokationen,**
   c) Angabe von **idiomatischen Redewendungen,**
   d) **Sachgebietsbezeichnungen,**
   e) Angaben zur **Stilebene.**

All diese Aspekte kennst du ja schon aus dem Umgang mit den **zweisprachigen Wörterbüchern.** Es ist doch recht beruhigend, daß du dies auch im einsprachigen Wörterbuch findest.

Alles gut und schön!! Die Kenntnisnahme dieser Tatsache bedeutet aber noch nicht, daß du dich auch in deinem **einsprachigen Wörterbuch** zurechtfindest. Deshalb solltest du dich in Ruhe mit dem **Aufbau der Stichwortartikel** vertraut machen. Wir wollen dir dabei helfen, indem wir dir eine kleine Suchaufgabe stellen.

Ü 1

Wir haben dir einige **Stichwortartikel** oder Teile daraus zusammengestellt und darin **Aspekte** markiert und mit Zahlen versehen, über deren **Bedeutung** du dir Klarheit verschaffen solltest. Mit Hilfe der eben gezeigten Auflistung sollst du herausbekommen, um welche Angaben es sich im einzelnen handelt. Übertrage die Zahlen von 1–20 in dein Heft und notiere dann in wenigen Worten, was du bei jeder Zahl herausgefunden hast.

1. Hinweis zur Aussprache des Wortes

attraper [atʀape] (1) v. [1] (2) **I.** v. (3) tr. **1.** Prendre à une trappe, à un piège. *Attraper un oiseau avec de la glu.* **2.** Atteindre et saisir. *Attraper un papillon.* **3.** Surprendre. *Je l'ai attrapé à me voler.* **4.** Duper. *C'est un filou qui m'a attrapé.* ▷ Fam. (4) *Être attrapé :* éprouver un mécompte, une déception. **5.** Mystifier, faire une attrape, par plaisanterie. *Je t'ai bien attrapé !* **6.** Obtenir par hasard. *J'ai attrapé le meilleur lot.* (5) **7.** Fam. Recevoir de manière imprévue. *Attraper des coups. Attraper un rhume.* **8.** Fig., fam. (6) Saisir et reproduire avec exactitude. *Attraper la manière d'un peintre. Il y a là un tour de main qu'il faut attraper.* **9.** Fam. Réprimander vivement. *Son père l'a attrapé. Se faire attraper par son patron.* **II.** v. pron. **1.** Vieilli S'accrocher, se prendre à. *S'attraper à un clou, dans l'embrasure d'une porte.* **2.** (Réciproque) Fam. Se disputer. *Ils se sont attrapés et sont restés brouillés.* ♦ De *a*-2, et *trappe.*

aucun, une (9) [okœ̃, yn] pron. et adj. (7) **I.** Pron. **1.** (Accompagné de *ne.*) Nul, pas un seul, personne. *J'ai écrit à plusieurs, aucun ne m'a répondu.* ▷ Litt. (8) ou Vx *D'aucuns :* quelques-uns, certains. *D'aucuns le blâmeront de ce choix.* **2.** *Aucun de :* quelqu'un, quelqu'une, certain, un quelconque (parmi d'autres). *Il saura faire ce travail mieux qu'aucun de nous.* **II.** Adj. **1.** Litt.

aucunement (10) [okynmɑ̃] adv. Nullement, en aucune façon (employé avec *ne*). ♦ De *aucun.*

(11) (12) (13)
clore [klɔʀ] v. tr. [57] 1. Vieilli Enclore. *Clore un jardin, un pré.* **2.** Arrêter, terminer ou déclarer terminé. *Clore une opération commerciale, un débat.* ♦ Du lat. *claudere.*

(20)
lécher [leʃe] v. tr. [16] **1.** Passer la langue sur (qqch). *Lécher la cuiller.* ▷ Fig. *Il s'en est léché les doigts* : il a trouvé cela bon. ▷ Fig., péjor. *Lécher les bottes* (fam. *le cul*) *à qqn* : être servile à son égard. ▷ Fig., fam. *Lécher les vitrines*, les regarder en flânant. **2.** Effleurer. *Les flammes lèchent le mur.* ▷ Toucher doucement. *Les vagues lèchent le sable.* ♦ Du francique **lekkon.*

(14)
lecteur, trice [lɛktœʀ, tʀis] n. **I. 1.** Personne dont l'occupation ou la profession est de faire la lecture à haute voix devant une ou plusieurs personnes. *Le lecteur d'un aveugle.* **2.** Assistant étranger d'un professeur de langue vivante, dans une université. **3.** Personne qui lit (un livre, un journal, etc.). *Avis au lecteur. Les lecteurs d'un journal.* **4.** Dans une maison d'édition, personne chargée de lire, de juger les

(19) (15) (16) (17) (18)
travail, aux [tʀavaj, o] n. m. **I. 1.** Effort que l'on fait, peine que l'on prend pour faire une chose ; effort long et pénible. *La préparation de ce repas m'a demandé beaucoup de travail.* **2.** Spécial. Période de l'accouchement où se produisent les contractions de l'utérus jusqu'à l'expulsion de l'enfant. *Femme en travail.* — *Salle de travail*, où se déroule l'accouchement.

(aus: „Dictionnaire pratique du français", Langenscheidt/Hachette)

Wir wollen an dieser Stelle **nicht** noch einmal **neue Übungen** zu all den aufgeführten **Aspekten** anbieten. Wenn du dich **trainieren** willst – **und das empfehlen wir sehr!** –, kannst du **alle Übungen von S. 77–123** auch **mit dem einsprachigen Wörterbuch** machen. **Es lohnt sich** in jedem Fall; denn du lernst **dein Wörterbuch** so sehr genau kennen mit all seinen Möglichkeiten.

Ü 2

Eine kleine Übung wollen wir allerdings doch anschließen, um dir zu zeigen, daß sich das **einsprachige Wörterbuch** sehr gut zum **Aufspüren von Fehlern** in von dir verfaßten **Texten** eignet. Wir haben Sätze zusammengestellt, in die wir **typische Fehler** zur **Verbkonstruktion** eingebaut haben. Versuche, sie mit Hilfe der **grammatischen Angaben** in deinem **Wörterbuch zu** verbessern.
Streiche den falschen Teil des Satzes durch und schreibe dahinter, wie es richtig heißen muß.

Achtung: Falschtext!

1. Il lui a aidé à réparer la machine à laver (Er hat ihm geholfen, die Waschmaschine zu reparieren).

2. Il l'a téléphoné pour lui annoncer l'heure du départ (Er hat ihn angerufen, um ihm die Abfahrtszeit mitzuteilen).

3. Elle l'a demandé une cigarette (Sie hat ihn um eine Zigarette gebeten).

4. Il est arrivé de résoudre ce problème (Es ist ihm gelungen, dieses Problem zu lösen).

5. Nous espérons de vous revoir bientôt. (Wir hoffen, euch bald wiederzusehen).

6. Il se rappelle de la mort de son père (Er erinnert sich an den Tod seines Vaters).

7. Il a quitté de la maison (Er ist aus dem Haus gegangen).

8. Nous lui avons écouté (Wir haben ihm zugehört).

9. Ils leur ont remercié de leur gentillesse (Sie haben ihnen für ihre Freundlichkeit gedankt).

Ein Tip für deine Klausuren

Während du deinen Text schreibst, **markiere** mit Bleistift am Rand die Stellen, an denen du unsicher bist im Hinblick auf:

- **Rechtschreibung,**
- **Genus** von Substantiven,
- Bildung der **weiblichen Form** von Adjektiven/Substantiven,
- Bildung der **Zeiten,**
- **Verbanschlüsse.**

Wenn du die Klausur beendet hast, kläre zunächst mit Hilfe des **einsprachigen Wörterbuchs** die angekreuzten Problemstellen, bevor du die Klausur noch einmal als Ganzes sorgfältig durchliest (z. B. im Hinblick auf *Accord*-Probleme u. a.).

2. Besonderheiten des einsprachigen Wörterbuchs

Das einsprachige Wörterbuch unterscheidet sich nun aber doch in einigen Punkten wesentlich vom zweisprachigen:

a) Definitionen ①

Die Stichwortartikel werden immer eingeleitet durch eine **Definition des Wortes/Begriffs.** Sie dient der **Bedeutungserschließung,** bedient sich aber meist eines sehr **abstrakten Wortschatzes.** So wird es dir nicht immer leichtfallen, die **Definitionen** zu verstehen.

① ②

larme [laʀm] n. f. **1.** Goutte du liquide sécrété par les glandes lacrymales. ▷ *Fondre en larmes :* se mettre à pleurer. *Pleurer à chaudes larmes :* pleurer beaucoup. *Rire aux larmes,* beaucoup, fort. ▷ *Avoir des larmes dans la voix :* parler d'une voix altérée par l'émotion. ▷ Fig., fam. *Pleurer des larmes de crocodile,* des larmes hypocrites. **2.** Fam. Très petite quantité (de boisson). *Versez-moi une larme de vin.* ♦ Lat. *lacrima ;* d'abord *lairme.*

(aus: „Dictionnaire pratique du français")

b) Anwendungsbeispiele ②

Die Definitionen werden gestützt durch eine Fülle von **Anwendungsbeispielen** und **Beispielsätzen.**

Zum einen läßt sich die **Bedeutung des Hauptstichwortes** meist sehr gut aus den angeführten **Kontexten** erschließen,

zum anderen dienen sie dazu, die Wörter/Ausdrücke in **typischen Satzzusammenhängen** vorzustellen.

Hier findest du auch typische **Kollokationen** (vgl. S. 127) und **idiomatische Redewendungen** (z. B. *pleurer à chaudes larmes, verser des larmes de crocodile* etc.).

Definitionen und **Anwendungsbeispiele** ergänzen und stützen sich in ihrer **Funktion der Bedeutungserhellung.**

Um dir die **Vorteile dieser Kombination** zu verdeutlichen, machen wir eine kleine Übung.

Ü 3

Auch ohne jedes Wort in den Anwendungsbeispielen zu verstehen, wird es dir nicht schwerfallen, dem **Stichwortartikel** über **„larme“** die Entsprechungen für folgende **deutsche Kollokationen** und **Redewendungen** zu entnehmen. Übertrage sie deutsch und französisch in dein (Vokabel-)Heft zum besseren Üben und Lernen.

1. Krokodilstränen vergießen
2. in Tränen ausbrechen
3. heiße Tränen vergießen
4. Tränen in der Stimme haben
5. Tränen lachen
6. einen kleinen Schluck Wein einschenken

Wie du siehst, macht dir das einsprachige Wörterbuch eine Fülle von **Angeboten,** die du zur **Verbesserung deines Stils** nutzen kannst.

Ratschlag:

Vermeide die **„Wort-für-Wort-Übersetzung“** mit Hilfe des **deutsch-französischen Wörterbuchs,** bei der meist verballhorntes Französisch entsteht, und bediene dich der **vielen Angebote,** die die Stichwortartikel **des einsprachigen Wörterbuchs** machen. Hier bekommst du wirklich **authentisches Französisch** geboten!!!

c) Synonyme/Antonyme

Das einsprachige Wörterbuch bietet noch einen weiteren, **ganz entscheidenden Vorteil.** Es führt nämlich zu den meisten Wörtern eine Fülle von

Synonymen (d. h. Wörtern mit **gleicher** oder **ähnlicher Bedeutung,** Abkürzung: **syn.**) und

Antonymen (d. h. Wörtern mit **gegensätzlicher Bedeutung,** Abkürzung: **contr.**[aire])

mit entsprechenden **Anwendungsbeispielen** an.

So enthält der **Stichwortartikel *„franc"*** nicht weniger als **8 Synonyme** und **8 Antonyme.**

1. franc, franche [frɑ̃, frɑ̃ʃ] adj. **1°** (ordinairement après le nom) Se dit d'une personne (ou de son comportement) qui ne cherche pas à dissimuler sa pensée, qui agit sans détour : *Je vais être franc avec vous : vous n'avez aucune chance de réussir* (syn. : NET, DIRECT). *Un homme franc* (syn. : HONNÊTE, LOYAL, SINCÈRE ; contr. : HYPOCRITE, FOURBE, SIMULATEUR). *Un visage franc* (syn. : OUVERT). *Un récit franc* (contr. : MENSONGER). *Un regard franc. Un rire franc.* — **2°** (avant un nom de personne) Exprime un degré élevé dans un défaut (littér.) : *Une franche canaille* (syn. : VÉRITABLE). — **3°** (après ou avant un nom de chose) Se dit d'une chose pure, sans mélange, nette : *Une couleur franche* (syn. : NET ; contr. : DOUTEUX, FLOU). *Montrer une franche hostilité* (syn. : OUVERT, NET, DÉCLARÉ ; contr. : SOURD, SOURNOIS). — **4°** *Jouer franc jeu,* agir sans hésitation, sans intention cachée. ‖ *Donner huit jours francs à quelqu'un,* donner un délai de huit jours entiers, sans retenir le premier ni le dernier jour. ◆ **franc** adv. *Parler franc,* parler sans détour, ouvertement. ◆ **franchement** adv. **1°** De manière directe, sans détour, sans ambiguïté : *Agir franchement* (syn. : OUVERTEMENT). *Parler franchement* (syn. : À CŒUR OUVERT, SINCÈREMENT). *Je vous avouerai franchement que je n'y comprends rien* (syn. : CARRÉMENT, TOUT BONNEMENT). *Sauter franchement un obstacle* (syn. : SANS HÉSITER). — **2°** (avant un adjectif, a une valeur superlative) : *Un repas franchement mauvais* (syn. : NETTEMENT, ↑ TOTALEMENT). *Un tissu franchement vert.* ◆ **franchise** n. f. : *La franchise d'un enfant* (syn. : DROITURE, LOYAUTÉ). *La franchise d'un regard* (syn. : NETTETÉ, SINCÉRITÉ). *Je vous avouerai en toute franchise que je ne partage pas votre enthousiasme.*

(aus: „Dictionnaire du français contemporain", Langenscheidt/Larousse; nicht mehr lieferbar)

Aber Achtung!!!

Nicht jedes Synonym/Antonym ist in ein und demselben Kontext zu verwenden.
Erst die **Anwendungsbeispiele** geben Auskunft darüber, in **welchen Kontexten** die **Synonyme/Antonyme** an die Stelle des Hauptstichwortes treten können.

Ü 4.1

Eine Übung zu ***„franc“*** soll dir das verdeutlichen. Nenne zunächst **7 Synonyme** und **5 Antonyme** zu

franc	
Synonyme	**Antonyme**
1. ________	1. ________
2. ________	2. ________
3. ________	3. ________
4. ________	4. ________
5. ________	5. ________
6. ________	
7. ________	

Ü 4.2

Entscheide nun, ob die angebotenen Synonyme in den folgenden Sätzen an die Stelle von ***„franc“*** treten können. Wenn nicht, suche ein **passendes Synonym** im **Stichwortartikel.** Suche zu jedem Satz auch ein **entsprechendes Antonym.**

	Synonym?	**Ja**	**Nein**	**Alternative**	**Antonym**
1. Il a un visage franc.	direct				
2. J'aime les couleurs franches de Gauguin.	net				
3. Je voudrais que vous soyez franc avec moi. Je veux connaître la vérité.	véritable				
4. Elle a montré envers moi une franche hostilité.	déclaré				

In den folgenden Übungen sollst du wieder **dein eigenes einsprachiges Wörterbuch** benutzen.

Ü 5

Jedes der 9 Wörter in der linken Spalte hat ein **Synonym** in der rechten Spalte. **Verbinde die jeweiligen Synonyme** mit einer Linie. Vergewissere dich in deinem **einsprachigen Wörterbuch.**

1. mouvant	fuir
2. image	urbain
3. citadin	usage
4. hésiter	instable
5. franc	inclination
6. couler	sincère
7. penchant	dessin
8. avertir	balancer
9. coutume	annoncer

Ü 6

Jedes der Wörter in der linken Spalte hat ein **Antonym** in der rechten Spalte. **Verbinde** jedes Wort durch eine Linie mit seinem **Antonym.** Benutze dein einsprachiges Wörterbuch!

1. actif	tordu
2. cadet	déprimer
3. conclusion	apathique
4. droit	fané
5. fécond	aîné
6. logique	peu de temps
7. longtemps	creux
8. réconforter	introduction
9. plat	absurde
10. frais	improductif

Ü 7

Entscheide, ob die Wörter in der rechten Spalte **Synonyme oder Antonyme** zu den Wörtern in der linken Spalte sind.

	Synonym	Antonym	
1. imposer	X		prescrire
2. mineur			capital
3. séparable			inséparable
4. honnête			vertueux
5. anodin			insignifiant
6. réussir			échouer
7. hébété			éveillé
8. fort			dur
9. formidable			gigantesque
10. actif			oisif

Ü 8

In der folgenden Übung sollst du mit Hilfe deines **Wörterbuchs** entscheiden, ob das **angegebene Synonym** an die Stelle des unterstrichenen Wortes im Satz treten kann oder nicht.

	Synonym	Oui	Non
1. Elle a des lèvres pâles.	faibles		
2. Il a un air très paisible.	calme		
3. Il se lave la figure et les mains.	visage		
4. Les difficultés quotidiennes.	journalières		
5. Il a acheté une voiture nouvelle.	originale		
6. J'ai retrouvé un camarade d'enfance.	copain		
7. Il est monté sur une chaise pour atteindre la boîte sur l'armoire.	heurter		
8. Les agents ont conduit le criminel au commissariat.	emmener		

	Synonym	**Oui**	**Non**
9. Les musiciens de l'orchestre accordent (stimmen) leurs instruments.	outils		
10. Il est instruit de toute cette affaire.	enseigné		

Neben der Möglichkeit der **stilistischen Variation** sind die **Synonyme/Antonyme** auch eine wichtige **Verständnishilfe.**
Denn vielleicht/wahrscheinlich ist dir bereits **eines** der aufgeführten **Synonyme/Antonyme bekannt,** so daß du von daher, unterstützt durch die **Definition** und **Kontextbeispiele,** auf die **Bedeutung** des dir unbekannten **Hauptstichwortes schließen** kannst.

Zusammenfassung · Zusammenfassung · Zusammenfassung

1. **Definitionen, Anwendungsbeispiele, Antonyme** und **Synonyme** stützen, ergänzen und bestätigen sich bei der **Bedeutungserhellung.**

2. Die **Anwendungsbeispiele** stellen das Stichwort in unterschiedlichsten **Kontexten** vor und dienen somit in besonderer Weise der **sprachlich-stilistischen Verbesserung** und Variation.

3. **Synonyme** und **Antonyme** mußt du anhand von Anwendungsbeispielen auf ihre Brauchbarkeit in bestimmten **Kontexten** prüfen.

Empfehlung:

Wenn du das **einsprachige Wörterbuch** zum **Verstehen** von unbekannten Wörtern heranziehen willst, empfehlen wir dir folgende Vorgehensweise:

1. Lies zunächst die **Beispielsätze.** Sie verwenden einfache Wörter und legen durch ihren **Kontext** die **Bedeutung** der unbekannten Wörter schon relativ eindeutig fest.

2. Schau dir dann die **Synonyme** und **Antonyme** an. Vielleicht kennst du eines davon und kannst Rückschlüsse auf die **Bedeutung des Hauptstichwortes** ziehen.

3. Greif als letztes auf die **Definitionen** zurück. Sie stehen zwar am Anfang des Artikels, sind aber aufgrund des **abstrakten Wortschatzes** am schwersten verständlich.

Beispiel:

cintre [sɛ̃tʀ] n. m. **1.** Courbure concave et continue d'une voûte ou d'un arc. *Arc plein cintre,* qui a la forme d'un demi-cercle régulier. **2.** Appareil qui supporte un tablier de pont ou une voûte pendant le coulage du béton. **3.** Plur. Partie supérieure d'une scène de théâtre cachée au public. *Les décors descendent des cintres.* **4.** Support pour les vêtements, qui a la forme des épaules. *Accrocher une veste sur un cintre.* ♦ De *cintrer.*

(aus: „Dictionnaire pratique du français", Langenscheidt/ Hachette)

Die nebenstehende **Definition** zu ***„cintre"*** wirst du wahrscheinlich nicht verstehen. Aus den **Kontextbeispielen** und erklärenden Zusätzen aber ist die Bedeutung durchaus zu erschließen.

Bekommst du sie heraus? Versuche es doch einmal.

„cintre": ______________________________

Zum **Verstehen unbekannter Wörter** mit Hilfe der eben erläuterten Vorgehensweise wollen wir dir noch eine Übung anbieten.

Ü 9

Versuche, die in den folgenden Sätzen unterstrichenen Wörter mit Hilfe des **einsprachigen Wörterbuchs** zu übersetzen. Trage französisch und deutsch am besten gleich in dein Vokabelheft ein.

1. Après avoir passé quinze jours chez eux, il a remercié ses hôtes de leur gentil accueil.
2. Les juges délibèrent depuis une heure sur la culpabilité de l'accusé.
3. Regarde l'enfant qui suce encore son pouce.
4. Les différents paragraphes sont simplement juxtaposés.
5. Ils ont fortement secoué le pommier.
6. Il a les cheveux frisés.
7. Avant de clore sa lettre, il l'a soigneusement relue.
8. Il faut trouver une issue, autrement nous sommes perdus.

d) Definitionswortschatz

Bleiben wir noch einen Augenblick bei den **Definitionen.** Wir haben schon festgestellt, daß sie sich eines **abstrakten Vokabulars** bedienen. Bei genauerem Hinsehen kann man feststellen, daß sich bestimmte **Allgemeinbegriffe** immer wiederholen. Es handelt sich um sogenannte

Oberbegriffe

mit deren Hilfe sich **Wörter erläutern** lassen.

Beispiel:

Oberbegriffe

voiture, vélo, moto, bus, train, ...	⟶	**véhicules**	(Fahrzeuge)
coca, vin, limonade, bière, lait ...	⟶	**boissons**	(Getränke)
eau, huile, essence, mazout ...	⟶	**liquides**	(Flüssigkeiten)
égoïsme, curiosité, hypocrisie, orgueil ...	⟶	**vices**	(Schwächen)

*trottinette (f)

Die **Anzahl** von **Oberbegriffen** ist relativ **begrenzt.** Da sie aber vielfältig anwendbar sind, **lohnt es sich, sie zu lernen.**
Sie können dir dazu dienen,

- **Definitionen** des einsprachigen Wörterbuchs besser zu **verstehen,**
- bestimmte **Wörter/Begriffe selbst zu definieren,**
- **unbekannte Wörter** zu **erfragen.**

Als Angebot haben wir dir den **gebräuchlichen Definitionswortschatz** zusammengestellt:

action (f)	Handlung
activité (f)	Aktivität
aliment (m)	Nahrungsmittel
appareil (m)	Apparat, Gerät
chose (f)	Sache, Ding
construction (f)	Konstruktion
emploi (m)	Anwendung
endroit (m)	Ort
ensemble (m)	Gesamtheit
entreprise (f)	Unternehmen
espace (m)	Raum (räuml./zeitlich)
état (m)	Zustand
être vivant (m)	Lebewesen
événement (m)	Ereignis
le fait de	die Tatsache, daß
femelle (f)	Weibchen (von Tieren)
instrument (m)	Instrument, Werkzeug
lieu (m)	Ort
liquide (m)	Flüssigkeit
mâle (m)	Männchen (von Tieren)
mammifère (m)	Säugetier
matière (f)	Stoff
membre (m)	Mitglied/Körperteil
mouvement (m)	Bewegung

moyen (m)	Mittel
objet (m)	Gegenstand
organe (m)	Organ
ouvrage (m)	Werk
parole (f)	Wort/Ausspruch
partie (f)	Teil
personne (f)	Person
pièce (f)	Stück
plante (f)	Pflanze
qualité (f)	Eigenschaft
quantité (f)	Menge
science (f)	Wissenschaft
sentiment (m)	Gefühl
signe (m)	Zeichen
situation (f)	Situation
substance (f)	Substanz
tâche (f)	Aufgabe
texte (m)	Text
véhicule (m)	Fahrzeug
vêtement (m)	Kleidungsstück
vertu (f)	Tugend
vice (m)	Laster/Schwäche
volonté (f)	Wunsch/Wille

Machen wir dazu zwei kleine Übungen:

Ü 10

Suche zu jedem Begriff in der linken Spalte den **Oberbegriff.** Um dir die Arbeit ein wenig zu erleichtern, findest du die **Oberbegriffe** in bunter Mischung unter der Übung angegeben.

Qu'est-ce que c'est???

	Oberbegriff		**Oberbegriff**
une voiture		**une orangeade**	
une main		**la peur**	

	Oberbegriff		**Oberbegriff**
un manteau		**une cathédrale**	
un électrophone		**une tulipe**	
la sincérité		**une plage**	
l'armée		**un vol (Diebstahl)**	

appareil (m) – vertu (f) – véhicule (m) – endroit (m) – action (f) – vêtement (m) – édifice (m)/bâtiment (m) – plante (f) – membre (m) – sentiment (m) – boisson (f)/ liquide (m) – l'ensemble (m) des soldats

Ü 11

Versuche mit Hilfe der folgenden **Definitionen** das jeweils gesuchte Wort (auf deutsch) zu finden:

französisch	**Definition**	**deutsches Wort**
1. intestin (m)	organe très long, dans le ventre et qui sert à la digestion	
2. interprète (m)	personne qui traduit les paroles dans une langue étrangère	
3. moustique (m)	insecte (qui pique l'homme), plus petit que la mouche	
4. coton (m)	matière textile venant d'une plante des pays tropicaux	
5. manche (f)	partie du vêtement qui entoure le bras	
6. préface (f)	texte placé en tête d'un livre, l'introduction	
7. sincérité (f)	la vertu de celui qui est franc, qui dit ce qu'il pense	
8. infirmière (f)	femme qui soigne les malades sous la direction d'un médecin	

Hier noch einmal zum besseren Überblick eine Zusammenfassung aller Inhalte dieses Kapitels:

5. Kapitel

Zum Wesentlichen kommen ... oder:

Zusammenfassung eines Textes – das Résumé

Wenn du die vorausgehenden Kapitel durchgearbeitet hast, weißt du inzwischen, wie du dir einen **ersten Überblick** über einen zu bearbeitenden **Text** verschaffen kannst.

Du hast gelernt,

- den **Ablauf einer Handlungskette** nachzuvollziehen,
- die **gedankliche Struktur** eines Textes zu erarbeiten,
- **Schlüsselbegriffe** und im Hinblick auf den **inhaltlichen Schwerpunkt** wichtige Textpassagen zu markieren,
- **Bezüge innerhalb des Textes** herauszufinden und zu markieren.

Nun wollen wir uns mit der Frage beschäftigen, **wie du die Ergebnisse deiner Textbearbeitung in einem**

Résumé

zusammenfassen kannst.
Es handelt sich darum, in möglichst knapper Form **wesentliche Informationen** des jeweiligen Textes zusammenzufassen. Da dies aber leichter gesagt als getan ist und da dies in der Schule selten systematisch erarbeitet wird, kannst du dir mit Hilfe des folgenden Kapitels die Voraussetzungen dazu selbst erarbeiten.

Basis-Verfahren für ein Résumé

Wenn du 10 Lehrern die Frage stellen würdest, was ein Résumé enthalten müsse und was bei seiner Abfassung zu beachten sei, würdest du wahrscheinlich 10 verschiedene Antworten erhalten. Dadurch wollen wir uns aber nicht entmutigen lassen. Damit du zunächst Grund unter die Füße bekommst, sollst du in diesem Kapitel ein

Basis-Verfahren

zur Abfassung eines Résumé kennenlernen.

Basis-Verfahren heißt es deshalb,

- weil es sich **auf nahezu alle Texte** anwenden läßt,
- weil es alle **wichtigen Grundregeln** zur Abfassung eines Résumé berücksichtigt,
- weil es mit einem **elementaren Vokabular** arbeitet, das in vielen Situationen anwendbar ist.

Als **Basis-Verfahren** empfehlen wir dir das sogenannte

Résumé structuré.

Dabei handelt es sich um eine **Textzusammenfassung,** bei der du, ausgehend vom **Informationsschwerpunkt** des Textes, den einzelnen **Abschnitten** des Textes folgst und die darin enthaltenen Informationen **zusammenfaßt.**

Ausgangspunkt ist das **Thema** des Textes (der Informationsschwerpunkt), das du in einem **einleitenden Satz** zusammenfaßt.
Dieser soll dem Leser verdeutlichen, „wovon überhaupt in dem Text die Rede ist".

Wie du den **Informationsschwerpunkt** eines Textes herausfinden kannst, hast du schon gelernt (vgl. S. 11 ff). Es handelt sich im Prinzip um eine Antwort auf die Frage:

Was will der Autor dem Leser mitteilen?

De quoi l'auteur veut-il informer le lecteur?

Solche **einleitenden Sätze** eines **Résumé** könnten etwa folgendermaßen lauten:

Dans le présent texte, intitulé .... et rédigé par ...., il est question du racisme envers les travailleurs immigrés.

oder:

Dans le texte ....., l'auteur parle d'un accident de la route qui a coûté la vie à toute une famille brestoise.

oder:

Dans le présent texte, extrait du roman „Les Petits Enfants du Siècle", **Christiane Rochefort parle** du départ de Catherine, fille d'une famille ouvrière, pour l'Asile.

Hast du das **Thema** formuliert, so mußt du dir im Hinblick auf das **Résumé** folgende **Frage** stellen:

Was teilt der Autor dem Leser **im Verlauf** des Textes im Hinblick auf diesen Informationsschwerpunkt **mit?**

Was tut er im ersten Teil des Textes, **was danach, was am Ende?**

Du folgst also dem **zeitlichen** bzw. **logischen Aufbau** des Textes und faßt die **im Hinblick auf den Informationsschwerpunkt wesentlichen Informationen** zusammen. Die Abschnitte des Textes können bei der Abfassung des Résumé bereits ein **Gliederungsraster** sein.

Das Résumé ist also eine **Knappfassung** des vorliegenden Textes. Du mußt, um es schreiben zu können, **wichtige von unwichtigen Informationen** unterscheiden. Dies ist nur möglich, wenn du den Text **sehr sorgfältig durchliest.**

Eine überblicksartige, kursorische Lektüre reicht hier nicht mehr aus.

Um dir aber eine mehrmalige, intensive Lektüre zu ersparen, solltest du die **Techniken** der **Markierung** und **Reliefgebung** anwenden, die wir im Kapitel 2 vorgestellt haben. Mit ihrer Hilfe bekommst du einen guten Überblick über

- den **Aufbau des Textes,**
- den **zeitlichen Ablauf** der dargestellten Ereignisse,
- den **Argumentationszusammenhang,**
- die **Schlüsselbegriffe,**
- die **aus deiner Sicht wichtigen Informationen** des Textes.

Bei der Abfassung des Résumé gilt es nun, bestimmte **Grundregeln** zu beachten, denen wir uns jetzt zuwenden wollen.

Grundregeln zur Abfassung des Résumé

R 1

Fasse das Résumé im Präsens ab, auch wenn die Textvorlage in der Vergangenheit steht.

Berichtet der Text über eine historische Begebenheit, so fasse das Résumé so ab, als berichtetest du zum Zeitpunkt des Geschehens.

Die Beachtung dieser wichtigen Grundregel wird dir helfen, die sonst fast unvermeidlichen **Fehler im Tempussystem** (ein wahrlich fehleranfälliges Kapitel der französischen Grammatik) **nicht** zu machen.

Dies müssen wir an einem konkreten Beispiel verdeutlichen.

Text

Philippe Auguste faisait le siège du Château Gaillard. Pendant des mois, il essayait de prendre la forteresse.
Avant d'arriver au château, il avait fait construire des machines pour lancer des pierres. Il était sûr qu'il prendrait bientôt la forteresse. Les Normands n'avaient pas assez à manger. Un jour, un soldat français a fait une découverte intéressante. Une fenêtre de la forteresse n'était pas gardée.

↓

Steht in der **Vergangenheit**

Résumé

Einleitungssatz:

Le texte parle du siège du Château Gaillard.

Pendant des mois, Philippe Auguste essaie (1) de prendre la forteresse. Avant, il a fait (2) construire des machines pour détruire les murs du château. Il est sûr qu'il prendra (3) la forteresse parce que les Normands n'ont pas assez à manger. Un jour, un soldat fait une découverte intéressante: une fenêtre n'est pas gardée.

↓

Steht im **Präsens**, verwendet aber auch das
- ***Passé Composé*** und
- das ***Futur Simple.***

↓

Warum?

Bei der **Abfassung des Résumé** mußt du auf folgendes achten:

a) **Regel 1** besagt, daß du das **Résumé** bei einem historischen Ereignis so abfassen sollst, **als berichtetest du zum Zeitpunkt des Geschehens:**

In unserem Beispiel:
(1) *Pendant des mois, il essaie …*

b) Mußt du in diesem **Résumé** aber Vorgänge zusammenfassen, die im Hinblick auf den **Berichtszeitpunkt** *(il essaie …)*

- **in der Vergangenheit** (**vor**zeitig) **(2)** liegen, *(Avant, il a fait construire. …)*

so mußt du das **Passé Composé (2)** (**vor**zeitig) benutzen, wenn sie

- **in der Zukunft** (**nach**zeitig) **(3)** liegen,
  (il est sûr qu'il prendra ...)

so mußt du das **Futur Simple (3)** (**nach**zeitig) benutzen.

In einem Überblick:

Vergangenheit	←	**Berichtszeitpunkt**	→	**Zukunft**
↓		⊗ ↓		↓
Passé Composé	←	**Présent**	→	**Futur**

Wichtiger Hinweis:

Das **Präsens** ist übrigens auch das **Tempus** für den gesamten **Textkommentar!!!**

R 2

Unterscheide zwischen Wesentlichem und Unwesentlichem. Nimm nur die wichtigsten und für das Verständnis des Textes unverzichtbaren Gedanken und Fakten in das Résumé auf.

Bei einem **Résumé** handelt es sich um einen **verkürzten Text,** in dem nur **das Wesentliche** zusammengefaßt wird.

Dabei muß sichergestellt sein, daß der Leser den **Inhalt** des Textes auch **ohne die Lektüre** des Textes versteht.

Anekdotisches, Beispiele, ausschmückende Passagen, detaillierte Beschreibungen bleiben unberücksichtigt.

Sollten **Beispiele** für das Verständnis unerläßlich sein, so können sie **stichwortartig in Klammern** hinzugefügt werden.

R 3

Beginne das Résumé mit einem Einleitungssatz, der das Thema bzw. den Informationsschwerpunkt präzisiert.

R 4

Folge in deinem Résumé dem gedanklichen Aufbau bzw. dem Nacheinander der Abschnitte des Textes.

Das heißt, daß du bei der Abfassung deines **Résumé am Text entlang**gehen sollst, um zu verdeutlichen, was der Autor in den jeweiligen Abschnitten **„tut"**.

Er behauptet …, er widerspricht …, er unterstreicht …, er spricht von … usw.

R 5

Vermeide bei der Abfassung deines Résumé die Zitatencollage.

Das heißt: Du kannst zwar bei der Abfassung deines **Résumé** auf Schlüsselbegriffe und Wendungen des Textes zurückgreifen, **solltest aber dem Text nicht ganze Sätze oder gar ganze Passagen entnehmen und diese aneinanderreihen.**

R 6

Wähle einen sachlich-neutralen Stil. Vermeide Werturteile und Stellungnahmen sowie den persönlichen Stil des Autors.

Du solltest also in einem **Résumé nicht** zum Ausdruck bringen,

- ob du die Ansichten des Autors teilst oder mißbilligst,
- ob du die Darstellung originell oder langweilig findest usw.

Das bedeutet auch, daß du den gegebenenfalls persönlich geprägten Stil des Autors (Wortwahl, Sprachniveau: z. B. die Verwendung von umgangssprachlichen, familiären oder argotischen Ausdrücken) **nicht übernimmst, nicht nachahmst,** sondern eine **neutrale Sprache** verwendest.

Einen in der „Ich-Perspektive“ angelegten Text faßt du **in der 3. Person** zusammen und nimmst somit eine **distanzierte Perspektive** ein.

Dazu ein konkretes Beispiel:

Text	**Résumé**
Ce matin, ça m'a fait un drôle d'effet. J'arrive à mon boulot. C'était dingue, le monde fou qu'il y avait. Imagine-toi, un pauvre gamin qui s'était cassé la figure juste devant le chantier, avait été écrasé par l'un des gros poids lourds qui arrivent sans cesse sur le chantier. …	L'auteur parle d'un accident qui s'est passé devant le chantier où il travaille. Un garçon qui est tombé a été écrasé par un camion.

R 7

Vermeide bei der Abfassung deines Résumé die direkte Rede und, wenn möglich, auch die indirekte Rede.

(Wie du die **direkte Rede umformen** bzw. die **indirekte Rede umgehen** kannst, erfährst du in **Kapitel 6.**)

Zusammenfassung · Zusammenfassung · Zusammenfassung

7 Grundregeln zum Abfassen eines Résumé

1. Fasse das **Résumé** im **Präsens** ab.

2. Unterscheide zwischen Wesentlichem und Unwesentlichem. Nimm nur die **wichtigsten Gedanken und Fakten** in das **Résumé** auf, (keine Beispiele, Beschreibungen usw.).

3. Schreibe einen **zusammenfassenden Einleitungssatz,** der das **Thema** des Textes vorstellt.

4. Folge der **gedanklichen Struktur/dem Aufbau** des Textes.

5. Vermeide eine **Zitatencollage.**

6. Wähle einen **sachlich-neutralen Stil. Vermeide** Werturteile und Stellungnahmen sowie den persönlichen Stil des Autors.

7. **Vermeide** die direkte und, wenn möglich, auch die indirekte Rede.

Zu diesen 7 **Grundregeln** zwei kleine Übungen:

Ü 1

In der folgenden Übung findest du kurze Passagen aus **Résumés,** die nicht sehr gelungen sind!
Es wird dir sicher nicht schwerfallen festzustellen, gegen welche **Grundregel** darin jeweils **verstoßen** wird. Schreibe die Nummer der jeweiligen Regel in die Quadrate:

☐ 1. Le texte parle d'un accident de la route. Mme Martin se promenait dans la rue quand, tout à coup, une voiture de sport est arrivée.

☐ 2. Une passante a dit: «J'ai vu arriver la voiture à toute vitesse» bien qu'elle se soit trouvée dans le magasin caché par les arbres.

☐ 3. Le texte parle des problèmes d'une adolescente avec ses professeurs. Un jour, un des professeurs se moque d'elle parce qu'elle ne sait pas la bonne réponse à une question très facile, un autre jour elle n'a pas fait ses devoirs et elle est mise à la porte, une autre fois un professeur la critique parce qu'elle … .

☐ 4. Je ne crois pas que la lectrice ait raison de dire que le journal est trop conservateur.

☐ 5. Par une description émouvante l'auteur nous révèle la situation désespérée des mineurs qui sont exploités par des patrons sans égards.

Ü 2

Zu dem folgenden Leserbrief an *„Femme Actuelle"* findest du den ersten Teil eines wieder nicht sehr gelungenen **Résumé.** Unterstreiche darin die Stellen, die deiner Meinung nach gegen eine der **7 Grundregeln** verstoßen und schreibe an den Rand, warum.

Lasse du chômage...

J'ai vingt-quatre ans, et je suis au chômage depuis quatre ans. J'ai un diplôme de secrétaire et une bonne formation. Mais, malgré mon acharnement et mes démarches (petites annonces, ANPE) je ne parviens pas à trouver un emploi.

« J'ai envisagé de me prostituer pour vivre »

A toutes mes lettres, je ne reçois que des réponses négatives. On me dit que je manque d'expérience professionnelle. Il est vrai que je n'ai travaillé que quelques mois après mes études, dans une agence d'intérim. Mais est-ce ma faute ? Il faut bien commencer un jour. Et comment pourrai-je avoir une expérience professionnelle, si on ne me donne pas l'occasion d'exercer mon métier ? C'est un cercle vicieux, infernal, dont il est impossible de sortir.
Je sais bien que je ne suis malheureusement pas la seule dans cette situation et que nombreux sont les jeunes qui, comme moi, ne parviennent pas à entrer dans le monde du travail. Mais cela n'est pas une consolation. Chacun vit son drame dans son coin et personne ne s'occupe de nous. Je vis seule. Je suis sans ressources et je suis désespérée. Je ne m'entends pas bien avec mes parents et, de toute façon, ils n'auraient pas les moyens de m'aider financièrement. Alors que devenir ? Mourir de faim ? Devenir clocharde ? C'est pourquoi j'en suis venue à envisager l'idée de me prostituer pour pouvoir survivre. C'est une idée qui me fait horreur. Aller avec des hommes que je n'aime pas, que je ne connais même pas... Leur vendre mon corps, obéir à leurs exigences. Cela me semble, m'a toujours semblé abominable et je n'ai jamais compris comment des femmes pouvaient en arriver là. Mais j'ai envie de manger à ma faim, de m'acheter des vêtements qui me plaisent, de sortir, d'aller danser, comme les jeunes de mon âge. Et je ne vois pas d'autre solution pour gagner un peu d'argent. Je sais que ce que j'envisage de faire est grave, très grave. Mais j'y pense vraiment de plus en plus sérieusement. Croyez-moi, ce n'est pas une plaisanterie. Mais j'avais besoin de me confier à quelqu'un et c'est pourquoi je vous écris. J'ai besoin de votre aide.

Natacha
Réf. 81.01

(Leserbrief aus: „Femme Actuelle")

Résumé	Bemerkungen
Dans le présent texte, une lettre à	
«Femme Actuelle», une lectrice parle	
de ses graves problèmes pour trouver	
du travail et elle révèle combien notre	
société est cruelle envers les jeunes.	
Elle dit «Je ne parviens pas à	
trouver un emploi» parce que	
«je n'ai travaillé que quelques	
mois après mes études» et demande	
ce qu'elle pourrait faire pour	
survivre. Elle est prête à se	
prostituer bien que ce soit une	
vie qui lui fait horreur.	
Mais, d'abord, elle révèle les	
raisons pour lesquelles elle	
n'a pas trouvé de travail. A mon	
avis, elle a raison de dire que ce	
n'est pas de sa faute parce	
qu'elle n'a pas eu l'occasion	
de prouver sa valeur …	

Nun, die **Grundregeln** zur Abfassung eines **Résumé** kennen, heißt noch nicht, ein **Résumé** auch selbst abfassen zu können.

Diesem Problem wollen wir uns jetzt einmal gezielt zuwenden. Denn um **über** einen Text schreiben zu können, und das tust du, wenn du eine **Textzusammenfassung** schreibst, brauchst du ein **spezifisches Textbesprechungsvokabular,** das wir dir nun vorstellen wollen.

Grundvokabular zum Abfassen eines Résumé

Das **Grundvokabular,** das wir dir in diesem Kapitel vorstellen wollen, soll dazu dienen,

a) den **Aufbau** oder die **gedankliche Struktur** des Textes wiederzugeben,

b) in elementarer Form beschreiben zu können, **was der Autor** in dem jeweiligen Text nacheinander **„tut“.**

Das **Vokabular** ist bewußt **zweisprachig** angelegt, um dir das **Lernen** zu erleichtern; denn letzteres können wir dir leider nicht abnehmen.

Damit du das **Vokabular** leichter lernen und anwenden kannst, haben wir es nach den **spezifischen Bedürfnissen** bei der Abfassung eines ***Résumé Structuré*** geordnet.

Vokabular zur Anlage eines Résumé Structuré

Einleitender Satz			
Dans cc texte Dans le présent texte	intitulé … rédigé écrit	par …	
	tiré extrait	de …	
	il s'agit de il est question de		
Le présent texte	traite parle	de	
Aufbau des Textes			
Le texte	comprend se compose de est divisé en se divise en	3, 4 …	parties paragraphes
Dans une la	première	partie	qui va de la ligne 1 à la ligne …
le	premier	paragraphe passage	
Au début (du texte) … (Tout) d'abord …			
Dans une la le	deuxième	partie paragraphe	
Puis … Ensuite … Par la suite …			
Dans une la	dernière	partie	
le	dernier	paragraphe	
A la fin … Finalement … Enfin …			
Pour conclure finir terminer …			
Le texte se termine par … + Subst.			

In diesem Text Im vorliegenden Text	mit der Überschrift abgefaßt / geschrieben von … entnommen dem/der … handelt es sich um wird …behandelt, ist die Rede von		
Der vorliegende Text	handelt von spricht von/über		
Der Text	umfaßt setzt sich zusammen aus ist gegliedert in gliedert sich in	3, 4 …	Teile(n)/Bestandteile(n) Absätze(n)/Abschnitte(n)
In einem / dem	ersten Teil	der von Zeile 1 bis Zeile … geht	
In dem	ersten Abschnitt		
Zu Beginn des Textes … Zunächst (Ganz am Anfang) …			
In einem / dem	zweiten	Teil / Abschnitt	
Dann … Darauf … Im folgenden …			
In einem / dem	letzten	Teil	
Im	letzten	Abschnitt	
Am Ende … Schließlich …			
Am Ende …			
Der Text schließt mit …			

Der Autor äußert sich über etwas, berichtet von, informiert über …	
l'auteur parle de / présente / informe de / aborde	der Autor spricht von/über / stellt vor / informiert über / spricht an, erörtert, kommt zu sprechen auf
dit (dire)	sagt
exprime	spricht aus
révèle (révéler)	verdeutlicht
constate	stellt fest
déclare	erklärt, gibt zu verstehen
énumère	zählt auf, nennt
donne une vue d'ensemble de	gibt einen Überblick über
raconte	erzählt
décrit	beschreibt
invite à	fordert auf
fait appel à (qn de faire qc.)	appelliert an, fordert auf, etwas zu tun
affirme	versichert, behauptet
donne son opinion sur	äußert seine Meinung über
discute	diskutiert
critique	kritisiert
se prononce pour / contre	äußert sich für / gegen etwas, nimmt Stellung für/gegen etwas
tire la conclusion que	zieht die Schlußfolgerung, daß
selon / d'après / de l'avis de l'auteur	nach Auffassung des Autors

Der Autor bringt Vergleichbares/Gegensätzliches zur Sprache	
l'auteur compare qc. à qc.	der Autor vergleicht etwas mit
oppose qc./qn à qc./qn / met en opposition	stellt gegenüber
D'un côté … de l'autre côté / D'une part … d'autre part	einerseits … andererseits
mais	aber
pourtant	dennoch
par contre	im Gegensatz dazu
au contraire de	im Gegensatz zu
de plus / en outre	darüber hinaus
… aussi (nicht am Satzanfang)	auch
également	ebenfalls

Auf dieses **Vokabular,** das einen soliden **Grundstock** für das Abfassen von **Résumés** darstellt, solltest du immer wieder zurückgreifen. **Aber lernen mußt du es natürlich auch.**

Legen wir deshalb an dieser Stelle erst einmal eine kleine **Lernpause** ein. Gehe die folgenden Übungen erst dann an, wenn das **Vokabular** einigermaßen sitzt.

Wenn du dir nicht jetzt sofort die Zeit nimmst, das Vokabular zu lernen, solltest du es in den nächsten Tagen und Wochen wenigstens immer mal wieder durchlesen und üben.

Einen **guten Lerneffekt** kannst du erzielen, wenn du das Vokabular, wann immer du ein **Résumé** oder einen **Textkommentar** schreiben mußt, zur Hand nimmst, um in deinen Text **das passende Vokabular** einzubauen. Vielleicht fotokopierst du dir auch das Vokabular aus dem Buch und ordnest es in deine **Vokabel-Kartei** ein.

So, es wird Zeit, das Gelernte zu erproben und anzuwenden.
Zunächst wollen wir einige Übungen zur **Festigung des Grundvokabulars** machen. Da es sich bei den Übungstexten jeweils um **ausformulierte Résumés** handelt, kannst du bei genauerem Hinsehen einiges für deine eigenen Résumés lernen.

Ü 3

In der nun folgenden Übung sollst du die Lücken eines von uns erstellten **Résumé** schließen. Der Text stammt aus **Kapitel 2** und ist dir deshalb vielleicht schon bekannt (vgl. **S. 31**).

Wir haben uns bei der **Zusammenfassung** an die dort vorgenommene **Strukturierung** und **„Reliefgebung"** gehalten.
Das einzusetzende **Besprechungsvokabular** haben wir vorgegeben. Du mußt es nur noch dem Sinn nach zuordnen.

présentant – comprend – dans une première partie – se terminer sur – le présent texte – pose la question centrale – dans une deuxième – intitulé – de la ligne 1 à la ligne – met en opposition – présente – se prononce – révélant

Dans ______________________, ______________ «Interdiction de fumer au travail», l'auteur ______________ différentes opinions concernant la question de savoir si l'on doit tolérer ou interdire les cigarettes au travail.

Le texte ______________ quatre parties. ______________

______________, une sorte d'introduction, qui va ______________

______________ 10, l'auteur ______________:
Faut-il interdire en France, comme en Californie, de fumer au travail?

______________ et troisième partie, l'auteur

______________les points de vue de deux

femmes dont l'une, fumeuse, ______________ contre une interdiction en

______________ différents arguments, et l'autre, non-fumeuse,

pour l'interdiction en ______________ en particulier les conséquences possibles d'une absorption inconsciente.

Le texte ______________ la constatation d'une femme cherchant un compromis entre les positions précédentes en faisant appel au bon sens.

Ü 4

In der nächsten Übung sollst du unter Zuhilfenahme des **Grundvokabulars** die deutschen Vorgaben umsetzen. Daraus ergibt sich dann ein anders gestaltetes **Résumé,** das sich ebenfalls auf den dir schon bekannten Text bezieht.

(Der vorliegende Text) ______________, (entnommen)

______________ magazine «Femme Actuelle», (spricht von) ______________

______________ problème d'interdire les cigarettes au travail.

Le texte (gliedert sich in) ________________________ quatre parties.

(Zu Beginn des Textes) ______________________________, l'auteur rappelle une loi interdisant la cigarette sur le lieu du travail en Californie en se demandant si c'est un exemple à suivre en France.

(Im folgenden) ________________________, une femme, fumeuse, (kritisiert)

____________________ une telle loi (indem sie aufzählt) ____________________

_____ des raisons qui l'empêchent de s'arrêter de fumer. (Einerseits) ________________

elle ne peut pas s'arrêter de fumer, (andererseits) ________________________ elle comprend les craintes des non-fumeurs.

(In einem 3. Teil) ______________________________________, l'auteur donne

la parole à une femme qui (sich ausspricht für) ________________________ les non-fumeurs.

Ayant peur des conséquences possibles d'une absorption inconsciente, elle (befürwortet)

________________________ une interdiction.

(Am Ende) ____________________, l'auteur présente une femme qui (ihre Meinung

darlegt) ______________________________ sur cette loi.

Elle (ist gegen) ___________________________________ cette loi, qui (nach ihrer

Meinung) ____________________ représente une atteinte à la liberté individuelle. Elle

(zieht die Schlußfolgerung) ___________________________________ qu'il faudrait trouver un compromis raisonnable entre fumeurs et non-fumeurs.

Ü 5

Der durchlaufende Text der folgenden Übung entspricht der Lösung zu **Übung 4.** Für die unterstrichenen Ausdrücke sollst du nun aber **Ausdrucksvarianten** suchen, möglichst ohne in das Vokabular zu schauen. Erst wenn dir gar keine Alternativen einfallen, suche im Vokabular.

Le présent texte, tiré du (1. ______________________________) magazine « Femme Actuelle », parle du (2. ______________________________) problème d'interdire les cigarettes au travail.
Le texte se divise en (3. ______________________________) quatre parties.

Au début du texte (4. ______________________), l'auteur rappelle une loi interdisant la cigarette sur le lieu du travail en Californie en se demandant si c'est un exemple à suivre en France.
Par la suite (5. ______________________), une femme, fumeuse, critique (6. ______________________________) une telle loi en énumérant (7. ______________________________) les raisons qui l'empêchent de s'arrêter de fumer. D'une part (8. ______________________) elle ne peut pas s'arrêter de fumer, d'autre part (9. ______________________) elle comprend les craintes des non-fumeurs.

Dans une troisième partie (10. ______________________________),

l'auteur donne la parole à une femme qui se prononce (11. ______________________) pour les non-fumeurs. Ayant peur des conséquences possibles d'une absorption inconsciente, elle dit (12. ______________________) qu'elle est pour une interdiction.

A la fin (13. ______________________), l'auteur présente une femme qui expose ses idées (14. ______________________________) sur cette loi. Elle se prononce contre (15. ______________________________) cette loi, qui, selon elle (16. ______________________) représente une atteinte à la liberté individuelle.
Elle conclut qu'il faudrait trouver un compromis raisonnable entre fumeurs et non-fumeurs.

So, wenn du die Übungen konsequent gemacht und mit der Lösung verglichen hast, **sitzt das Grundvokabular** hoffentlich einigermaßen.

In den folgenden Übungen sollst du nun lernen, **selbst ein Résumé abzufassen.** Doch bevor wir dies tun, wollen wir noch einmal auf die **7 Grundregeln** zurückkommen, denn die liegen ja schon wieder ein wenig zurück.

Ü 6

Kannst du sie, ohne vorne nachzuschauen, in einigen Stichworten noch einmal zusammenfassen?
Versuche es doch einmal.

7 Grundregeln zum Abfassen eines Résumé:

1. ______________________________

2. ______________________________

3. ______________________________

4. ______________________________

5. ______________________________

6. ______________________________

7. ______________________________

Bevor du jetzt fortfährst, überprüfe deine Lösungen zunächst mit Hilfe des Lösungsteils, oder indem du noch einmal auf S. 162 zurückblätterst.

Die Regeln wollen wir jetzt noch einmal anwenden, diesmal an einem etwas schwierigeren **literarischen Text** von *Christiane Rochefort.* Es handelt sich um einen Ausschnitt aus dem sozialkritischen Roman *„Les petits enfants du siècle“.* Die Autorin stellt darin das Leben einer typischen französischen Arbeiterfamilie vor.

Der **Textausschnitt** schildert den „Abtransport“ von *Catherine* in die Jugendfürsorge. *Catherine,* aufgrund einer nicht behandelten Hörschwäche geistig zurückgeblieben, wird von einer Amtsärztin in das Heim eingewiesen. Dies trifft sich gut, denn in der kleinen Wohnung der Familie muß ohnehin Platz geschaffen werden für einen „Neuankömmling“.

Ü7a

Lies dir den Text zunächst durch und bearbeite ihn dabei in der Weise, wie du es in **Kapitel 2** gelernt hast **(Strukturierung - Reliefgebung).**

... quand Nicolas revint du prévent[1] Catherine était aux Arriérés[2]. Il avait fallu l'y mettre, l'école ne voulait pas la garder, elle n'entravait[3] rien, et faisait tout un tas de conneries[4] qui troublaient le déroulement des classes; en plus ils s'étaient aperçus qu'elle était à moitié sourdingue[5]. Non seulement elle ne comprenait rien mais elle n'entendait même pas. On lui fit des tests, la doctoresse des Allocations la regarda une demi-heure et dit qu'elle avait un âge mental[6] de quatre ans, que ça coûterait très cher de la rattraper[7], c'était un traitement long et onéreux[8] qu'on ne pourrait pas assumer[9], et en tout cas la gosse ne serait jamais capable de gagner sa vie, et qu'il n'y avait qu'à la mettre tout simplement dans un bon Asile où on n'aurait plus jamais à s'en occuper. Au suivant.

(...)

Il paraît que cette docteur-là dans sa matinée elle en avait envoyé quatre comme ça à la poubelle[10].

Ils l'emmenèrent tous les deux, les parents, là-bas. Ils lui avaient caché où elle allait, pour un coup[11] le mot Arriéré n'avait pas été prononcé, et le voyage était présenté comme une partie de plaisir. Mais Patrick se fit une joie de vendre la mèche[12] au moment du départ; ça le transforma en un bel enfer. Arrachée[13] aux meubles, un par un, Catherine hurlante[14] fut traînée à peu près sur le ventre jusqu'à la voiture, ameutant[15] les deux rangées de blocs; les bonnes femmes s'étaient mises sur les portes avec des airs outrés[16], une parla tout haut d'appeler la police: elles ne supportaient pas qu'on touche à un cheveu d'un enfant des autres;

(...)

L'assistante arriva pour aider les parents, et les bonnes femmes comprirent que c'était régulier. Catherine hurlait qu'elle ne voulait pas aller aux Arriérés, elle avait tant crié qu'elle

1) Lungenheilstätte
2) Heim für geistig behinderte Kinder
3) (fam.) verstehen
4) Dämlichkeiten, Dummheiten (fam.)
5) (fam.) taub
6) hier: geistige Reife
7) aufholen lassen
8) teuer, kostspielig
9) hier: finanziell leisten
10) Mülleimer, hier: entscheiden, daß ein Kind in ein Kinderheim für schwer erziehbare Kinder kommt
11) (für) diesmal
12) (fam.) verraten, ein Geheimnis ausplaudern
13) wegreißen von
14) brüllend
15) (die Leute) in Aufruhr versetzen
16) hier: entrüstet, empört

n'avait presque plus de voix, elle s'était tant agrippée[17] qu'elle n'avait presque plus de forces; si elle était dingue[18], elle savait au moins où était son intérêt. Elle se tenait encore aux pare-chocs[19]. Mais maintenant ils étaient trois contre. On l'enfourna[20], je vis une dernière fois sa vilaine[21] figure[22], c'est vrai qu'elle n'était pas belle la pauvre môme[23], toute bouffie[24], et marbrée de cambouis[25] et de larmes, elle essayait de sortir par la fenêtre, on remonta la vitre. Elle trouva la force de pousser un cri avant que ce soit fermé. L'innocente appelait son frère. La voiture démarra[26], partit, disparut. Je me mis à pleurer. A un mètre de moi je vis Patrick, la tête haute; il se détourna de la grille, et, les mains dans les poches, partit en sifflotant[27]. Je me retournai sur lui si sec qu'il ne vit rien venir, et d'un seul mouvement je lui enfilai un grand coup dans la gueule[28]. Il venait de loin celui-là. Il se rebiffa[29], les jumeaux lui rentrèrent dans le chou[30], et Chantal voyant que ça se présentait bien me pinça. Je l'envoyai rouler d'un coup de pied. Le gardien arriva pour nous séparer.

17) sich krallen an
18) (fam.) verrückt
19) Stoßstange
20) jdn. mit Gewalt ins Auto bugsieren
21) häßlich; 22) das Gesicht
23) (fam.) Göre
24) (vom Weinen) verquollene Augen
25) voller Ölflecken
26) abfahren
27) pfeifen
28) (fam.) jdm. einen Schlag in die „Schnauze" versetzen
29) (fam.) sich sträuben, bocken, aufmüpfen
30) (fam.) jdm. Prügel versetzen

(von Christiane Rochefort)

Ü 7b

Bei dem nun folgenden **Résumé** des Textes ist der Aufbau durcheinandergeraten. Versuche, es wieder in die **richtige Reihenfolge** zu bringen, entsprechend dem Textaufbau des Romanauszugs.

1. Versuche aber zunächst, die folgenden **Gliederungselemente** dem Kontext entsprechend einzusetzen:

la fin – dans la dernière partie – de la ligne – dans une deuxième partie – dans une première partie

Ⓐ A moitié sourde, n'entendant ni comprenant rien à l'école, elle a un niveau intellectuel nettement inférieur à celui des autres élèves. Comme un traitement serait trop cher, la docteur l'envoie à l'Asile des Arriérés.

Ⓑ Au moment du départ, Catherine a appris qu'on veut la conduire à l'Asile, et elle s'y oppose de toutes ses forces.

Ⓒ ______________________________ (ligne 53 jusqu'à ____________

____________), l'auteur décrit la réaction des frères et sœurs au départ de Catherine. Tandis que les uns en sont tristes, les autres s'en réjouissent.

Ⓓ ____, qui va ______________________________ à la ligne 21, la narratrice (= Erzählerin) révèle pour quelles raisons elle doit aller à l'Asile:

Ⓔ Ses parents, avec l'aide de l'Assistante sociale, la font monter dans la voiture de force pendant qu'elle hurle tellement que les gens de la rue s'indignent.

Ⓕ Dans cet extrait, Christiane Rochefort parle du départ forcé de Catherine, fille d'une famille ouvrière, aux Arriérés.

Ⓖ ____, l'auteur décrit le départ pour l'Asile.

2. Ordne nun jeder Zahl in der folgenden Übersicht einen Buchstaben zu, so daß sich daraus ein **zusammenhängendes Résumé** ergibt.

1	2	3	4	5	6	7

Ü 8

In der folgenden Übung haben wir den Text noch einmal anders zusammengefaßt. Diesmal haben sich erneut eine **Reihe von Verstößen gegen die 7 Grundregeln** eingeschlichen. Versuche sie herauszufinden und zu verbessern, indem du

a) die fehlerhaften Stellen unterstreichst,

b) in der mittleren Spalte die Nummer der Regel vermerkst, gegen die verstoßen wird und

c) rechts, wenn möglich, eine verbesserte Lösung findest.

Résumé	Regelverstoß	Verbesserung
Dans cet extrait, l'auteur décrit, de		
façon émouvante, comment Cathe-		
rine, d'une famille ouvrière, a été		
transportée de façon inhumaine		
à l'Asile des Arriérés.		
A moitié sourde, elle n'entendait ni		
ne comprenait rien à l'école. Ayant		
un âge mental de 4 ans, elle ne		
pouvait pas rester à l'école. Au lieu		
de s'occuper d'un bon traitement,		
la docteur l'envoie «à la poubelle».		
Puis l'auteur décrit le moment du		
départ. Catherine ne savait pas où ils		
allaient. Mais juste avant le départ,		
Patrick, son frère, s'est fait une joie		
de vendre la mèche ce qui l'a		
transformé en un bel enfer.		
Sur un ton ironique, l'auteur		
décrit la réaction des autres		
habitants de la rue qui «ne		

Résumé	Regel-verstoß	Verbesserung
supportent pas qu'on touche à un		
cheveu d'un enfant des autres».		
Avec l'aide de l'Assistante sociale,		
les parents arrivaient à faire		
entrer la môme dans la voiture.		
L'auteur décrit de façon émouvante		
les vains efforts de Catherine pour		
descendre de la voiture.		

So, jetzt bist du sicher fit, um endlich **selbst ein Résumé abfassen** zu können.

Voraussetzung ist:

- die Beachtung der **7 Grundregeln,**
- die Beherrschung des **Grundvokabulars** (S. 166–168),
- die sorgfältige **Bearbeitung** des vorliegenden Textes (**Strukturierung** – **Markierung** – **Reliefgebung** vgl. Kap. 2).

Ü 9

Um dir die Vorarbeit für die nächste Übung ein wenig zu erleichtern, haben wir den Text schon cin wcnig für dich „präpariert".
Lies ihn dir gut durch, mache dir, wenn nötig, **zusätzliche Markierungen,** um einen besseren Überblick über den Text zu bekommen, und löse dann die auf den Text folgenden Aufgaben.

Le piège des petites annonces

Un cas parmi tant d'autres. Celui d'Éric, jeune chômeur[1] à qui les petites annonces[2] viennent de jouer plusieurs sales tours[3]. Dans une lettre à «Ouest-France», Édith L., sa mère, raconte:

① *formation 1er essai*

«Éric, 20 ans, est rentré du service militaire en juin. Il avait devancé[4] appel[5] «parce qu'il n'y a rien d'autre à faire». L'armée lui a remis un certificat d'emploi pour ses six mois passés comme serveur[6] dans un mess de sous-officiers. Pendant tout son service, il a espéré: à sa libération[7], une place l'attendait en principe dans une crêperie. Le moment venu, ça a été non. Sans explications. Tous les autres contacts n'ont rien donné. Première déception.

② *2e essai petite annonce 3 jours d'essai dans un P.M.U. ↓ déception*

«Deuxième déception: en réponse à une petite annonce, Éric se présente dans un P.M.U. pour trois jours d'essai, le week-end du 14 juillet. Trois jours sans paye[8], à part 13 F par jour «pour alimentation». Heureusement qu'il avait piqué sa tente[9] dans le coin! On lui demande alors de s'exercer au calcul mental[10] jusqu'à la fin juillet et de revenir à cette date-là pour se faire embaucher[11] Rendez-vous remis à septembre. A croire[12] que certaines personnes, pour les coups de feu[13], s'offrent gratuitement de la main-d'œuvre[14] avec de fausses promesses!

③ *3e essai petite annonce ↓ serveur embauche d'un autre*

«Autre petite annonce, autre amertume[15]. Le 9 août, un hôtelier de Haute-Savoie publie cette offre: «Cherche serveur à l'année, nourri, logé». La Haute-Savoie, c'est loin. Mais Éric veut travailler à n'importe quel prix tout de suite, même s'il faut quitter la Bretagne. Au téléphone, le patron confirme[16]: Éric peut venir, «on compte sur lui, et s'il change d'avis, qu'il prévienne[17], ce sera la moindre des choses»[18]. Départ le 11 août. A l'arrivée, après plus de 1000 kilomètres, le patron lui apprend qu'il «n'a pas pu attendre, qu'il a embauché quelqu'un d'autre.» Avertie[19], j'ai supplié[20] l'hôtelier au téléphone de ne pas laisser tomber mon gamin[21]. On l'hébergera pendant deux nuits. Et puis dehors[22]!

④ *état moral d'Éric*

«A l'A.N.P.E.[23] de Sallanches, pas d'emploi de remplacement[24] à lui proposer. Pourtant il s'accroche[25], refuse de rentrer dans l'Ouest comme un vaincu[26]. Il a honte parce qu'il avait parlé de ce boulot-là[27] à tous ses copains.

⑤ *moyens juridiques de réagir aux abus*

«J'ai contacté la direction du travail d'Ille-et-Vilaine. J'ai raconté mon histoire, plutôt celle d'Éric. On m'a répondu «abus de confiance»[28]. Les trois jours passés dans un P.M.U. devaient être payés. Quant au préjudice[29] causé par l'hôtelier de Haute-Savoie – le voyage aura coûté plus de 1000 F, et le séjour? – seul un recours[30] auprès d'un tribunal permettrait de le réparer. Mais avec quelles preuves[31] et avec quel argent? Mon fils vient de toucher sa première, allocation[32] de chômage: 952,20 F pour le mois de juillet.»

(aus: „Ouest France", 21. 8. 1986)

Vocabulaire:

1) Arbeitsloser; 2) Kleinanzeigen; 3) jdm. einen bösen Streich spielen; 4) vorziehen (zeitlich); 5) Einberufung; 6) Kellner; 7) Entlassung (aus dem Wehrdienst); 8) Bezahlung; 9) sein Zelt aufschlagen; 10) Kopfrechnen; 11) einstellen; 12) Man sollte glauben, daß ...; 13) Zeiten mit Hochbetrieb; 14) Hilfskräfte; 15) Bitterkeit, herbe Enttäuschung; 16) versichern; 17) Bescheid geben; 18) das sei das wenigste, was man erwarten könne; 19) benachrichtigen; 20) (an-)flehen; 21) Sohn; 22) hinaus, Rausschmiß; 23) Arbeitsvermittlung; 24) Aushilfsarbeit; 25) nicht aufgeben wollen; 26) Besiegter, Verlierer; 27) Arbeit; 28) Vertrauensmißbrauch; 29) Schaden; 30) Gang zum Gericht; 31) Beweis; 32) Arbeitslosenhilfe

a) **Aufgabe zum Thema / Informationsschwerpunkt des Textes**

Kreuze die richtige Lösung an:

- ☐ C'est la lettre d'Eric, un jeune chômeur, qui parle de ses vains efforts pour trouver du travail.
- ☐ C'est la lettre d'une mère qui parle des vains efforts de son fils, chômeur, pour trouver du travail.
- ☐ Le texte parle des jeunes chômeurs cherchant du travail par des petites annonces.

b) **Fragen zum Detailverständnis:**

Schreibe die Antworten ins Heft.

1. Où est-ce qu'Eric habite?
2. Pourquoi Eric a-t-il devancé son service militaire?
3. Qu'est-ce qu'il a fait pendant son service militaire au mess des sous-officiers?
4. Pourquoi a-t-il accepté le service de serveur dans le mess des sous-officiers?
5. Pourquoi Eric n'est-il pas embauché au P.M.U.?
6. Pourquoi Eric part-il pour la Haute-Savoie?
7. Pourquoi n'y est-il pas embauché non plus?
8. Dans quelle situation se trouve-t-il au moment où cet article paraît dans Ouest-France?

Du solltest jetzt zunächst mit Hilfe des Lösungsteils kontrollieren, ob deine Antworten **inhaltlich** korrekt sind.

c) **Vorbereitung des Résumé**

Versuche nun, jeden Abschnitt des Textes in ein bis zwei Sätzen zusammenzufassen. Schreibe ins Heft.

d) **Abfassen des Résumé**

Damit hast du den **Inhalt des Textes** schon auf die **wesentlichen Informationen verdichtet.** Es geht jetzt darum, die Sätze so miteinander zu verbinden, daß daraus ein **zusammenhängender Text** wird.

le texte se compose de – puis, il énumère – par la suite – au début, l'auteur révèle – d'abord – à la fin – se réfère à lettre de – ensuite …

Um dir den **Einstieg in das Résumé** zu erleichtern, geben wir dir den ersten Satz vor. Er beinhaltet, wie du weißt, den **Informationsschwerpunkt** des Textes. Übertrage ihn in dein Heft und setze dann das **Résumé** fort.

Le texte *« Le piège des petites annonces »*, tiré de *Ouest-France du 21 août 1986,* présente, à l'exemple d'un jeune chômeur, Eric, les vains efforts d'un jeune homme pour trouver un premier emploi à l'aide de petites annonces. …

Wenn du die letzte Übung konsequent durchgearbeitet und mit Hilfe der Lösung kontrolliert hast, gebührt dir ein großes Lob!
Du hast Durchhaltevermögen und willst im Französischen wirklich weiterkommen.

Vielleicht willst du deine Kenntnisse zum Abschluß dieses Kapitels noch einmal ohne alle Hilfen und Zusatzaufgaben anwenden, und zwar an einem etwas schwierigeren, aber sicher auch interessanteren Text.

Wir möchten dir eine zusätzliche **Übungsmöglichkeit für ein Résumé** bieten:

Ü 10

Es ist ein Auszug aus einem Buch von *Maurice Duverger,* einem bekannten französischen Politologen. Als einzige Hilfe wollen wir dir im Lösungsteil das von uns erstellte **Résumé** anbieten, das du dann mit deiner Arbeit vergleichen kannst.
Na, hast du noch Mut? Dann los.

Les Deux Faces de Janus

Derrière tous les systèmes de valeurs[1] et tous les jugements particuliers, deux attitudes fondamentales se retrouvent généralement. Depuis que les hommes réfléchissent à la politique, ils oscillent[2] entre deux interprétations diamétralement opposées. Pour les uns, la politique est essentiellement[3] une lutte[4], un combat, le pouvoir permettant[5] aux individus et aux groupes qui le détiennent[6] d'assurer[7] leur domination sur la société, et d'en tirer profit. Pour les autres, la politique est un effort pour faire régner l'ordre et la justice, le pouvoir assurant l'intérêt général et le bien commun contre la pression des revendications[8] particulières. Pour les premiers, la politique sert à maintenir les privilèges d'une minorité sur la majorité. Pour les seconds, elle est un moyen de réaliser l'intégration de tous les individus dans la communauté[9] et de créer la Cité juste dont parlait Aristote, déjà. L'adhésion[10] à l'une ou l'autre thèse est en partie déterminée[11] par la situation sociale.

Vocabulaire:
[1]) Wertsysteme; [2]) hin- und herschwanken; [3]) besonders; [4]) Kampf; [5]) Konstr.: da die Macht … erlaubt; [6]) innehaben; [7]) hier: absichern, sicherstellen; [8]) Forderungen; [9]) Gemeinschaft; [10]) Zustimmung; [11]) bestimmen;

Les personnes et les classes opprimées[12], insatisfaites, pauvres, malheureuses, ne peuvent considérer[13] que le pouvoir assure un ordre réel, mais seulement une caricature d'ordre, derrière lequel se masque la domination des privilégiés: pour elles, la politique est lutte. Les personnes et les classes nanties[14], riches, satisfaites, trouvent que la société est harmonieuse et que le pouvoir maintient un ordre authentique: pour elles, la politique est intégration. Souvent, les secondes réussissent plus ou moins à persuader les premières que les luttes politiques sont malpropres[15], malsaines[16], malhonnêtes, que leurs participants ne poursuivent que des intérêts égoïstes, avec des méthodes douteuses. En démobilisant[17] ainsi leurs adversaires, elles s'assurent un grand avantage. Toute « dépolitisation » favorise l'ordre établi, l'immobilité[18], le conservatisme.

(aus „Le Moulin à Paroles" von Maurice Duverger)

Vocabulaire:
12) unterdrückt; 13) können nicht annehmen; 14) reich; 15) schmutzig; 16) ungesund; 17) hier im Sinne von: kaltstellen, zur Bewegungslosigkeit verdammen; 18) Unbeweglichkeit

6. Kapitel

Variationen des Wortes „sagen“

oder: was man alles noch tun kann außer „sagen“ und „fragen“ …

Vielleicht kennst du dieses **unbefriedigende Gefühl:** Du möchtest zum Beispiel in einem Résumé einen längeren Dialog aus einem Theaterstück zusammenfassen, doch außer ***„il/elle dit que“*** oder ***„il/elle demande si“*** fallen dir beim besten Willen keine anderen Ausdrücke ein, mit denen du das Denken und (sprachliche) Tun der jeweiligen Personen wiedergeben könntest. Dabei bist du dir vollkommen darüber im klaren, daß die Sätze bei **ständiger Wiederholung derselben Wendungen schwerfällig** und **wenig elegant** wirken. Hinzu kommt, daß du gegen **Regel 7** verstößt, die du bei der Abfassung eines Résumé beachten sollst, nämlich Zurückhaltung bei der Verwendung der indirekten Rede zu üben (vgl. **Kap. 5, S. 161**).

Damit du in Zukunft weniger unzufrieden mit deinen Texten bist, wollen wir dir in diesem Kapitel einen Überblick über **Möglichkeiten** geben, mit denen du differenzierter und variantenreicher

wörtliche Rede (Sprechhandlungen, Sprechakte) beschreiben

kannst. Wir werden dir z. B. einen **Grundstock von Verben** anbieten, die darüber Auskunft geben, **was man eigentlich tut (und denkt!), wenn man spricht:**

Was der Vater wörtlich sagt

Le père:

Was der Vater eigentlich tut

Le père **reproche** à son fils de ne jamais lui obéir.
(Der Vater **wirft** seinem Sohn **vor,** ihm nie zu gehorchen.)

Was der Sohn wörtlich sagt

Philippe:

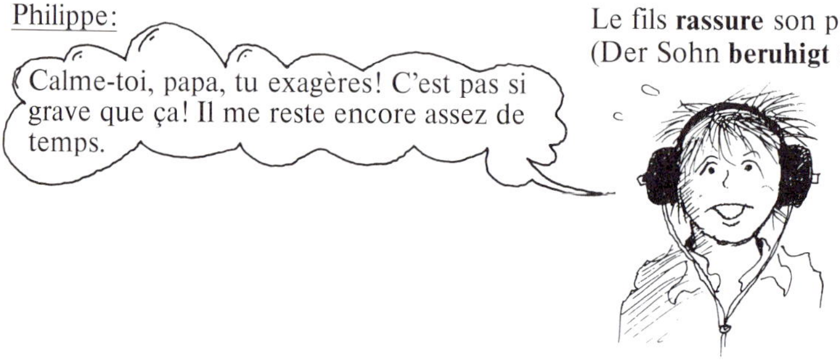

Was der Sohn eigentlich tut

Le fils **rassure** son père.
(Der Sohn **beruhigt** seinen Vater.)

Wie du siehst, kann man durch Sprechen jemandem etwas **vorwerfen** oder jemanden **beruhigen;** man kann etwas **zugeben** oder **abstreiten,** man kann **informieren** oder **erklären** und vieles mehr. Eine große Zahl der später vorgestellten **Verben** wird dir im übrigen bereits bekannt sein; du kannst also ganz beruhigt an die Bearbeitung dieses Kapitels gehen.

Natürlich wirst du auch wieder zahlreiche Übungen finden, die dir helfen, den Einsatz der **neuen Sprachmittel** besser zu verstehen und in ihrem Gebrauch die **notwendige Sicherheit** zu gewinnen.

Ausgangspunkt für unsere weiteren Überlegungen sollen die ersten 5 Bilder eines Fotoromans sein. Dieser **Texttyp,** der sich fast ausschließlich aus **Dialogen** zusammensetzt, eignet sich besonders gut zur Erläuterung des Problems. Doch bevor wir damit beginnen, lies dir erst einmal den ziemlich romantischen Text durch. (aus: „Nous Deux")

Vocabulaire:
l'élevage de chevaux – Pferdezucht; rejoindre qn – jdn. (wieder)treffen; l'écurie, f. – (Pferde-)Stall; faire une balade – einen Spaziergang machen; dès que – sobald.

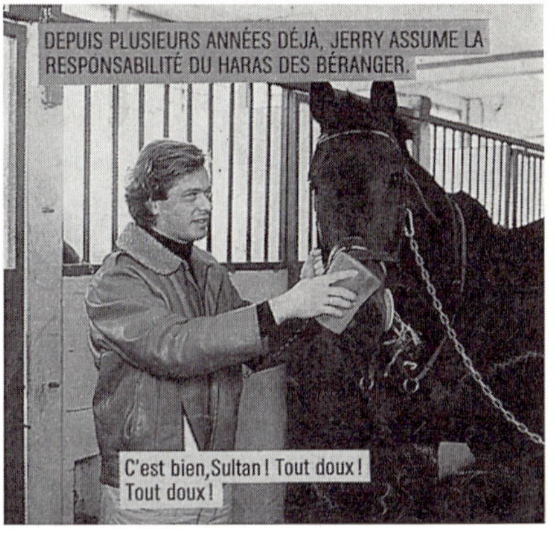

Vocabulaire:
assumer la responsabilité - die Verantwortung übernehmen; le haras - Gestüt; ne pas tarder à faire qc - unverzüglich etwas tun; ressortir - (wieder) hinausgehen.

Sehen wir uns jetzt einmal im Detail an, **was die einzelnen Personen sagen, was sie eigentlich tun, wenn sie sprechen.**

Um dir einen besseren Überblick zu verschaffen, haben wir die **Sprechhandlungen** und ihre Beschreibungen in einer Tabelle geordnet. Dabei geht es uns in dieser ersten Phase darum, dir die verschiedenen Möglichkeiten bewußt zu machen und sie anschließend mit dir zu üben. Natürlich sollst du in einem **Résumé nicht jeden Sprechakt** beschreiben; die Zusammenfassung würde viel zu lang und zu umständlich. Auf den Seiten 203 f und 207 f wirst du an zwei Beispielen sehen, in welchem Umfang die Beschreibung von Sprechhandlungen Eingang in ein **Résumé** finden darf.

Um für diese 2. Phase vorbereitet zu sein, ist es zunächst einmal wichtig, **Verben** kennenzulernen, die du zur **Beschreibung von Sprechakten** benutzen kannst. Dann entscheidest **du,** an welchen Stellen du einen Sprechakt beschreibst und an welchen du den Text stärker raffst und verdichtest.

Was sagen die Personen?	Was tun sie, wenn sie sprechen?	
La mère:		
Bonjour ma chérie.	La mère **dit bonjour à/salue** Marine.	Die Mutter **begrüßt** Marine.
Tu allais sortir?	Elle **s'étonne que** Marine veuille sortir.	Sie **wundert sich, daß** Marine ausgehen möchte.
Vraiment, depuis que tu es en vacances, je ne te vois plus.	Elle **se plaint** un peu **de** ne plus voir sa fille depuis le début des vacances.	Sie **beklagt sich** ein bißchen, ihre Tochter seit Ferienbeginn nicht mehr zu sehen.
Marine:		
J'ai promis à Jerry de le rejoindre à l'écurie avant midi.	Marine **informe** sa mère qu'elle a rendez-vous avec Jerry.	Marine **informiert** ihre Mutter, **daß** sie sich mit Jerry trifft.
Nous allons faire une balade dans le bois des Nymphes dès qu'il aura terminé son travail.	Elle lui **apprend** qu'elle veut faire une promenade avec lui.	Sie **teilt ihr mit, daß** sie einen Spaziergang mit ihm machen möchte.
La mère:		
Vous ne seriez pas un petit peu amoureux tous les deux?	Sa mère **suppose que** Marine et Jerry sont amoureux.	Ihre Mutter **vermutet, daß** Marine und Jerry verliebt sind.
Marine:		
Amoureux fous, tu veux dire … Oui, maman.	Marie lui **avoue** son amour.	Marie **gesteht** ihr ihre Liebe.
Jerry:		
C'est bien, Sultan! Tout doux! Tout doux!	Jerry **rassure** l'étalon.	Jerry **beruhigt** den Hengst.
Voilà, je te laisse. J'ai un rendez-vous important, tu comprends?	Il lui **explique** devoir le quitter à cause d'un rendez-vous important.	Er **erklärt** ihm, ihn wegen einer wichtigen Verabredung zu verlassen.

Du siehst also, wie die von uns benutzten Verben ***(saluer, s'étonner, se plaindre, informer, apprendre, supposer, avouer, rassurer, expliquer)*** beschreiben, **was** die verschiedenen Personen **eigentlich tun, wenn sie sprechen.**

An dieser Stelle wollen wir dir allerdings keineswegs verschweigen, daß es oft **mehrere Möglichkeiten** gibt, solche **Sprechhandlungen zu beschreiben.** Dabei **betont** jede dieser Möglichkeiten stets einen **anderen Aspekt** der wörtlichen Rede.

Sehen wir uns hierzu zwei weitere Bilder unseres Fotoromans an:

- Jeremy **demande** à Marine si elle l'attend depuis longtemps.

- Marine **répond** que non et [**constate** (stellt fest) / **souligne** (betont) / lui **rappelle** (erinnert ihn)] qu'il est pour la première fois à l'heure.

Vocabulaire:
tendre - zart; partager la même passion de qc - gemeinsam dieselbe Leidenschaft für etwas haben.

Vocabulaire:
petite sotte - kleines Dummerchen, Gänschen; plaisanter - Spaß machen.

- Elle lui [**révèle** (offenbart) / **confie** (vertraut an) / **avoue** (gesteht)] avoir eu besoin de lui pendant son absence.

- Il lui **signale** qu'elle exagère, mais il [**admet** (gibt zu) / **reconnaît** (gesteht ein)] penser aussi à une vie à deux.

Worin liegen nun die **Unterschiede** im Gebrauch der verschiedenen Verben?
Zum ersten der beiden Bilder findest du drei Möglichkeiten angegeben:

elle **constate** (stellt fest)
elle **souligne** (betont)
elle lui **rappelle** (erinnert ihn)

Während das Verb ***constater*** neutral und nüchtern nur den **Akt der Feststellung** ausdrückt, versucht das Verb ***souligner*** das **Ausrufezeichen** und die hervorgehobene Stellung von ***pour une fois*** in die Beschreibung der Sprechhandlung miteinzubeziehen.

Benutzt du dagegen das Verb ***rappeler,*** dann legst du Wert darauf darzulegen, daß Jerry wohl **in der Vergangenheit** gewöhnlich nicht pünktlich gewesen ist. Dies ergibt sich auch daraus, daß Marine den Zusatz ***pour une fois*** überhaupt ausspricht: ***pour une fois*** steht im **Gegensatz zu *comme d'habitude*** und verweist auf **vergangene Situationen,** in denen Marine auf Jerry warten mußte und an die sie ihn jetzt **„erinnert".** Würden wir ***pour une fois*** einfach wegfallen lassen:

„Tu ne m'as pas fait attendre!"

wäre es **nicht möglich**, das Verb ***rappeler*** zu benutzen: ein Bezug zur Vergangenheit wäre nicht erkennbar, so daß auch an diese nicht mehr erinnert werden könnte. Aber auch das Verb ***souligner*** würde sich **nicht** mehr anbieten, denn in diesem Satz wird **nichts betont.**

Schon an dieser Stelle wird dir vielleicht bewußt, daß du dich bei der **Wahl des „richtigen" Verbs,** mit dem du den **Sprechakt** beschreibst, bereits **im Bereich der Analyse** befindest, aber – und hier liegt ein wichtiger Unterschied zu dem, was du später bei der Analyse einmal lernen wirst – **du begründest diese Entscheidung nicht.**

Sehen wir uns noch die zwei anderen Fälle an, in denen wir ebenfalls verschiedene Möglichkeiten angeboten haben:

elle lui [**révèle** (offenbart) / **confie** (vertraut an) / **avoue** (gesteht)]   il [**admet** (gibt zu) / **reconnaît** (gesteht ein)]

Im Gegensatz zum ersten Fall, den wir gerade kurz angesprochen haben, handelt es sich hier beide Male um Verben, die **sehr ähnliche Bedeutung** haben, also um sogenannte **Synonyme.** Wie dir die deutsche Übersetzung zeigt, sind die **Unterschiede** zwischen den Alternativen **geringfügig,** die Entscheidung für eines der Verben daher auch weniger schwerwiegend.
Die **feinen Nuancen,** die diese **Synonyme** bei aller Ähnlichkeit unterscheiden, kannst du im übrigen nur mit einem **einsprachigen Wörterbuch** herausfinden (vgl. auch **Kap. 4, S. 144**).
Ob du dich im vorliegenden Fall nun für ***révéler, confier*** oder ***avouer*** bzw. ***admettre*** oder ***reconnaître*** entscheidest, du beschreibst immer den **mehr oder minder gleichen Aspekt** des Sprechaktes.

Zusammenfassung · Zusammenfassung · Zusammenfassung

1. Manchmal läßt eine **Sprechhandlung verschiedene Möglichkeiten ihrer Beschreibung** zu.
2. In diesem Fall wählst du die **Möglichkeit,** die **deiner Meinung** nach den **Sprechakt am besten beschreibt.**
3. Für **ein und dieselbe Möglichkeit,** einen Sprechakt zu beschreiben, stehen häufig **mehrere Verben** mit ähnlicher Bedeutung zur Verfügung, sogenannte **Synonyme.** Mit ihnen kannst du unterschiedliche **Nuancen** einer Sprechhandlung ausdrücken.

Bevor wir gleich in unserem Fotoroman noch ein wenig weiterlesen und dich dabei in die Arbeit einbeziehen wollen, geben wir dir jetzt erst einmal den angekündigten **Überblick** über solche **Verben,** mit denen du **Sprechhandlungen beschreiben** kannst.
Trotz der Menge der Verben ist diese Liste keineswegs vollständig; sie stellt aber sicherlich eine **ausreichend breite Basis** dafür da, daß du in Zukunft keine großen Probleme mehr bei der **Vermeidung** von direkter und indirekter Rede in einem **Résumé** haben dürftest.

Wir werden die **Verbliste** immer wieder unterbrechen, um mit dir zu üben.

Und noch eins:
Erschrick nicht über die Vielzahl der vorgestellten Verben! Sie sind dir aus deinem bisherigen Französischunterricht **bereits zu einem guten Teil bekannt.** Trotzdem wollen wir sie hier in einer solchen **Übersichtsliste** zusammenfassen, damit du bei Bedarf immer einen schnellen Zugriff auf sie hast.

Übrigens:
Verben, die **notwendig** und **immer** den ***Subjonctif*** im ***que***-Satz verlangen, sind mit einem * gekennzeichnet. Außerdem haben wir die beim **Infinitivanschluß** erforderlichen Präpositionen ***de*** oder ***à*** sowohl in den Beispiel- als auch in den Übungssätzen **fett** gedruckt. Da ***Subjonctif*gebrauch** und richtiger **Infinitivanschluß** zwei ständige Fehlerquellen darstellen, solltest du im Verlauf des Kapitels auf beide **ganz besonders achten.**

Tabelle 1

Verb	deutsche Bedeutung	Beispielsatz
1. Verben, die Sprechhandlungen beschreiben, ohne daß eine andere Äußerung vorangegangen sein muß.		
1.1 Ankündigung, Mitteilung		
faire savoir qc à qn	mitteilen	Les enfants leur font savoir qu'ils sont bien arrivés.
signaler qc à qn	melden	Paul leur signale son arrivée.
annoncer qc à qn	ankündigen	Le ministre a annoncé sa démission.
indiquer qc à qn	hinweisen auf	La mère lui indique les dangers de l'auto-stop.
informer qn de qc	informieren, benachrichtigen	M. Grandjean l'informe qu'il a reçu sa lettre.
apprendre qc à qn	mitteilen	Marie lui apprend qu'elle a eu un accident de voiture.
faire part de qc à qn	mitteilen	Il nous fait part de son mariage.
1.2 Feststellung, Erklärung		
préciser qc à qn	präzisieren	Le jour d'après, il leur précise ses intentions.
affirmer qc à qn	behaupten, versichern	Elle affirme l'avoir vu ce jour-là.
assurer qc à qn	versichern	Il lui assure avoir envoyé la lettre.
constater qc	feststellen	Il doit constater qu'ils n'ont rien fait pendant son absence.
déclarer qc à qn	kundtun	Le soir, même il lui déclare son amour.
expliquer qc à qn	erklären	Il nous explique être venu en vélo.

1.2 Feststellung, Erklärung (Fortsetzung)		
exposer qc à qn	darlegen	Le candidat expose son programme aux téléspectateurs.
prétendre qc	behaupten	Elle prétend être la mère de la fille.
1.3 Warnung		
signaler qc à qn	hinweisen auf	Il lui signale les problèmes techniques.
avertir qn de qc	(an)raten, warnen	La police les avertit pour qu'ils évitent la route de montagne.
prévenir qn de qc	benachrichigen; warnen	Hier soir, elle l'a prévenu de son arrivée.
1.4 Erinnerung		
faire allusion à qc	anspielen auf	Dans son discours, il fait allusion à plusieurs scandales politiques.
répéter qc à qn	wiederholen	Il lui répète qu'il ne pourra se marier avec elle qu'après la fin de ses études.
rappeler qc à qn	erinnern an	Il lui rappelle qu'ils ont rendez-vous à midi.

Ü 1

Wir machen eine erste Pause und bieten dir einige Übungssätze an, in denen du die neuen Verben anwenden kannst. Du übersetzt dazu die in Klammern befindlichen deutschen Wörter und überlegst dann, wie du eventuell vorhandene Objekte anschließen mußt. Die entsprechenden Präpositionen trägst du in die vorgegebenen Lücken, oder du läßt, wenn keine Präposition erforderlich ist, die Lücke frei.

1. Il (warnt) ______________________________ ___ son fils pour qu'il ne participe pas au rallye.

2. Elle (behauptet) ______________________________ l'avoir vu hier devant la librairie.

3. Le médecin (weist hin auf) ______________________________ ___ les risques que le malade court s'il ne respecte pas ses conseils.

4. Nous lui (mitteilen) ______________________________ que le spectacle n'aura pas lieu ce soir.

5. Le ministre (versichert) ______________________________ ___ l'Assemblée Nationale son intention de réduire les impôts directs[1].

6. Ce professeur-là (behauptet) ______________________________ que les élèves d'aujourd'hui ne travaillent plus assez pour l'école.

Vocabulaire:

1) les impots directs – direkte Steuern.

7. En disant ces mots, elle (spielt an auf) ______________________ ___ un événement qui s'est passé il y a plus de vingt ans.

8. L'employé (informiert) ______________________ son chef ___ un ralentissement des commandes[2].

9. Un jour, il (teilt mit) ______________________ ___ sa famille qu'il souffre d'une maladie inguérissable[3].

10. L'agent de police (weist hin auf) ______________________ ___ automobilistes qu'il y a un embouteillage[4] à l'entrée de la ville.

Vocabulaire:
[2]) un ralentissement de commandes – Auftragsrückgang; [3]) inguérissable – unheilbar; [4]) un embouteillage – Verkehrsstau.

Tabelle 2

Verb	deutsche Bedeutung	Beispielsatz
1.5 Betonung		
insister sur qc	bestehen auf; betonen	Il insiste sur la nécessité de trouver une solution moins chère.
souligner qc	betonen, hervorheben	Le ministre souligne l'importance du Marché Commun.
1.6 Vermutung, Hypothese		
se douter de qc	vermuten, ahnen	Elle se doute qu'il n'arrivera pas.
soupçonner qc	vermuten, ahnen, argwöhnen	Le père soupçonne que son fils est responsable des difficultés.
supposer qc	annehmen, vermuten	Le directeur suppose que Marc a trouvé la solution espérée.
1.7 Bitte, Befehl, Wunsch		
encourager qn	ermutigen	Elle l'encourage **à** poursuivre ses études.
forcer qn à qc	zwingen	Elle le force **à** dénoncer son frère.
inviter qn à qc	auffordern	Il invite les élèves **à** garder le silence.
charger qn de qc	beauftragen	Il la charge **de** le tenir au courant.
***commander qc à qn**	befehlen, anordnen	Le patron leur commande **de** reprendre le travail.
***demander qc à qn**	bitten, verlangen	Elle lui demande **de** se décider vite.
***ordonner qc à qn**	befehlen, anordnen	Elle leur ordonne **de** se taire.

1.7 Bitte, Befehl, Wunsch (Fortsetzung)		
***prier qn de qc**	bitten	La mère prie sa fille **de** ne rien dire à son père.
***souhaiter qc à qn**	wünschen	Il leur souhaite **de** réussir à l'examen.
1.8 Vorschlag		
***conseiller qc à qn**	raten, Rat geben	Il leur conseille **d'**aller dans ce bistro.
***offrir qc à qn**	anbieten	Il offre **à** son collègue **de** faire ce travail à sa place.
***proposer qc à qn**	vorschlagen, anbieten	Elle leur propose **de** faire un pique-nique.
***recommander qc à qn**	empfehlen	Il recommande aux ouvriers **d'**accepter l'augmentation de salaire.
suggérer qc à qn	anregen, nahelegen	Le médecin lui suggère **de** passer les vacances à la montagne.

Ü 2

Jetzt verspürst du sicherlich den dringenden Wunsch, ein bißchen zu verschnaufen.
Wenn du wieder zu Atem gekommen bist, kannst du dich ja mal an der folgenden Übung versuchen, die noch einmal nach demselben Prinzip wie die vorangehende aufgebaut ist.

1. Le professeur (fordert auf) ______________________ les élèves **à** prendre leurs cahiers d'exercices.
2. Le président (besteht auf) ______________________ le fait que lui seul a le droit de nommer le premier ministre.
3. Il (schlägt vor) ______________________ ___ ses enfants **de** passer les vacances au bord de la mer.
4. Elle le (zwingt) ______________________ **à** dire enfin la vérité.

5. Dans sa conférence[1]), elle (hebt hervor) __________ ______________ que le travail des immigrés est indispensable à l'économie française.
6. La mère (bittet) ______________________ son fils **de** prendre garde aux voitures.
7. Le commissaire (vermutet) ______________________ que l'homme n'a pas dit la vérité.

Vocabulaire:
[1]) la conférence – Vortrag.

8. Le patron (wünscht) ________________________ ___ ses employés un joyeux Noël et une bonne année.

9. Le délégué syndical[2] (legt nahe) ________________________ ___ ouvriers **de** ne pas accepter le plan du patronat[3].

10. Elle (rät) ________________________ ___ collègues **de** prendre part à une réunion[4] du mouvement féministe[5].

Vocabulaire:
[2] le délégué syndical – der Gewerkschaftsvertreter; [3] le patronat – Arbeitgeberschaft; [4] une réunion – Versammlung; [5] le mouvement féministe – Frauenbewegung.

Tabelle 3

Verb	deutsche Bedeutung	Beispielsatz
1.9 Erlaubnis, Verbot		
***autoriser qc, qn à**	erlauben, ermächtigen	Il l'autorise **à** travailler dans sa bibliothèque.
***défendre qc à qn**	verbieten	Le médecin lui défend l'alcool.
***interdire qc à qn**	untersagen, verbieten	Il lui interdit aussi **de** fumer.
***permettre qc à qn**	erlauben	Elle lui permet **de** lui donner un baiser.
1.10 Versprechen, Bereitschaft, Engagement		
assurer qc à qn	versichern	Elle nous assure qu'elle s'occupe de ce problème.
se décider pour qc/qn; à qc	sich entscheiden für; sich entschließen zu	Elle s'est décidée **à** changer de pays.
s'engager à qc	sich verpflichten	Ils s'engagent **à** trouver vite une solution.
décider qc	entscheiden, beschließen	Il décide **de** ne licencier personne.
jurer qc à qn	schwören, versichern	Il lui a juré fidélité.
promettre qc à qn	versprechen	Il promet aux électeurs **de** tenir ses engagements.
1.11 Frage um Meinung, Zustimmung, Information		
demander qc à qn	fragen	Le policier lui demande s'il se souvient de détails.
se demander qc	sich fragen	Souvent elle se demande s'il faut le quitter.
s'informer de/sur qc/qn	sich informieren	Il s'est bien informé **de** tous les problèmes.
se renseigner sur qc/auprès de qn	sich erkundigen	Il se renseigne **sur** ce modèle **auprès de** différents vendeurs.
vouloir savoir qc	wissen wollen	Elle veut savoir l'heure de leur départ.

Tabelle 4

Verb	deutsche Bedeutung	Beispielsatz
2. Verben, die Sprechhandlungen beschreiben, die häufig als Reaktion auf eine vorhergehende sprachliche Äußerung erfolgen.		
2.1 Zustimmung, Ablehnung		
contredire qc, qn	widersprechen	Il n'ose pas le contredire de peur de l'irriter
s'opposer à qc/qn	sich widersetzen	Les ouvriers s'opposent **à** ses idées.
protester contre qc/qn	protestieren	Ils protestent **contre** une réduction de leurs salaires.
contester qc	bestreiten, in Frage stellen	De plus en plus de gens contestent les « vérités » idéologiques.
nier qc	leugnen	Il ne nie pas avoir été chez elle.
***consentir à qc**	zustimmen, einwilligen	Les parents consentent **à** son mariage.
***accepter qc, qn**	annehmen, akzeptieren	Jeannette accepte **d'**aider ses collègues.
***approuver qc, qn**	billigen, beistimmen	Elle approuve **de** ne pas avoir accepté cette offre.
***désapprouver qc, qn**	mißbilligen	Le président désapprouve le projet à la télévision.
***critiquer qn de qc**	kritisieren	Le journaliste critique le maire **d'**avoir toléré la destruction de la vieille cité.

Ü 3

In der jetzt wieder notwendigen Übungsphase sollst du selbst einmal versuchen, mit Hilfe der zuletzt gelernten Verben die **Sprechhandlungen** in den Beispielsätzen zu **beschreiben.**
Du mußt also zunächst überlegen, **was** die verschiedenen Personen **eigentlich tun,** wenn sie ihre Aussagen machen.
Dann entscheidest du dich für ein Verb, das diesen Sprechakt nach deiner Meinung am besten beschreibt.
Als Hilfe findest du die erwarteten Verben gleich am Anfang ungeordnet zusammengestellt. Bonne chance!!

jurer – protester – se renseigner – interdire – se décider – désapprouver – contredire – s'opposer – demander – permettre

1. Le père: – Bon, si tu veux, tu peux aller à la fête ce soir, je suis d'accord.

   Le père ______________________________ ___ son fils **d'**aller à la fête.
2. L'élève: – Non! Ce que vous dites n'est pas vrai!

L'élève ______________________________ le professeur.

3. Mme Garnier: – Et votre mari, il va bien?

Mme Garnier ______________________________ ___ l'état de santé de M. Martinet, le mari de sa voisine.

4. L'accusé[1]: – Non, vraiment, vous pouvez me croire, je ne connais pas Mlle Larguier, je ne l'ai même jamais vue. Ce n'est pas un mensonge[2], c'est la vérité.

L'accusé ______________________________ ___ tribunal qu'il dit la vérité et qu'il n'a jamais vu Mlle Larguier.

5. La mère: – Je ne trouve pas du tout bien que tu sortes tous les soirs et que tu ne rentres qu'après minuit. On ne te voit plus.

La mère ______________________________ l'habitude de sa fille de sortir tous les soirs jusque tard dans la nuit.

6. Le professeur: – Ne jouez pas dans la rue!

Le professeur ______________________________ ___ élèves **de** jouer dans la rue.

7. Le juge[3]: – Expliquez-moi pourquoi vous avez tué votre frère?

Le juge ______________________________ l'accusé ___ mobile[4] du meurtre[5].

8. Janine: – Non, je ne le fais pas. Laisse-moi tranquille.

Janine ______________________________ ___ désir de son ami.

9. Le patron: – Messieurs, je vous ai bien écoutés. Maintenant je suis sûr qu'il faut acheter les nouvelles machines pour moderniser notre entreprise.

Le patron ______________________________ **d**'acheter les nouvelles machines.

10. L'étudiant: – Camarades! Les politiciens veulent réduire nos bourses d'études[6], mais nous leur disons: non!!! C'est un scandale, car, en même temps, ces gens-là augmentent l'indemnité parlementaire[7].

L'étudiant ______________________________ ___ une réduction des bourses d'études.

Vocabulaire:

[1]) l'accusé – der Angeklagte; [2]) le mensonge – Lüge; [3]) le juge – der Richter; [4]) le mobile – das Motiv; [5]) le meurtre – der Mord; [6]) la bourse d'études – Stipendium; [7]) l'indemnité (f.) parlementaire – Abgeordnetenvergütung.

Tabelle 5

Verb	deutsche Bedeutung	Beispielsatz
2.2 Zugeständnis, Eingeständnis		
admettre qc	zugeben	Il admet s'être trompé cette fois-là.
assurer qc à qn	versichern	Elle lui assure qu'elle ne sait rien.
avouer qc à qn	gestehen	Le lendemain, il lui avoue son amour.
confier qc à qn	anvertrauen	Elle a l'intention de lui confier ses projets.
reconnaître qc	zugeben, eingestehen	Enfin, il reconnaît qu'elle a raison.
révéler qc à qn	aufdecken, offenbaren	Dans cette interview, il nous révèle les intentions du ministre.

Tabelle 6

Verb	deutsche Bedeutung	Beispielsatz
3. Verben, die Sprechhandlungen beschreiben, die zum gesellschaftlichen Miteinander gehören.		
dire bonjour à qn	begrüßen	Après leur avoir dit bonjour, il leur explique son projet.
dire adieu/ au revoir à qn	verabschieden	Avant de leur dire adieu/au revoir, il raconte encore une histoire drôle.
saluer qn	begrüßen	Avant d'engager les négociations, il salue ses clients.
présenter qn à qn	vorstellen	Le professeur leur présente un nouvel élève.
se présenter à qn	sich vorstellen	Après s'être présentée au président, elle commence son interview.
injurier qn	beleidigen, beschimpfen	Quand il est en colère, il injurie tout le monde.
rassurer qn	beruhigen	La réponse du docteur le rassure un peu.
inviter qn à qc/ chez qn	einladen	Elle invite ses amies **à** passer le week-end chez elle.
s'excuser de qc	sich entschuldigen	Il s'excuse **de** son retard.
féliciter qn de/ pour qc	beglückwünschen, loben	Il la félicite **de**/**pour** son action.
louer qn pour qc	loben	Il loue ses employés **pour** la bonne qualité de leur travail.
remercier qn de/ pour qc	danken	Elle le remercie **de** l'avoir emmenée au théâtre.

Tabelle 7

Verb	deutsche Bedeutung	Beispielsatz
4. Verben, die vom Gefühl her bestimmte Sprechakte beschreiben.		
espérer qc	hoffen	Ils espèrent les revoir en décembre.
***préférer qc**	vorziehen	Elle préfère rester seule ce soir.
***craindre qc**	befürchten	Il craint **de** ne pas pouvoir satisfaire aux exigences.
***désespérer de qc**	Hoffnung aufgeben	Elle désespère **de** trouver la solution attendue.
***détester qc**	verabscheuen	Il déteste attendre.
***s'étonner de qc/qn**	sich wundern	Elle s'étonne **de** ne voir personne au bureau.
***se plaindre de qc à qn / de qn**	sich beklagen	Il se plaint **de** ne pas gagner assez.
***redouter qc**	befürchten	Il redoute **de** la rencontrer chez des amis.
***regretter qc**	bedauern	L'épicier regrette **de** ne plus avoir de sucre.
***se réjouir de qc**	sich freuen	Elle se réjouit **d**'avoir gagné un voyage.
***reprocher qc à qn**	vorwerfen	Le professeur reproche **aux** élèves **de** ne pas avoir appris leur leçon.

Ü 4

Bevor wir noch einmal zu unserem Fotoroman zurückkehren, kannst du mit der folgenden Übung trainieren, **Sprechhandlungen** zu **bestimmen** und mit dem entsprechenden Verb zu **beschreiben.** Die folgenden ungeordnet aufgeführten Verben kommen dabei zum Einsatz.

se plaindre – s'étonner – regretter – reprocher – reconnaître – craindre – féliciter – confier – remercier – avouer

1. La dame à la réception de l'hôtel: – Malheureusement, nous n'avons plus de chambre libre; l'hôtel est complet.

   La dame à la réception de l'hôtel ______________________ **de** ne plus avoir de chambre libre.
2. Le professeur: – Géraldine, toi, tu as fait la meilleure dictée.

   Le professeur ______________________ Géraldine ___ sa dictée.

3. Un combattant de la Résistance[1]: – Qu'est-ce que vous avez fait pendant la guerre? Vous avez collaboré[2] avec l'ennemi[3], vous avez trahi[4] la France!

   Un combattant de la Résistance ______________________ ___ un compatriote[5] **d**'avoir trahi la France en collaborant avec l'ennemi.
4. La jeune femme amoureuse: – Oh chéri, il faut que je te dise je t'aime, je t'aime, je ne veux, non, je ne peux plus vivre sans toi!

   La jeune femme amoureuse ______________________ ___ son amant qu'elle l'aime au point de ne plus pouvoir vivre sans lui.
5. Françoise: – (Ah, toi ici? Tu n'es pas en vacances?)

   Françoise ______________________ que sa collègue ne soit pas en vacances.
6. Le patron: – Merci beaucoup de m'avoir aidé dans cette situation difficile. Sans vous, je ne m'en serais pas sorti[6].

   Le patron ______________________ ses collègues **de** l'avoir aidé.
7. L'accusé[7]: – Oui, c'est vrai: ce soir-là, je n'étais pas chez moi. J'étais dans un bistro où j'ai bu deux ou trois anisettes[8].

   L'accusé ______________________ ne pas avoir été chez lui ce soir-là.
8. Le chercheur[9]: Je ne sais pas, mais j'ai peur que cette expérience ne nous donne pas les résultats espérés.

   Le chercheur ______________________ que l'expérience ne donne pas les résultats espérés.
9. Dominique: – Jean, écoute. Je dois te dire quelque chose de très important: bientôt, nous serons à trois et tu seras père de famille.

   La femme ______________________ ___ son mari être enceinte[10].
10. Le père: – Mon Dieu, Georges! Tu ne fais jamais ce qu'on te demande. A présent, la vie avec toi est insupportable.

   Le père ______________________ ___ la désobéissance[11] de son fils.

Vocabulaire:
1) un combattant de la Réstistance – ein Widerstandskämpfer (aus dem zweiten Weltkrieg); 2) collaborer – mitarbeiten, kollaborieren; 3) l'ennemi (m.) – der Feind; 4) trahir – verraten; 5) un compatriote – Mitbürger; 6) ne pas s'en sortir – es ist nicht zu schaffen; 7) l'accusé – der Angeklagte; 8) une anisette – Anislikör; 9) le chercheur – Wissenschaftler; 10) être enceinte – schwanger sein; 11) la désobéissance – Ungehorsam.

So, nun ist es aber wirklich Zeit, zu unserem Fotoroman zurückzukehren und mit seiner Hilfe ein wenig weiterzuüben.

Ü 5

Du erinnerst dich doch noch: Marine und Jerry, beide heftig ineinander verliebt, haben sich auf dem Hofgelände der Bérenger, Marines Eltern, getroffen, um einen gemeinsamen Spaziergang zu machen.
Die folgenden Bilder schließen direkt an, wo wir die Geschichte unterbrochen hatten, also dort, wo sich beide ihre gegenseitigen Gefühle eingestanden haben.
Damit du den Gebrauch der neuen Sprachelemente weiter üben kannst, haben wir dir die Verben, die einen Sprechakt beschreiben, in ihrer deutschen Bedeutung in Klammern vorgegeben. Die nachfolgende Lücke ist für die französische Entsprechung reserviert, die du dann dort eintragen kannst.

Marine (hofft) ____________________
qu'ils pourront réaliser leur projet de centre hippique avec l'aide de son pére.

Vocabulaire:
le centre hippique – Reitzentrum;
tout ira comme sur les roulettes (fam.) – alles wird wie am Schnürchen laufen.

Jerry (will wissen) ____________________
si elle en a déjà parlé à son père.

Marine lui (kündigt an) ____________________

__________ qu'elle le fera ce soir-là.

Marine (bittet) ______________________
son père **de** l'écouter un petit moment.

Celui-ci (fordert sie auf) ______________

__________ **à** parler.

Vocabulaire:
affronter qn - jemandem kühn entgegentreten.

Il (hofft) ______________________
qu'elle n'a pas de gros problèmes. Marine (stellt

ihm vor) ______________________
le projet de monter un centre hippique (...).

(...) et (betont ______________________
que sa réalisation dépend de lui. A conditon

qu'il donne son accord, elle (vermutet) ______

______________________ pouvoir bientôt
commencer les travaux.

Vocabulaire:
en revanche - dagegen; démarrer - anfangen.

M. Bérenger (beglückwünscht) ______________

______________ Marine et Jerry ________ leurs bonnes idées et, en laissant entendre qu'il

(billigt) __________ ______________ le

projet, il (verspricht) ______________

__________ **d**'y réfléchir.

Vocabulaire:
à priori – von vornherein.

Marine (freut sich über) ______________

__________ ____ cette réaction, d'autant plus

qu'elle en (befürchtet hat) ______________

______________ une autre. Son père (offenbart

ihr) ______________________ qu'il trouve Jerry trés sérieux et compétent et il

(bedauert) ______________________ de le perdre au haras.

Vocabulaire:
d'autant plus que – um so mehr, als.

Ü 6

Hier wollen wir mit der Arbeit an den Einzelbildern des Fotoromans aufhören, doch vielleicht interessiert es dich ja, wie die Geschichte zu Ende geht. Deshalb haben wir dir den Rest in einem **Résumé** zusammengefaßt und immer da, wo eine **Sprechhandlung** beschrieben werden soll, eine Lücke mit vorangehendem deutschen Impulswort gelassen. Auf diese Weise kannst du das **Résumé vervollständigen** und noch einmal verschiedene **Verben üben.**

Anders als bei den vorangegangenen Übungen, bei denen es ja im Grunde immer um Einzelsätze ging, gibt dir dieser Text auch eine Vorstellung davon, in **welchem Maße Sprechakte** überhaupt **in einem Résumé beschrieben werden.** Du wirst sehen, daß dies **nur hier** und **da,** d. h. an **wichtigen Schlüsselstellen** geschieht, weil sonst das **Résumé** viel zu lang würde.

Les deux jeunes gens (freuen sich über) ______________________________ la réponse favorable du père de Marine, et en peu de temps, le centre hippique est achevé. L'une des premières clientes, Carole Vernon, une jeune femme qui aime voyager et qui mène une vie mouvementée[1] et passionnante[2], charme[3] Jerry au point qu'[4]il commence à réfléchir à sa situation personnelle. Ayant vécu depuis sa naissance au même endroit, il éprouve tout à coup le désir de changer de place. (ankündigen, *participe présent)* ______________________ ________ qu'elle quittera définitivement le centre, Carole (ermutigt) ____________________ ___________ Jerry **à** venir avec elle. Celui-ci, voulant tenter sa chance[5], (entschließt sich) ___ ______________________________ **à** l'accompagner. Marine, à qui il ne laisse qu'une petite note, et ses parents sont consternés[6] et désespérés.

Au début de sa vie commune avec Carole, Jerry croit que tous ses rêves se réalisent, mais bientôt il est jaloux de[7] sa maîtresse, qui continue sa vie mouvementée comme avant.

Un jour, Jerry la surprend avec un autre homme qui (sie einlädt) ______________________ ________ **à** passer la soirée avec lui. Fâché parce que Carole (nimmt an) _________________ _______________ l'invitation, Jerry (beklagt sich über) ____________________________ ___ son comportement. Celle-ci, fatiguée de ces crises de jalousie[8], le met à la porte[9] et (teilt ihr mit) ______________________________ qu'elle ne veut plus le revoir chez elle.

Seul dans la ville inconnue, Jerry trouve enfin un poste de serveur dans un bar. Un jour, deux gangsters (fordern ihn auf) ______________________________ **à** les aider dans un hold-up qu'ils sont en train de préparer. Jerry, à qui la vie n'importe plus, (stimmt zu)

Vokabulaire:
[1]) mouvementé, e – bewegt; [2]) passionnant, e – aufregend; [3]) charmer qn – entzücken, verführen; [4]) au point que – so sehr, daß; [5]) tenter sa chance – sein Glück versuchen; [6]) consterné, e – bestürzt; [7]) jaloux, ouse de – eifersüchtig auf; [8]) la crise de jalousie – Eifersuchtsanfall; [9]) mettre qn à la porte – jemanden hinauswerfen.

________________ ___ projet, mais le patron du bar, devenu son ami,

(befürchtet) ________________ qu'il gâche sa vie, et (mißbilligt) ________

____________ le plan. Ne pouvant pas convaincre le jeune homme, il se rend chez Marine qui, tout en vivant depuis plus d'un an séparée de Jerry, n'a pas cessé[11] de

l'aimer. Elle (stimmt zu) ________________ tout de suite **à** l'aider. Arrivée

au bar où Jerry travaille, elle lui (schlägt vor) ________________ **de** rentrer

avec elle et recommencer une nouvelle vie. Il (nimmt an) ________________ et tous deux forment de nouveau un couple heureux.

Vocabulaire:
11) ne pas cesser de faire qc – nicht aufhören etwas zu tun.

Abschlußübung · Abschlußübung · Abschlußübung

Zum Schluß wollen wir dir eine kleine Szene von *Eugène Ionesco* vorstellen, einem weltbekannten Dramatiker, der 1969 für amerikanische Studenten **31 *Exercices de conversation et de diction françaises*** verfaßt hat, alle in Form **absurder Dialoge** zu verschiedenen Themen des alltäglichen Lebens. Inzwischen sind diese Szenen längst zum Bestandteil seines literarischen Gesamtwerks geworden.

Wir haben die erste Szene für dich ausgewählt, damit du an ihr noch einmal die Verben, die Sprechhandlungen beschreiben, üben kannst. Gerade für die Zusammenfassung von Teilen eines Theaterstücks, das ja fast ausschließlich aus wörtlicher Rede besteht, ist es wichtig, eine Vielzahl solcher Verben zu kennen und zu beherrschen.
Doch zunächst einmal der Text von Ionesco!

L'appel

Personnages
Philippe, le professeur
Marie-Jeanne, Jean-Marie, *les élèves*

Philippe: Bonjour, messieurs; bonjour, mesdemoiselles. Vous ne répondez pas? On ne répond pas. Pourquoi ne répondez-vous pas? Répondez donc. Oh, il est trop tôt, les élèves ne sont pas encore là. Tiens, j'entends leurs

Vocabulaire:
1) le pas – der Schritt; 2) le couloir – der Flur.

pas[1] dans le couloir[2]. Ils arrivent. Ils sont là. Ouvrez la porte. Entrez. Fermez la porte. Avancez. Asseyez-vous. Silence. Je fais l'appel: Jean-Marie.
Jean-Marie: Présent.
Philippe: Dites-moi, Jean-Marie, comment vous appelez-vous?
Jean-Marie: Je m'appelle Jean-Marie.
Philippe: C'est juste. Vous me comprenez. Vous êtes un garçon intelligent. Marie-Jeanne.
Marie-Jeanne: Présente.
Philippe: Dites-moi, Marie-Jeanne, comment vous appelez-vous?
Marie-Jeanne: Je m'appelle Jean-Marie.
Philippe: Vous ne comprenez pas. C'est faux. Vous vous trompez. Attention, Marie-Jeanne: dites-moi, comment vous appelez-vous?
Marie-Jeanne: Je m'appelle Marie-Jeanne.
Philippe: C'est mieux. Ne vous trompez plus. Cela suffit pour aujourd'hui. Levez-vous. Sortez. Allez manger.

(von Eugène Ionesco)

Ü 7

Um dir die Übung etwas zu erleichtern, nehmen wir wieder unsere Übersicht vom Anfang des Kapitels: auf der linken Seite findest du die **Originalaussagen** des Textes, auf der rechten die bereits teilweise vorbereitete **Beschreibung der Sprechhandlung,** die du noch durch Übersetzung des deutschen Stichwortes vervollständigen mußt.

Was sagen die Personen?	**Was tun sie, wenn sie sprechen?**
Philippe:	
Bonjour, messieurs; bonjour mesdemoiselles.	Philippe, le professeur, (begrüßt) ______ ______ ses élèves.
Vous ne répondez pas?	Il (wundert sich) ______ qu'ils ne répondent pas.
On ne répond pas.	Il (stellt fest) ______ que personne ne répond.
Pourquoi ne répondez-vous pas?	Il (möchte wissen) ______ pourquoi ils ne répondent pas.
Répondez donc.	Il (fordert auf) ______ les élèves **à** répondre.
Oh, il est trop tôt, les élèves ne sont pas encore là.	Il (erklärt) ______ qu'il est trop tôt et que les élèves ne sont pas encore là.

Philippe:	
Tiens, j’entends leurs pas dans le couloir. Ils arrivent. Ils sont là.	Il (teilt mit) ____________ qu’il entend les élèves s’approcher de la classe et (tut kund) ____________ qu’ils sont arrivés.
Ouvrez la porte. Entrez. Fermez la porte. Avancez. Asseyez-vous. Silence.	Il leur (befiehlt) ____________ **d**’ouvrir la porte, **d**’entrer, **de** la refermer, **d**’avancer, **de** s’asseoir et **de** rester tranquilles.
Je fais l’appel: Jean-Marie.	Il (kündigt an) ____________ qu’il fait l’appel. Il appelle Jean-Marie.
Jean-Marie:	
Présent.	Jean-Marie (antwortet) ____________ qu’il est présent.
Philippe:	
Dites-moi, Jean-Marie, comment vous appelez-vous?	Philippe (bittet) ____________ Jean-Marie **de** dire son nom.
Jean-Marie:	
Je m’appelle Jean-Marie.	Jean-Marie (sagt ihm) ____________ son nom.
Philippe:	
C’est juste. Vous me comprenez. Vous êtes un garçon intelligent.	Philippe (stellt fest) ____________ que c’est juste et (lobt) ____________ Jean-Marie.

(…)

Philippe:

Vous ne comprenez pas. C'est faux. Vous vous trompez.

Il (weist sie darauf hin) ______________________ que sa réponse n'est pas correcte et (versichert) ______________________ qu'elle se trompe.

Attention, Marie-Jeanne: dites-moi, comment vous appelez-vous?

Il (rät ihr) ______________________ **de** faire attention et (wiederholt) ______________________ sa question.

(...)

Philippe:

C'est mieux. Ne vous trompez plus.

Il (stellt fest) ______________________ qu'elle a mieux répondu et (fordert sie auf) ______________________ **à** ne plus se tromper.

Cela suffit pour aujourd'hui. Levez-vous. Sortez. Allez manger.

Il (informiert) ______________________ ses élèves ____ la fin du cours et (befiehlt ihnen) ______________________ **de** se lever, **de** sortir et **d**'aller manger.

Natürlich würden in einem Résumé dieser Szene **nicht alle** gerade erarbeiteten **Sprechaktbeschreibungen** auftauchen, denn die Zusammenfassung wäre zu lang, zu schwerfällig.

Deshalb hier ein Vorschlag, wie man den Text knapper resümieren kann. Die **Verben,** die eine **Sprechhandlung** beschreiben, mußt du allerdings noch in die Lücken eintragen. Du findest sie ja alle in der **Tabelle** der **letzten Übung.**

Ü 8

Dans cette petite scène, faisant partie des «Exercices de conversation et de diction françaises pour étudiants américains» d'Eugène Ionesco, il s'agit de l'appel des élèves au début du cours.
D'abord, on apprend que le professeur Philippe, seul dans la salle de classe, (begrüßt) ______________________ les élèves,

encore absents, tout en (sich wundern; *Gerondif)* __________________

________ de leur silence.
Puis le texte nous informe de l'arrivée de Jean-Marie et de Marie-Jeanne, les deux élèves. Alors, Philippe, après leur avoir donné plusieurs ordres, commence par l'appel. Tandis que Jean, sachant bien

dire son nom, (wird gelobt) ______________________________ par le

professeur, Marie-Jeanne ne sait (antworten) __________________

__________ correctement qu'aprés la répétition de la question.

Philippe (fordert sie auf) ____________________________ alors **à** ne plus se tromper et termine ensuite le cours en (befehlen; *Gerondif)* ______________________________ aux élèves **d**'aller manger.

Quellenverzeichnis

Die ab Seite 77 genannten Wörterbuchzitate wurden folgenden Wörterbüchern entnommen:

1. „Langenscheidts Schulwörterbuch", Französisch, Langenscheidt KG Berlin und München, völlige Neubearbeitung 1988
2. „Langenscheidts Großes Schulwörterbuch", Deutsch-Französisch, Langenscheidt KG Berlin und München, 7. Auflage 1988
3. „Langenscheidts Großes Schulwörterbuch", Französisch-Deutsch, Langenscheidt KG Berlin und München, 14. Auflage 1988
4. „Dictionnaire pratique du français", Langenscheidt/Hachette, © Hachette 1987, © 1987 by Langenscheidt KG Berlin und München für die deutschsprachigen Länder
5. „Dictionnaire du français contemporain", Langenscheidt/Larousse, © Librairie Larousse 1971, © 1982 by Langenscheidt KG Berlin und München für die deutschsprachigen Länder, 3. Auflage 1987, nicht mehr lieferbar

Seite	
9	*Chantelle*-Reklame. In: „Elle" vom 11. Juni 1984
13	*... und die Welt sieht zu.* In: „Deutsch aktiv" 3, Teil 1, Langenscheidt, München, 4. Auflage 1989, S. 14
15	*Un obus explose ....* In: „Ouest France" vom 18. August 1986
16	*Il tombe du train ....* In: „Ouest France" vom 20. August 1986
17	*Un blessé grave dans une bagarre ....* In: „Ouest France" vom 18. August 1986
18	Text A. In: „Ouest France" vom 21. August 1986 Text B. In: „Ouest France" vom 18. August 1986 Text C. In: „Ouest France" vom 27. August 1986 Text D. In: „Femme actuelle" No. 79 vom 29. März - 6. April 1986
20	Überschriften aus: „Ouest France" vom 18. August 1986, 27. August 1986, 29. August 1986, 26. September 1986, 21. November 1986 und 2. Dezember 1986, sowie aus: „Le Télégramme de Brest et de l'Ouest" vom 25. August 1986
21	Text 1. In: „Le Monde": *Dossiers et Documents* No. 41 vom Mai 1977, S. 1 Text 2. In: „Ouest France" vom 18. August 1986 Text 3. In: „Le Télégramme de Brest et de l'Ouest" vom 25. August 1986 Text 4. In: „Ouest France" vom 26. September 1986 Text 5. In: „Le Monde": *Dossiers et Documents* No. 68 vom Februar 1980 Text 6. In: „Ouest France" vom 21. August 1986
22	*La plus belle des réussites.* In: „Le Monde": *Dossiers et Documents* No. 68 vom Februar 1980, S. 2
24	*Construisez un bac à sable.* In: „Femme actuelle" No. 87 vom 26. Mai - 1. Juni 1986; Illustrationen von Dominique Lechand.
25	*La solitude: toutes les générations sont touchées.* In: „Ouest France" vom 26. September 1986
27	*Les séjours linguistiques.* In: „Femme actuelle" No. 87 vom 26. Mai - 1. Juni 1986
31	*Interdiction de fumer au travail.* In: „Femme actuelle" No. 87 vom 26. Mai - 1. Juni 1986, S. 6
32	*Suicide, Mode d'emploi.* Annexe: Claude Guillon und Yves le Bonniec, „Vivre la Mort", Alain Moreau, Paris, S. 254 - 255
35	*Interdiction de fumer au travail.* a. a. O.
36	*Vaincre la faim.* In: „Ouest France" vom 23./24. August 1986
38	*Les couples longue distance.* In: „Französisch aktiv" 2, Langenscheidt, München, 2. Auflage 1989, S. 29, nach einem Artikel aus „Femme Pratique" vom Oktober 1983
43	*Vingt-trois otages.* Nach: „Le Monde" vom 4. April 1986, S. 14
77	*Griffleiste.* Siehe Nr. 1, S. 11
79	*harmonie.* Siehe Nr. 3
81	*Hingabe.* Siehe Nr. 2
83	*Abkürzungen.* Siehe Nr. 3
83	*harmonie.* a. a. O.
85	*Benutzungshinweise.* Siehe Nr. 1, S. 6
86	*Beispiel Stichwortartikel.* Siehe Nr. 2, Innenseite Buchdeckel
87	*Lautschriftzeichen.* Siehe Nr. 3
94	*ce.* Siehe Nr. 3

95 *celui.* Siehe Nr. 3
97 *ailier.* Siehe Nr. 3
102 *beständig.* Siehe Nr. 2
constamment. Siehe Nr. 3
104 *dont ....* Siehe Nr. 1
blesser. Siehe Nr. 3
dormir. Siehe Nr. 4
Konjugationstabelle. Siehe Nr. 3, S. 1179
108 *cru.* Siehe Nr. 1
109 *contraindre.* Siehe Nr. 3
110 *helfen.* Siehe Nr. 2
111 *... rendre ....* Siehe Nr. 3
115 *éclat.* Siehe Nr. 3
116 *matière, dessous, éclat.* Siehe Nr. 3
119 *sang.* Siehe Nr. 3
122 *bagares.* Siehe Nr. 3
123 *Je bouffrais pas ....* Aus: Christiane Rochefort, „Les Petits Enfants du Siècle", in: Literarische Texte für die Oberstufe - Découvrir la littérature", Text 3, Langenscheidt, München, 3. Auflage 1989
125 *Rand.* Siehe Nr. 2
Einstellung. Siehe Nr. 2
130 ff. *Idiomatische Redewendungen.* Aus: „Les Idiomatics" Français-Allemand, dessins de Nestor Salas, Editions du Seuil, 1989
135 *Kerl.* Siehe Nr. 2
139 *attraper, aucun.* Siehe Nr. 4
140 *clore, lécher, lecteur, travail.* Siehe Nr. 4
142 *larme.* Siehe Nr. 4
144 *franc.* Siehe Nr. 5
149 *autre.* Siehe Nr. 4
163 *Lasse du chômage ....* Leserbrief in: „Femme actuelle" No. 81 vom 14.-20. April 1986
174 Auszug aus: Christiane Rochefort, „Les Petits Enfants du Siècle", a. a. O., S. 57 f.
179 *Le piège des petites annonces.* In: „Ouest France" vom 21. August 1986
181/182 *Les Deux Faces de Janus.* Aus: Maurice Duverger, „Le Moulin à Paroles", von Michel Benamou und Jean Carduner
184, 185, 187, 188, 200, 201, 202: Auszüge aus dem Foto-Roman „Fausse Route". In: „Nous Deux" No. 2157, S. 35 ff.
200 f. *L'appel,* von Eugène Ionesco, in: J. Simon, „Au théâtre", Paris 1988, S. 33 f.

Stichwortverzeichnis

Mentor Abiturhilfe
Band 27
Französisch

Lösungsteil zu Atout Bac, 1

Von Wolfgang Spengler, Otto-Michael Blume
und Dr. Wolfgang Meyer

2. Kapitel

Vom Umgang mit unbekannten Texten

Ü 2

1. Jahr 2. Menschen 3. Asien 4. viele 5. wie 6. Zweiten 7. Leben 8. Jahr 9. nicht 10. Außerdem 11. Milliarden 12. Menschen 13. zum 14. Tod 15. liegt 16. daß 17. auf 18. gäbe 19. Ursache 20. heißt 21. Bedürftigen 22. kaufen

Ü 4

1. obus(m) = Granate 2. nuit(f) 3. ramassé = aufgelesen 4. branchages(m) = Zweige 5. veillée(f) = hier: Abend 6. Vers = gegen 7. alors que = als 8. pris (prendre) = hier: angegangen 9. obus(m) = Granate 10. vraisemblablement = wahrscheinlich 11. personnes 12. ans(m) = Jahre 13. domicilié = wohnhaft 14. hanche(f) = Hüfte 15. coude(m) = Ellenbogen 16. ans(m) = Jahre 17. ainsi que = sowie 18. ans 19. les trois 20. transportés

Ü 5

Anzukreuzen waren die Nummern:
2 - 3 - 6 - 7 -

Ü 6

Hier **eine** mögliche Lösung von vielen:

Dans ce texte, on parle d'une bagarre entre plusieurs hommes au cours de laquelle (in dessen Verlauf) un marin-pêcheur a été grièvement blessé (schwer verletzt) par un coup de couteau.

Ü 7

① ——→ [C]
② ——→ [B]
③ ——→ [D]
④ ——→ [A]

Als Spuren, die die Zuordnung der Titel zu den Texten ermöglicht haben, könntest du entdeckt haben:

Zu Titel ①, Text [C]: poids lourd, voiture, freiner, voitures accidentées, trois morts sur placc usw. ...
Zu Titel ②, Text [B]: recherches, disparition, chiens, hélicoptère ...
Zu Titel ③, Text [D]: à bord, sauvetage, rescapés (Gerettete), sauveteurs (Retter)
Zu Titel ④, Text [A]: se lever une heure plus tôt, le matin, le soir, il fait jour plus longtemps usw. ...

Ü 8

Deine Vermutungen könnten folgendermaßen aussehen:

① Die Schlüsselwörter ***„solitude"*** und ***„toutes les générations"*** sowie der Zusatz ***„points de vue"*** deuten darauf hin, daß sich der Autor aus persönlicher Perspektive mit dem Thema Einsamkeit auseinandersetzt und zu dem Schluß kommt, daß dieses Problem in allen Altersstufen von Bedeutung ist.

② Der Titel deutet darauf hin, daß sich amerikanische Herzspezialisten aus gesundheitlichen Gründen gegen die „Hamburger" aussprechen.

③ Der Titel weist darauf hin, daß sich der Autor, bezugnehmend auf wissenschaftliche Daten, mit dem langwierigen Prozeß der Frauenemanzipation auseinandersetzt.

④ Dieser Titel deutet auf einen Bericht über eine nächtliche Schlägerei mit blutigem Ausgang hin.

⑤ Dieser Text berichtet offensichtlich von dem Wiederaufflammen der Waldbrände an der Côte d'Azur und seinen tragischen Folgen.

⑥ Der Titel deutet darauf hin, daß sich der Autor mit den alarmierenden Daten über Drogenabhängige auseinandersetzt und dies zu einem Appell gegen den Drogenmißbrauch nutzt.

⑦ Vom Titel her ist zu schließen, daß sich der Artikel mit den Fremdsprachen an den Schulen auseinandersetzt und zu dem Schluß kommt, daß das Englische immer noch als erste Fremdsprache dominierend ist.

Ü 9

Viele Spuren in den ersten Abschnitten der Texte lassen auf die inhaltlichen Schwerpunkte der Texte schließen:

① Der Text wird darlegen, wie das Feuer, das seit Jahren immer wieder die Wälder der Côte d'Azur heimsucht (*une nouvelle fois*), ausgebrochen ist (*s'est déclaré*), wird nach den Ursachen fragen (*activé par un violent mistral*), den Verlauf darstellen und die Konsequenzen (Schäden) aufzeigen (*un désastre*).

② Der Text wird sich mit der Entwicklung der Familie in der heutigen Gesellschaft auseinandersetzen (***la** famille*), wird Befürworter und Gegner mit ihrer Argumentation zu Wort kommen lassen (*qui a tort, qui a raison*), wird die Gefahren für die Familie aufzeigen (*contestations*) und wird schließlich zu dem Ergebnis kommen, daß die Familie trotz aller Anfeindungen und Gefahren die Keimzelle unserer Gesellschaft bleibt (*la* ***cellule de base*** *de la société*).

③ Der Text wird den Ablauf eines heftigen Streites zwischen mehreren Männern schildern (*une* ***bagarre*** *entre plusieurs hommes*), wird darlegen, warum die Folgen als dramatisch anzusehen sind (wahrscheinlich gab es Verletzte oder Tote = ***drame***) und wird die Umstände näher beleuchten (*dans la nuit de vendredi à samedi, vers 1 h du matin, ... alors que le bal du 15 août touchait à sa fin*).

④ Der Text wird verdeutlichen, daß und warum die Einsamkeit ein ernsthaftes Problem unserer Gesellschaft geworden ist (*l'un des fléaux de notre vie quotidienne*), keineswegs nur auf eine gesellschaftliche Gruppe beschränkt ist (*tort de croire que seuls les vieillards ...*) und wird sich dabei auf wissenschaftliche Untersuchungen stützen (*recensement de l'I.N.S.E.E.*).

⑤ Der Text wird sich mit dem Für und Wider der Todesstrafe auseinandersetzen (*deux manières de débattre de la peine de mort*). Ob der Autor sich für oder gegen die Todesstrafe aussprechen wird, ist dem ersten Abschnitt des Textes nicht zu entnehmen. Sicher wird er aber die beiden Argumentationsstränge (Für/Wider) verfolgen, um dem Leser eine eigene Stellungnahme zu ermöglichen.

⑥ Der Text wird sich mit dem plötzlichen Verschwinden einer Witwe auseinandersetzen (*la* ***disparition*** *de Mme* ***Veuve*** *...*), wird die Auswirkungen auf das soziale Umfeld verdeutlichen (*grosse frayeur*). Ob die Geschichte ein gutes oder dramatisches Ende genommen hat, ist dem ersten Abschnitt nicht zu entnehmen.

Ü 10

- Die Schlußfolgerung, die der Autor in dem letzten Abschnitt zieht (***80% des femmes*** *continuent ...*), läßt vermuten, daß er sich in seinem Artikel mit den abnehmenden Geburtenziffern auseinandersetzt und zu dem Schluß kommt, daß Kinder trotzdem noch immer das Glück einer Frau darstellen (*le* ***bonheur*** *d'une femme*).
- Bei der Lektüre des Textes wird deutlich, daß der Autor eine Umfrage kommentiert, die den größten/schönsten Erfolg im Leben einer Frau zum Thema gemacht hatte (*la plus belle réussite*). Er legt dar, daß sich trotz aller Widerstände und Entwicklungen der letzten Jahre (*des voix de*

*femmes se sont élevées pour **refuser**...*) an dem Ideal eines „harmonischen“ Familienlebens nichts geändert hat und daß bei der Verwirklichung dieses Ideals die Kinder eine wichtige Rolle spielen (*n'est **jamais** complet si elle n'a pas d'enfants*).

Ü 12

1. Le texte parle du problème de la mort douce (sanfter Tod) en s'opposant à ceux qui combattent le suicide (Selbstmord) et en faisant appel à ceux qui l'acceptent et disposent (verfügen) des connaissances et des moyens pour le faciliter (erleichtern).

2. Der „markierte“ Text könnte in etwa folgendermaßen aussehen:

Si nous voulons que demain les milliers de Karen qui choisissent la mort chaque année puissent choisir LA MORT DOUCE il faut battre en brèche l'immonde pouvoir de vie et de mort que les médecins veulent garder sur nous. Il faut casser le chantage de la société qui dit à ceux qui veulent mourir «après tout, c'est votre affaire, tant pis si vous souffrez et d'ailleurs si vous vous ratez, nous ne vous raterons pas, nous ferons tout pour vous contraindre à la survie».

Pour cela nous pouvons tenter de redistribuer aux gens eux-mêmes le savoir que les spécialistes détiennent. Quelqu'un qui veut se tuer ne devrait plus avoir à se demander s'il aura le courage de sauter sous le métro et s'il aura du mal et s'il mourra tout de suite... Chacune (un) devait connaître la dose exacte du médicament nécessaire. Pour commencer ceux qui savent: médecins, infirmiers, etc., et qui sont prêts à mettre, pour une fois pratiquement, leur savoir au service de tous, peuvent écrire au journal la liste des moyens chimiques de se tuer sans souffrance dont ils ont connaissance (nom des médicaments, prix, avec ou sans ordonnance, dosage exact). Il sera alors possible d'étudier les moyens de diffusion du matériel ainsi rassemblé (presse, affiches...).

Claude Guillon
Tankonala Santé, n° 17, hiver 1975.

point de départ

critique
opposition à une aide hypocrite (scheinheilig)

alternative / proposition une aide concrète

Ü 13

1. Anzukreuzen war die Lösung 4: Stratégie pour aider les peuples africains à se nourrir eux-mêmes

2. introduction (1-7)
   partie principale (8–90)
   la fin (91-104)

3. Zu den Zwischenüberschriften gehören folgende Zeilenangaben:

   - conclusion (91-104)
   - nouvelle stratégie (43–90)
     ~opération triangulaire (75–90)
     ~aider les gens à se prendre en charge (44–62)

~échanges entre les différentes régions d'un pays (62–74)
- point de départ (1–7)
  ~logique des envois alimentaires (1–7)
- inconvénients (Nachteile) des envois alimentaires (8–42)
  ~problèmes de stockage (27–42)
  ~problème de distribution (8–26)

Ü 14

1. **Thema:**
   Der Text spricht von den Schwierigkeiten eines jungen Paares, das aufgrund beruflicher Zwänge nur am Wochenende zusammenleben kann.

   Le texte parle des difficultés d'un jeune couple qui, pour des raisons professionnelles, ne peut vivre ensemble que le week-end.

2. **Spurenlesen**
   „des couples longue distance"
   Es handelt sich um Paare, die aufgrund weit auseinanderliegender Arbeitsplätze (verschiedene Städte) lange Reisen auf sich nehmen müssen, um wenigstens am Wochenende zusammensein zu können.

   Il s'agit de couples qui, à cause des grandes distances entre leurs lieux de travail, ne peuvent vivre ensemble que le week-end.

   Nachteile
   - Kosten (doppelte Miete, Reisen, Telefon)
   - mangelndes Verständnis für die Probleme des anderen
   - Unmöglichkeit, eine Familie zu gründen
   - Angst vor der Trennung

   les inconvénients
   - le coût de la vie (deux loyers, les voyages, le téléphone etc.)
   - manque de compréhension pour les problèmes du partenaire
   - l'impossibilité de fonder une famille
   - la peur de la séparation

   die größte Enttäuschung
   Nachdem beide endlich eine Arbeit in derselben Stadt (Lille) gefunden haben, wird die Frau nach Paris versetzt, und die Probleme beginnen von neuem.

   la plus grande déception
   Après que tous les deux ont enfin trouvé du travail dans la même ville (Lille), la femme apprend que sa demande de mutation (Versetzungsantrag) à Paris a été acceptée. Elle doit donc repartir et les problèmes recommencent.

3. **Textaufbau**
   1. 1–9
   2. 10–18
   3. 19–32
   4. 33–43
   5. 44–55
   6. 55–62

   La suite des idées: informations

   Zwischenüberschriften
   1. Situation eines jungen Paares, das getrennt lebt
   2. Versuch, sich in der schwierigen Lage zu arrangieren

   Les sous-titres
   1. Situation d'un jeune couple séparé
   2. Essai d'arrangement

3. Schwierigkeiten bei einem Leben „in Trennung"
4. Ankündigung einer Lösung und Enttäuschung
5. Krise
6. Lösung und Schlußfolgerung

3. Difficultés d'une vie séparée
4. Annonce d'une solution et déception
5. La crise
6. Solution et conclusion

3. Kapitel

Vom Umgang mit unbekannten Wörtern

Ü 2

le personnel = das Personal; relié = verbunden mit; une alerte = ein Alarm; le butin = die Beute

Ü 3

Fernsehen; Literatur; Autor; Skelett; Diplomatie; Vorherrschaft; Roboter; Export, Ausfuhr; organisieren; Labor; Eindruck, Impression; Massenmedien; Prinzip; Prinz; Privileg, Vorrecht; ruinieren, zugrunde richten; tolerieren; Personifizierung; Territorium; Status; Solidarität; Passant; Geographie; Dokument; Inspektor

Ü 4

1. més-aventure: „més-" deutet auf einen Gegensatz, eine Verneinung, ein Fehlen hin. Es handelt sich also um etwas, das einem Geschehen/Geschick entgegensteht, ein → **Mißgeschick.**
2. re-prise: die Vorsilbe deutet darauf hin, daß etwas noch einmal gemacht wird. prise < prendre, also etwas wird erneut aufgenommen, → eine **Wiederaufnahme.**
3. co-habitation: die Vorsilbe hat die Bedeutung „zusammen", habitation < habiter (wohnen), also → das **Zusammenleben, Zusammenwohnen.**
4. re-trouver: Vorsilbe vgl. 2., also → wiederfinden
5. im-prudence: die Vorsilbe drückt einen Gegensatz aus, prudence = Vernunft, Vorsicht, also → **Unvernunft.**
6. à contre-cœur: die Vorsilbe hat die Bedeutung „gegen", man tut also etwas „gegen" sein Herz, d. h. → **widerwillig.**
7. contre-dire: Vorsilbe vgl. 6., also „gegen" etwas sprechen, → **widersprechen.**

Ü 5

ein Briefbeschwerer; eine Blitzreise; ein Überraschungsangriff; ein Brieföffner; ein Schlüsselsatz; eine Gartenstadt; ein „gezeichnetes Band" = eine Bildgeschichte, ein Comic; ein Kleinbürger; ein Selbstbedienungsladen; ein Notausgang (eigentlich: „Rettungsausgang"); eine Schnellstraße; ein Kontrollturm; eine Ziellinie (eigentlich: „Ankunftslinie"); ein Reisebüro; eine Fahrschule (eigentlich: „Autoschule"); eine Nähmaschine; eine Zahnbürste; ein Dirigent (Orchesterchef); eine Schlafstadt (eigentlich: eine „Schlafsaal-Stadt"); ein Charakterzug

Ü 6

immobile - unbeweglich; **inactif** - inaktiv; **inutile** - unnütz; **irrégulier** - unregelmäßig; **inaccessible** - unerreichbar; **incompréhensible** - unverständlich; **illimité** - unbegrenzt; **irrésolu** - unentschlossen; **immortel** - unsterblich; **impossible** - unmöglich; **irraisonnable** - unvernünftig; **inacceptable** - inakzeptabel/unannehmbar; **incompétent** - inkompetent/unfähig; **inconfortable** - unbequem; **imbuvable** - untrinkbar; **impoli** - unhöflich; **inattendu** - unerwartet; **incomplet** - unvollständig; **inconnu** - unbekannt; **indéfini** - unbestimmt; **irréel** - unwirklich

Ü 7

inconnu - unbekannt; **im**mobile - unbeweglich; **in**égal - ungleich; **il**lisible - unleserlich; **in**actif - inaktiv; **im**puissant - machtlos; **in**capable - unfähig; **im**prudent - unvorsichtig; **in**sensible - unempfindlich; **in**attentif - unaufmerksam; **in**certain - unsicher

Ü 8

1. unzufrieden 2. Nichteinmischung 3. apolitisch/ohne politischen Anspruch 4. unersetzlich 5. entmilitarisiert 6. aufmachen/„entkorken" 7. verzweifelt/hoffnungslos

Ü 9

wieder öffnen; wieder aufrichten; abkühlen; wieder aufnehmen; wieder einbeziehen/reintegrieren; aufwärmen; reorganisieren/von Grund auf neu organisieren; wieder hinaufgegen; wiedererscheinen/wiederauftauchen; noch einmal lesen; wiederaufbauen; noch einmal machen

Ü 10

1. der Nachkriegsroman 2. die Vorbühne 3. antiamerikanisch 4. man muß ihm widersprechen 5. Trainingsanzug (eigentlich: ein Kleidungsstück, das man „drauf"-, „drüber"-zieht) 6. prosowjetisch 7. eine postoperative Behandlung/eine Behandlung nach der Operation 8. die Zukunft voraussagen 9. eine Anti-Diebstahl-Einrichtung 10. der Kundendienst

Ü 11

le sous-sol	Unterentwicklung
survivre	widerwillig
la surpopulation	Untergeschoß
contredire	widersprechen
suranné	Gegengewicht
le sous-vêtement	überleben
à contre-courant	gegen den Strom
survoler	überaltert
le contrepoids	Überbevölkerung
le sous-développement	überfliegen
à contre-cœur	Unterwäsche

le sous-sol → das Untergeschoß; survivre → überleben; la surpopulation → Überbevölkerung; contredire → widersprechen; suranné → überaltert; le sous-vêtement → Unterwäsche; à contre-courant → gegen den Strom; survoler → überfliegen; le contrepoids → Gegengewicht; le sous-développement → Unterentwicklung; à contre-cœur → widerwillig

Ü 12

1. total verrückt/übergeschnappt 2. ein ultrakonservatives/extrem konservatives Regime 3. diese Frau ist übertrieben gefühlsbetont/übererregbar/hypersensibel 4. Überproduktion 5. eine äußerst kompetente Kommission 6. besonders feine Böhnchen

Ü 13

Alles, was

cosmo- : mit der **Welt,**
démo- : mit dem **Volk,**
géo- : mit der **Erde,**
moto- : mit dem **Motor** zu tun hat, was …
néo- : **neu,**
proto- : **zuerst,** am **wichtigsten,** am **vordersten,**
pseudo-: **falsch, unecht, vorgetäuscht** ist,
thermo-: mit **Wärme,**
xéno- : mit **Fremden,** Ausländern zu tun hat.

Ü 14

aéro-	… nyme	Pseudonym/Deckname
démo-	… cyclette	Moped
moto-	… logisme	Wortschöpfung/neues Wort
néo-	… type	Prototyp (noch nicht in Serie)
proto-	… port	Flughafen
pseudo-	… cratie	Demokratie/Volksherrschaft
géo-	… phobie	Fremdenhaß
thermo-	… graphie	Geographie/Erdkunde
xéno-	… mètre	Thermometer

Ü 15

utile ≠ inutile; honnête ≠ malhonnête; sous-production ≠ surproduction; sous-estimer ≠ surestimer; entente ≠ mésentente; acceptable ≠ inacceptable; lisible ≠ illisible; après-guerre ≠ avant-guerre; attaque ≠ contre-attaque; activité ≠ inactivité; pro-américain ≠ anti-américain; responsable ≠ irresponsable; possible ≠ impossible

Ü 16

Anderes Geschlecht:

le Sahara	=	**die** Sahara
l'axe **(m)**	=	**die** Achse
la Peugeot	=	**der** Peugeot
un épisode	=	**eine** Episode
le numéro	=	**die** Nummer
le hit-parade	=	**die** Hitparade

le groupe = **die** Gruppe
la radio = **das** Radio
le geste = **die** Geste
le vase = **die** Vase

Andere Schreibung:
économique = ökonomisch
catastrophique = katastrophal
le confort = der Komfort
le numéro = die Nummer
le groupe = die Gruppe
conservateur = konservativ

Ü 17

1. Après l'accident, le médecin lui a fait une **perfusion.**
2. Il est vraiment difficile de garer sa voiture à Paris. J'ai une fois de plus une **contravention.**
3. Est-ce que tu connais le **metteur en scène** du film „La Nuit Américaine"?
4. En France, tu trouveras rarement des **édredons.**
5. Le **groupe parlementaire** des socialistes a quitté l'hémicycle.
6. Pour résoudre ce problème, il faut un peu d'**imagination** (... tu as besoin d'un peu d'imagination).
7. L'épouse du Président portait une robe **luxueuse.**

Ü 18

1. Ils **se sont** étonnés quand ils ont vu (**se sont** aperçus) comment (combien) la situation **s'était** améliorée.
2. Pourquoi est-ce que tu **as** rougi, pourquoi est-ce que tu **as honte,** pourquoi est-ce que tu **te tais?** Est-ce que tu **te** méfies de nous?
3. **Parle-lui,** écoute-**le**. Si tu as de la patience il pourra **t**'aider.
4. Vous ne devriez jamais **vous** résigner, mais vous devriez **vous** révolter, même si (l') on **vous** menace. Ne **les** croyez pas. Méfiez-vous **d'eux.** Ils veulent seulement que rien ne change. Mais il faut que quelque chose bouge. C'est pourquoi participez aux manifestations.

4. Kapitel

Sprachtraining mit dem Wörterbuch

Ü 1

a) 1. forfait 2. forge 3. formulaire 4. fourche 5. fourgon 6. fourreau

b) 1. large 2. largue 3. larron 4. larvaire 5. leçon 6. lecteur 7. lège

Ü 2

a) *soufflage* oder *souci* b) *convertir* oder *conversation* c) *écrasant* oder *écrémage* d) *mouillage* oder *mouchard*
In dieser Übung sind jeweils zwei Lösungen möglich, je nachdem, welche Perspektive du auf die „Störung" des Alphabets hast.
So kannst du in a) entweder sagen, *soufflage* müsse hinter *souci* oder *souci* vor *soufflage* stehen usw.

Ü 3

♪ verweist auf das Fachgebiet „Musik",

 auf das Fachgebiet „Mathematik".

harmonisch: harmonieusement / harmoniquement

Ü 4

harmoniste - Harmoniker; harmonie - umweltfreundlich; harmoniser - harmonieren;

d'harmonie - Resonanzboden; harmoniser - in Übereinstimmung bringen

Ü 5

hinhalten → tendre / fig. faire traîner
hinhören → écouter
hingebungsvoll → plein de dévouement
Hingerichteter → un supplicié
Hingebung → le dévouement

Ü 6

1. Il n'a écouté que d'une oreille
2. Le temps passe (s'écoule, s'enfuit) vite.
3. Où faut-il mettre cela?
4. Nous allions au hasard.

Ü 7

① *f* = féminin, weibliche Form

② *fig.* = im übertragenen Sinn

③ *a.* = aussi, auch

④ *phys.* = aus der Physik stammend

⑤ *v/t* = transitives Verb (ein Verb, das die Objektergänzung ohne Präposition anschließt)

⑥ *v/rfl.* = reflexives/rückbezügliches Verb

⑦ *m* = masculin, männliche Form

⑧ *adj.* = Adjektiv

Ü 8

sang - électeurs - massage - coupe - interrogations

Ü 9

on / ne / fait / pas / d'omelette / sans / casser / d'œufs

Ü 10

Un tiens vaut mieux que deux tu l'auras.

Ü 11

1. pair, père, paire
2. seau, sot, sceau
3. peau, pot
4. ceint, sain, sein, seing
5. lait, laid

Sätze: 1. paire 2. seau 3. pot 4. sain 5. laid

Ü 12

un gardien, un chemin, du chagrin, un timbre, un examen, un moyen, le frein, demain, du raisin, j'ai faim, un terrain, un peintre, un bain

Ü 13

un bâton, là-bas, une villa, une femme, du pâté, elle est pâle, du tabac, l'estomac, le repas, bas, voilà, un éclat, un drap

Ü 14

un chou - Kohl; la joue - Wange; sous la table - unter dem Tisch; la boue - Schmutz, Dreck; un outil - Werkzeug; la roue - Rad; un trou - Loch; tout à coup - plötzlich; surtout - besonders; le loup - Wolf

Ü 15

1. Wortart: pronom (démonstratif) = (hinweisendes) Pronomen

2.

	m	f
sg.	celui	celle
pl.	ceux	celles

3. ***celui***

qui
de
-ci
-là

4. **Grammatische Information:** Als Pronomen werden ***celui, celle…*** nur mit ***de*** und ***qui*** verbunden. Allerdings muß man hier ***„qui“*** als stellvertretend für die Relativpronomen ***qui, que*** und ***dont*** ansehen.
Sie können auch „substantivisch“ gebraucht werden: ***celui-ci, celui-là*** usw.

Ü 16

	1. Wortart	2. Wortart
bien	Adverb	Substantiv
après	Präposition	Adverb
bien que	Konjunktion	–
leur	Possessivbegleiter	Possessivpronomen
ami	Substantiv	Adjektiv
zut	Interjektion	–
cher	Adjektiv	Adverb
pour	Präposition	Substantiv
manger	Verb	Substantiv
lever	Verb	Substantiv

Ü 17

	1. Wortart	2. Wortart
ailier	Substantiv	–
aillade	Substantiv	–
ailleurs	Adverb	–
ailloli	Substantiv	–
aimable	Adjektiv	Substantiv
aimant	Substantiv	Adjektiv
aimanter	Verb	–
aimer	Verb	–

Ü 18

männlich	**männlich/weiblich**	**weiblich**
hiver	après-midi	groseille
comprimé	enfant	table
atlas	artiste	antilope
automne	adversaire	porte
accordéon	élève	
cheval	secrétaire	

Ü 19

	m	f			m	f	
chaise		×	der Stuhl	**plage**		×	der Strand
groupe	×		die Gruppe	**manège**	×		die Manege
épisode	×		die Episode	**nombre**	×		die Zahl
troupe		×	die Truppe	**choix**	×		die (Aus-)Wahl
contrôle	×		die Kontrolle	**vie**		×	das Leben
cigare	×		die Zigarre	**monde**	×		die Welt
offre		×	das Angebot	**radio**		×	das Radio

Ü 20

les environs (m) (möglich, aber etwas andere Bedeutungsnuance: l'entourage, [m])

les broussailles (f)

les funérailles (f)

les ciseaux (m)

les lunettes (f)

Ü 21

chanteur - chanteuse; speaker - speakerine; chat - chatte; comte - comtesse; spectateur - spectatrice; époux - épouse; boulanger - boulangère; paysan - paysanne; infirmier - infirmière

Ü 22

le poste - Posten, Dienststelle;
le voile - Schleier;
le vase - Gefäß, Vase;
le poêle - Ofen;
le physique - Gestalt, das Äußere;
le mode - Art und Weise;
le tour - Ausflug, Reise;

la poste - Post(amt);
la voile - Segel;
la vase - Schlamm;
la poêle - Pfanne;
la physique - Physik;
la mode - Mode;
la tour / Turm;

Ü 23

le bal - les bals;
l'animal - les animaux;
le détail - les détails;
le vitrail - les vitraux;
le portail - les portails;
un os - les os;
le chou - les choux;

le manteau - les manteaux;
le genou - les genoux;
le gaz - les gaz;
le bonhomme - les bonshommes;
le festival - les festivals;
la voix - les voix;

Ü 24

	Plural	**deutsche Bedeutung**
le pare-chocs	les pare-chocs	Stoßstange
le haut-parleur	les haut-parleurs	Lautsprecher
l'après-midi	les après-midi	Nachmittag
le sourd-muet	les sourds-muets	Taubstummer
le chef-lieu	les chefs-lieux	Hauptort

Ü 25

	Adjektiv	**Adverb**
absolu	absolue	absolument
récent	récente	récemment
gentil	gentille	gentiment
différent	différente	différemment
lent	lente	lentement
doux	douce	doucement

Ü 26

	Adjektiv	**weibliche Form**	**Adverb**
geduldig	patient	patiente	patiemment
gewaltig	énorme	énorme	énormément
offensichtlich	évident	évidente	évidemment
genau	précis	précise	précisément

Ü 27

recevoir	**Fut. I**	tu recevras
mourir	**PC**	elle est morte
fuir	**Subj. Prés.**	que nous fuyions
venir	**Imparfait**	vous veniez

courir	**Cond. II**	tu aurais couru
cueillir	**Prés.**	nous cueillons
faire	**Cond. I**	nous ferions
prendre	**Imparfait**	vous preniez
choisir	**Subj. Prés.**	que vous choisissiez
dormir	**Fut. II**	il aura dormi

Ü 28

wollen	vouloir	**Imparfait**	nous voulions
sehen	voir	**Impératif**	vois
wissen	savoir	**Subj. Prés.**	qu'il sache
verkaufen	vendre	**Passé Simple**	ils vendirent
nähen	coudre	**Présent**	il coud
pflücken	cueillir	**Présent**	nous cueillons

Ü 29

	Verb	**Zeit/Modus**
il aurait mis	mettre	Cond. II
nous avions appris	apprendre	PQP
qu'elle prenne	prendre	Subjonctif Présent
tu aurais dû	devoir	Cond. II
elle eut	avoir	Passé Simple
nous avons su	savoir	Passé composé
elle perdrait	perdre	Cond. I
nous avions couru	courir	PQP
il serait venu	venir	Cond. II
qu'il sache	savoir	Subjonctif Présent
tu feras	faire	Fut. I
elle aurait été	être	Cond. II

	Verb	Zeit/Modus
que vous puissiez	pouvoir	Subjonctif Présent
il avait voulu	vouloir	PQP
nous avons lu	lire	Passé composé

Ü 30

① Es handelt sich um ein transitives Verb (*Il m'a rendu mon argent).*

② Das folgende Personalobjekt wird mit „***à***" angeschlossen.

③ Das Verb kann mit einem Adjektiv oder Substantiv verbunden werden („Er macht sie glücklich = *Il la rend* ***heureuse***".).

④ *rendre* kann auch **intransitiv** verwendet werden (*Ça rend.* = Das bringt etwas ein).

⑤ *rendre* kann auch **reflexiv** (rückbezüglich) gebraucht werden (**sich** begeben nach … *Il s'est rendu à la mairie.).*

⑥ Bei einer **Personenergänzung** steht beim reflexiven Gebrauch die Präposition **chez** (*Elle se rend* ***chez*** *son amie* = Sie begibt sich …).

⑦ Bei einer **Sachergänzung/Ortsangabe** steht „***à***" (*Elle se rend à l'office du tourisme.*).

Ü 31

1. Il lui a rendu ses devoirs.
2. Cet homme l'a rendu**e** heureus**e**.
3. Les élèves se sont rendu**s** (reflexiv gebraucht, deshalb Accord!!) à leur travail.
4. Elle s'est rendu**e** **chez** son beau-père.
5. Voilà les documents **qu**'il a rendu**s**.
6. Cette émission **rend bien** à l'écran.

Ü 32

1. – 2. de 3. de 4. de 5. de 6. – 7. – 8. à 9. à 10. à 11. de 12. – 13. – 14. à 15. –

Ü 33

1. Il lui demande pardon.
2. Il lui demande de parler.
3. Il **s'**est **marié** avec **son** amie. (Il a **épousé** son amie.)
4. Elle a changé.
5. Il change toujours **d'**avis.
6. Ils prennent cette affaire **au** sérieux.
7. Il a besoin **d'**argent.
8. Ils écoutent leur pofesseur.
9. Ils partent **en** vacances.
10. Il voulait **nous** attendre.

Ü 34

1. Es fehlt ihm an **Grips**.
2. Er sammelt (Frauen-)**Unterwäsche**.
3. Französisch ist das **Fach**, das er am wenigsten mag.
4. Dieser Spiegel ist ohne **Glanz**.
5. Ich habe mir an der **Fußsohle** wehgetan.
6. Die Vase ist **zersplittert**.
7. Wenn du ein besonderes/spezielles Kapitel suchst, schau ins **Inhaltsverzeichnis**.
8. Man hat den **Dieb unter dem** Bett **hervor**geholt.
9. In Gesellschaft versucht sie immer, **großes Aufsehen zu erregen**.
10. Er spielt nie **mit offenen Karten**.
11. Kommen wir **zur Sache**.

Ü 35

1. Messerschaft/-griff
2. … hat den **ersten Satz** mit 6:2 verloren.
3. Die **Ärmel** dieses Kleides …
4. … schreibt sich mit sechs **Buchstaben**.
5. … einen **Brief** meiner deutschen Brieffreundin.
6. … aber schwach in **Literatur**.

7. Er hat dieses Gesetz **wortwörtlich/buchstäblich** genommen.
8. Dieses Haus **hat** (umfaßt) drei Schlafzimmer ...
9. ... ist nicht **enthalten** in ...
10. ... ihre Erklärungen sehr gut **verstanden**.
11. Er hat ein Haus ... **gemietet**.
12. Er **lobt** die Schönheiten ...
13. ... **vermietet** er seine Wohnung an Touristen.

Ü 36

Seitdem ihr Sohn per Anhalter abgereist ist, macht sie sich Sorgen.

Ü 37

1. Er fackelt nicht lange.
2. Ich hasse unseren Mathematiklehrer (ich habe unseren Mathematiklehrer nicht gern), er braust leicht auf.
3. Sie hat ihm eine lange Nase gemacht/gezogen.
4. Sie wissen nicht mehr ein noch aus.
5. Er haut tüchtig zu/geht energisch vor.
6. Ich habe damit nichts zu tun, ich wasche meine Hände in Unschuld.

Ü 38

Sachgebiet	Bedeutung
1. Technik/Handwerk	Schutzblech/ Schutzschild
2. Fernsehen	im Fernsehen
3. Photographie	Gelbfilter
4. Kino	Breitwand

Eigenes Wörterbuch:

Sachgebiet	Bedeutung
1. Medizin	Herzverfettung
2. Marine	Strandgut
3. Militär	dienen, seinen Wehrdienst ableisten
4. Eisenbahn	lochen

Ü 39

Je boufferais = je mangerais; je m'en foutais de leurs salades = leurs affaires m'étaient égales; cette piaule = cet appartement, cette pièce; leur connerie = leur bêtise, leur stupidité; ces mecs-là = ces gens-là, ces individus-là; Ah! les vaches = Ah! ces personnes méchantes

Ü 40

bord	=	Rand (allg.)
bordure	=	Rand (Saum, Borte)
rebord	=	(erhöhter) Rand
arête	=	scharfer Rand, scharfe Kante
marge	=	Bücher-, Seitenrand
lisière	=	Waldrand
auréole	=	Fleckenrand
lèvre	=	Rand (einer Wunde, eines Trichters)
les cernes	=	Ränder (unter den Augen)

Ü 41

1. attitude 2. suppression 3. embauche/embauchage 4. réglage/ajustage 5. cessation

Ü 42

1. C'était **force majeure**. 2. une alliance 3. La tempête s'est **apaisée**. 4. La douleur s'est **calmée**. 5. Je ne l'aurais pas **trouvé**. 6. Sans m'indiquer/me dire **le motif** de sa visite ... 7. Pour cette **raison**

Ü 43

ein gezwungenes Lächeln	=	un rire jaune/forcé
Lebensgefahr	=	le danger de mort
auf eigene Gefahr	=	à ses risques et périls
Mann gegen Mann	=	corps à corps
schreiende Ungerechtigkeit	=	une injustice criante
ein freier Beruf	=	une profession libérale
ein weiches Herz	=	un cœur doux
die bildenden Künste	=	les arts plastiques

Ü 44

1. A Lugano, le un climat est tempéré.
2. Il a exprimé une critique mordante ...
3. Il a une vue perçante.
4. A tête reposée, on ne peut pas accepter ...
5. Elle a pleuré à chaudes larmes.
6. Il y a eu un débat tumultueux.
7. Il a quitté la salle sous des applaudissements frénétiques.
8. Il court le danger d'être arrêté.
9. Cette affaire est strictement confidentielle.

Ü 45

1. sauter à la gorge de qn 2. donner prise/se prêter à la critique 3. être connu comme le loup blanc 4. partir l'oreille basse 5. appeler un chat un chat 6. voir les choses en face

Ü 46

Die mit ● gekennzeichneten Sprichwörter/Bedeutungen solltest du selbst finden und in die Sprechblasen schreiben:

Im Reich der Blinden ist der Einäugige König.	Au royaume des aveugles, les borgnes sont rois.
Ein Spatz in der Hand ist besser als eine Taube auf dem Dach.	Un tiens vaut mieux que deux tu l'auras.
Einmal ist keinmal.	Une fois n'est pas coutume.
Ende gut, alles gut.	Tout est bien qui finit bien.
Der Apfel fällt nicht weit vom Stamm.	Tel père, tel fils.
● Vorsicht ist die Mutter der Porzellankiste.	Prudence est mère de sûreté.
Wo gehobelt wird, fallen Späne.	On ne fait pas d'omelette sans casser d'œufs.
Unkraut vergeht nicht.	● Mauvaise herbe pousse toujours.
Versprochen ist versprochen.	● Chose promise, chose due.
Übung macht den Meister.	● C'est en forgeant qu'on devient forgeron.
Lerne was, so kannst du was.	● Apprends et tu sauras.
Frisch gewagt ist halb gewonnen.	● La fortune sourit aux audacieux.

Ü 47

1. sich wie zu Hause fühlen = être comme chez soi 2. vor ausverkauftem Haus spielen = jouer à bureaux fermés 3. vor jemandem zu Kreuze kriechen = fléchir/plier le genou devant qn - courber l'échine/s'aplatir devant qn 4. am Ende seiner Kunst sein = être au bout de son latin/de rouleau 5. einen Streit vom Zaun brechen = chercher une querelle d'Allemand 6. auswendig lernen = apprendre par cœur 7. eine lange Leitung haben = ne pas avoir la comprenette facile 8. in „wilder" Ehe leben = vivre en union libre 9. auf frischer Tat ertappen = prendre en flagrant délit 10. man reißt sich um ihn = on se l'arrache

Ü 48

1. boulot/turbin 2. travail 3. Laissez-moi tranquille 4. Foutez-moi la paix 5. Fichez-moi la paix/ne m'embêtez pas

Einsprachiges Wörterbuch

Ü 1

1. **phonetische Umschrift**
2. Hinweis auf die **Konjugationstabelle**
3. Bezeichnung der **Wortart**, hier: Verb
4. Hinweis auf die **Stilebene**, hier: familiär, umgangssprachlich
5. Feststehende **Redewendung**
6. Hinweis auf die **Stilebene** (fam.) und den übertragenen Gebrauch des Verbs
7. Hinweis auf die **Wortart**: „*aucun*" kann Pronomen und Adjektiv sein.
8. Hinweis auf die **Sprachebene**, hier: literarisches Französisch
9. **Weibliche Form** des Adjektivs/Pronomens: *aucune*
10. Hinweis zur **Adverbbildung** von „*aucun*": *aucunement*
11. Hinweis auf **Verbanschluß** ohne Präposition. Diese Information ist auch den Beispielen zu entnehmen: *clore_le débat*
12. Hinweis auf die **Konjugationstabelle**
13. Angabe zur **Stilebene**, hier: veralteter Gebrauch, nicht mehr geläufig
14. **Bedeutungsvarianten**
15. Hinweis auf die **Wortart**, hier: Nomen
16. Angabe zum **Geschlecht** des Nomens, hier: männlich
17. **Sachgebietsbezeichnung**, hier: Spezialbedeutung von „*travail*" im medizinischen Bereich (dt. Wehen)
18. **Kollokation**: dt. Kreißsaal
19. Angabe zum **Plural** des Nomens, hier: *travail/travaux*
20. Feststehende **Redewendung**

Ü 2

1. Il **l'**aidé à ... *(aider qn)*
2. Il **lui** a téléphoné ... *(téléphoner à qn)*
3. Elle **lui** a demandé ... *(demander qc. à qn)*
4. Il est arrivé **à** résoudre ...
5. Nous espérons vous revoir ...
6. Il se rappelle la mort ... *(se rappeler qc.)*
7. Il a quitté la maison ... (*quitter qc.*, aber *sortir* **de** *qc.*)
8. Nous **l'**avons écouté. *(écouter qn/qc.)*
9. Ils **les** ont remerciés de ... (*remercier qn*, deshalb auch der Accord bei *remerciés;* denn ***„les"*** ist direktes Objektpronomen und geht dem *participe passé* voraus.)

Ü 3

1. pleurer des larmes de crocodile
2. fondre en larmes
3. pleurer à chaudes larmes
4. avoir des larmes dans la voix
5. rire aux larmes
6. verser une larme de vin

Ü 4.1

franc	
Synonyme	**Antonyme**
net direct honnête loyal sincère ouvert véritable	hypocrite fourbe simulateur mensonger donteux flou sourd sournois

Ü 4.2

	Synonym?	Ja	Nein	Alternative	Antonym
1. Il a un visage franc.	direct		×	ouvert	mensonger
2. J'aime les couleurs franches de Gauguin.	net	×			floues
3. Je voudrais que vous soyez franc avec moi. Je veux connaître la vérité.	véritable		×	sincère/direct	hypocrite
4. Elle a montré envers moi une franche hostilité.	déclaré (nach-gestellt)	×			sournoise

Ü 5

mouvant $\neq$ instable; image $\neq$ dessin; citadin $\neq$ urbain; hésiter $\neq$ balancer; franc $\neq$ sincère; couler $\neq$ fuir; penchant $\neq$ inclination; avertir $\neq$ annoncer; coutume $\neq$ usage; dupe $\neq$ victime

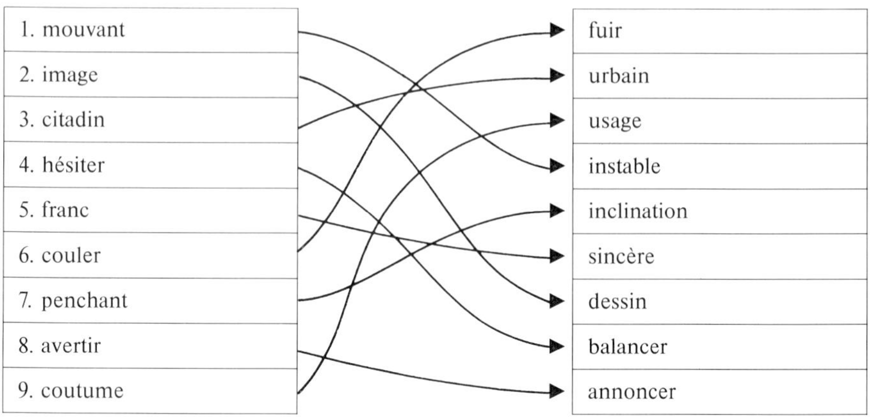

Ü 6

actif $\neq$ apathique; cadet $\neq$ aîné; conclusion $\neq$ introduction; droit $\neq$ tordu; fécond $\neq$ improductif; logique $\neq$ absurde; longtemps $\neq$ peu de temps; réconforter $\neq$ déprimer; plat $\neq$ creux; frais $\neq$ fané

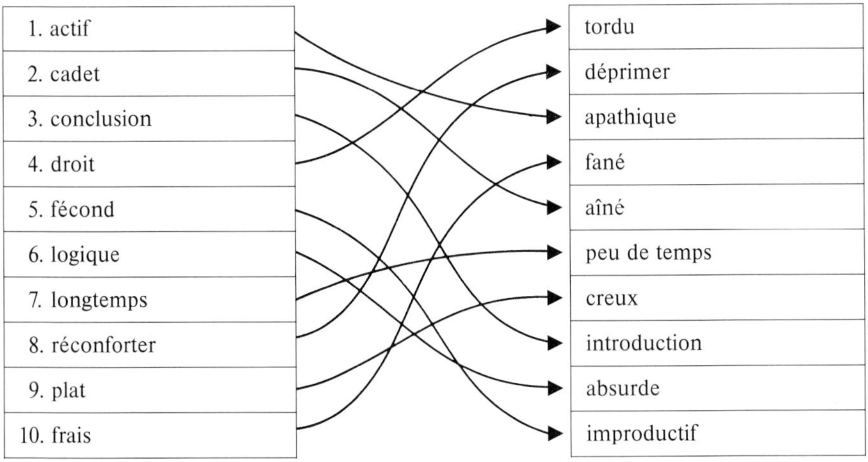

Ü 7

	Synonym	Antonym	
1. imposer	×		prescrire
2. mineur		×	capital
3. séparable		×	inséparable
4. honnête	×		vertueux
5. anodin	×		insignifiant
6. réussir		×	échouer
7. hébété		×	éveillé
8. fort	×		dur
9. formidable	×		gigantesque
10. actif		×	oisif

Ü 8

1. non 2. oui 3. oui 4. oui 5. non 6. oui 7. non 8. oui 9. non 10. non

cintre = Bogen/Gewölbe

Ü 9

1. Gastgeber, Empfang 2. beratschlagen, Strafbarkeit 3. Daumen 4. nebeneinanderstellen 5. schütteln 6. kraus (lockig) 7. schließen 8. Ausweg/Ausgang

Ü 10

	Oberbegriff		Oberbegriff
une voiture	véhicule	**la sincérité**	vertu
une main	membre	**l'armée**	ensemble des soldats
une orangeade	boisson/liquide	**une cathédrale**	édifice/bâtiment
la peur	sentiment	**une tulipe**	plante
un manteau	vêtement	**une plage**	endroit
un électrophone	appareil	**un vol (Diebstahl)**	action

Ü 11

1. Darm 2. Dolmetscher 3. Mücke 4. Baumwolle 5. Ärmel 6. Vorwort 7. Offenheit 8. Krankenschwester

5. Kapitel

Zusammenfassung eines Textes - das Résumé

Ü 1

1. [1] Das Résumé sollte im Präsens abgefaßt sein.

2. [7] Die direkte Rede sollte vermieden werden.

3. [2] Ausschmückende Beispiele gehören nicht ins Résumé.

4. [6] Die persönliche Meinung ist im Résumé nicht gefragt.

5. [6] Ausschmückende Adjektive wie „*émouvante*“, „*désespéré*“ und Ausdrücke wie „*exploités*“, „*sans égards*“, durch die man seine persönliche Einschätzung des Sachverhaltes darlegt, sollten im Résumé vermieden werden.

Ü 2

Résumé	Bemerkungen
Dans le présent texte, une lettre à „Femme Actuelle“, une lectrice parle de ses graves problèmes pour trouver du travail et elle révèle combien notre société est cruelle envers les jeunes. Elle dit «Je ne parviens pas à trouver un emploi» parce que «je n'ai travaillé que quelques mois après mes études» et demande ce qu'elle pourrait faire pour survivre. Elle est prête à se prostituer bien que ce soit une vie qui lui fait horreur. Mais, d'abord, elle révèle les raisons pour lesquelles elle n'a pas trouvé de travail. A mon avis, elle a raison de dire que ce n'est pas de sa faute parce qu'elle n'a pas eu l'occasion de prouver sa valeur …	Kein sachlich-neutraler Stil Persönliche Wertung Direkte Rede sollte vermieden werden Zitatencollage vermeiden Nicht der gedanklichen Struktur des Textes gefolgt Keine persönliche Stellungnahme im Résumé

Ü 3

Dans le présent texte, intitulé «Interdiction de fumer au travail», l'auteur présente différentes opinions concernant la question de savoir si l'on doit tolérer ou interdire les cigarettes au travail.
Le texte comprend quatre parties. Dans une première partie, une sorte d'introduction, qui va de la ligne 1 à la ligne 10, l'auteur pose la question centrale: Faut-il interdire en France, comme en Californie, de fumer au travail?
Dans une deuxième et troisième partie, l'auteur met en opposition les points de vue de deux femmes dont l'une, fumeuse, se prononce contre une interdiction en présentant différents arguments, et l'autre, non-fumeuse, pour l'interdiction en révélant/présentant en particulier les conséquences possibles d'une absorption inconsciente.
Le texte se termine sur la constatation d'une femme cherchant un compromis entre les positions précédentes en faisant appel au bon sens.

Ü 4

Le présent texte, tiré du magazine «Femme Actuelle», parle du problème d'interdire les cigarettes au travail.
Le texte est divisé en/se divise en quatre parties.
Au début du texte, l'auteur rappelle une loi interdisant la cigarette sur le lieu du travail en Californie en se demandant si c'est un exemple à suivre en France.
Par la suite, une femme, fumeuse, critique une telle loi en énumérant des raisons qui l'empêchent de s'arrêter de fumer. D'une part elle ne peut pas s'arrêter de fumer, d'autre part elle comprend les craintes des non-fumeurs.
Dans une troisième partie, l'auteur donne la parole à une femme qui se prononce pour les non-fumeurs.
Ayant peur des conséquences possibles d'une absorption inconsciente, elle dit qu'elle est pour une interdiction.
A la fin, l'auteur présente une femme qui expose ses idées sur cette loi.

Elle se prononce contre cette loi, qui, selon elle, représente une atteinte à la liberté individuelle. Elle conclut qu'il faudrait trouver un compromis raisonnable entre fumeurs et non-fumeurs.

Ü 5

1. extrait du 2. traite du 3. se compose de 4. Tout d'abord 5. Puis 6. met en question/se prononce contre 7. en présentant 8. D'un côté 9. de l'autre (côté) 10. Ensuite/Dans la partie suivante 11. prend position pour 12. elle se prononce 13. Finalement 14. exprime son opinion 15. critique 16. à son avis

Ü 6

1. Im Präsens abfassen
2. Nur die wichtigsten Gedanken und Fakten
3. Zusammenfassender Einleitungssatz
4. Der gedanklichen Struktur/dem Aufbau des Textes folgen
5. Keine Zitatencollage
6. Sachlich-neutraler Stil, keine Werturteile, keine Stellungnahme, Vermeidung des persönlichen Stils des Autors
7. Direkte und, wenn möglich, die indirekte Rede vermeiden

Ü 7b

1. Ⓒ Dans la dernière partie / la fin

   Ⓓ Dans une première partie / de la ligne 1

   Ⓖ Dans une deuxième partie

2.

1	2	3	4	5	6	7
F	D	A	G	B	E	C

Ü 8

Résumé	**Regel-verstoß**	**Verbesserung**
Dans cet extrait, l'auteur décrit, (de		(Stellungnahme, deshalb
façon émouvante), comment Cathe-	6	weglassen)
rine, d'une famille ouvrière, a été	1	est transportée
transportée (de façon inhumaine) à	6	Werturteile entfallen
l'Asile des Arriérés.		
A moitié sourde, elle n'entendait ni	1	n'entend
ne comprenait rien à l'école. Ayant un	1	comprend
âge mental de 4 ans, elle ne pouvait	1	peut
pas rester à l'école. Au lieu de		
s'occuper d'un bon traitement, la	6	(Persönlicher Stil des Autors)
docteur l'envoie à la poubelle.		l'envoie à l'Asile
Puis l'auteur décrit le moment du		
départ. Catherine ne savait pas où ils	1	sait
allaient. Mais juste avant le départ,		vont
Patrick, son frère, s'est fait une joie	1	se fait

Résumé	Regel-verstoß	Verbesserung
de vendre la mèche ce qui l'a trans-	6	(Persönlicher Stil des Autors)
formé en un bel enfer.	1	de révéler à Catherine ce qui
Sur un ton ironique, l'auteur		l'attend ce qui le transforme …
décrit la réaction des autres	6	(Stellungnahme, deshalb weglassen)
habitants de la rue (qui « ne		(keine langen Zitate aus dem Text/
supportent pas qu'on touche à un	5	kann entfallen)
cheveu d'un enfant des autres ».)		
Avec l'aide de l'Assistante sociale,		
les parents arrivaient à faire	1	arrivent
entrer la môme dans la voiture.	6	(l'enfant)
L'auteur décrit (de façon émouvante)	6	(Stellungnahme, kann entfallen)
les vains efforts de Catherine pour		
descendre de la voiture.		

Ü 9

a) C'est la lettre d'une mère qui parle des vains efforts de son fils, chômeur, pour trouver du travail.

b) 1. Il habite en Bretagne.
2. Il n'y avait rien d'autre à faire. Il ne savait pas quoi faire.
3. Il a travaillé comme serveur.
4. Il espérait, avec le certificat d'emploi de serveur, trouver plus facilement du travail après son service militaire.
5. Il a des problèmes en calcul mental (Kopfrechnen). En plus, on peut supposer (vermuten) que le patron voulait seulement profiter de lui pour les coups de feu du 14 juillet.
6. Parce qu'il espère y être embauché (eingestellt) après avoir répondu à une annonce et après être tombé d'accord avec le patron.
7. Parce que le patron a déjà embauché quelqu'un d'autre avant l'arrivée d'Eric.
8. Malgré tous ses efforts de trouver du travail il reste chômeur.

c) Zeilen:

1–7: Edith L., la mère d'Eric, chômeur, écrit à Ouest-France pour raconter l'histoire de son fils.

8–24: Au service militaire, Eric a reçu un certificat d'emploi de serveur. Son espoir d'avoir, après le service militaire, le poste qu'on lui a promis, est déçu.

25–45: Son deuxième essai (réponse à une petite annonce pour obtenir un poste dans un P.M.U.) échoue également.

46–70: Eric répond à une autre petite annonce: On lui promet de l'embaucher. Au moment où il arrive sur place, il doit constater qu'on a déjà embauché quelqu'un d'autre.

71–79: Ayant honte de son échec, il ne veut pas rentrer à la maison (en Bretagne) et essaie vainement de trouver du travail.

80–98: La mère raconte que son fils a peu de chances de se faire rembourser (entschädigen/ entstandene Kosten zurückzahlen) par les patrons et constate qu'il vient de toucher sa première allocation de chômage.

d) Le texte «Le piège des petites annonces», tiré de l'Ouest-France du 21 août 1986, présente, à l'exemple du jeune chômeur Eric, les vains efforts d'un jeune homme de trouver un premier emploi à l'aide de petites annonces.
L'auteur se réfère à une lettre que la mère d'Eric a écrite à Ouest-France pour raconter l'histoire de son fils.
Dans une première partie (lignes 8–24), l'auteur constate qu'Eric, malgré le certificat d'emploi de serveur qu'il a reçu pendant son service militaire, n'obtient pas le poste qu'on lui a promis.
Puis l'auteur parle de deux autres échecs: Bien qu'Eric ait travaillé trois jours sans paye dans un P.M.U., il n'est pas embauché. Après avoir répondu à une petite annonce il part pour la Haute-Savoie. Malgré les promesses du patron il doit constater en arrivant qu'un autre a été embauché.
Dans la partie suivante (lignes 71–79), l'auteur parle de la honte qu'Eric ressent, et de ses vains efforts de trouver du travail malgré ses échecs.
Dans la dernière partie, l'auteur révèle le peu de chances qu'a Eric pour se faire rembourser par les patrons.
Le texte se termine sur la constatation qu'Eric vient de toucher sa première allocation de chômage.

Ü 10

Le présent texte, intitulé «Les deux Faces de Janus» et rédigé par Maurice Duverger, parle de deux attitudes politiques opposées influencées par la situation sociale des personnes/classes concernées.
Dans une première partie, Duverger distingue deux groupes sociaux et révèle leurs objectifs (Ziele) opposés.
Selon lui, pour l'un de ces groupes, la politique sert à assurer la domination sur la société et à maintenir les privilèges d'une minorité tandis que pour l'autre groupe, elle sert à faire régner l'ordre et la justice pour réaliser l'intégration de tous les individus dans la communauté.
Dans une deuxième partie, l'auteur soutient la thèse que l'adhésion à l'une ou à l'autre position dépend de la situation sociale.
Il est d'avis que les classes défavorisées (benachteiligt) considèrent le système politique existant comme injuste et luttent pour son abolition (Abschaffung) tandis que les classes privilégiées (aisées) s'engagent pour le maintien de l'ordre établi.
Le texte se termine sur la constatation que les classes privilégiées réussissent souvent à dépolitiser (entpolitisieren) les classes défavorisées en leur faisant croire que la politique est une besogne malpropre et malhonnête.

6. Kapitel

Variationen des Wortes „sagen“

Ü 1

1. Il **avertit** son fils pour qu'il ne participe pas au rallye.
2. Elle **prétend/affirme** l'avoir vu hier devant la libraire.
3. Le médecin **signale** les risques que le malade court s'il ne respecte pas ses conseils.
4. Nous lui **faisons savoir/apprenons/faisons part** (de ce) que le spectacle n'aura pas lieu ce soir.
5. Le ministre **affirme à/assure à** l'Assemblée Nationale son intention de réduire les impôts directs.
6. Ce professeur-là **prétend** que les élèves d'aujourd'hui ne travaillent plus assez pour l'école.
7. En disant ces mots, elle **fait allusion à** un événement qui s'est passé il y a plus de vingt ans.
8. L'employé **informe** son chef **d**'un ralentissement des commandes.
9. Un jour, il **fait savoir à/apprend à** sa famille qu'il souffre d'une maladie inguérissable.
10. L'agent de police **signale aux** automobilistes qu'il y a un embouteillage à l'entrée de la ville.

Ü 2

1. Le professeur **invite** les élèves **à** prendre leurs cahiers d'exercices.
2. Le président **insiste sur** le fait que lui seul a le droit de nommer le premier ministre.
3. Il **propose à** ses enfants **de** passer les vacances au bord de la mer.
4. Elle **le force à** dire enfin la vérité.
5. Dans sa conférence, elle **souligne** que le travail des immigrés est indispensable à l'économie française.
6. La mère **demande à son fils/prie son fils de** prendre garde aux voitures.
7. Le commissaire **se doute/soupçonne/suppose** que l'homme n'a pas dit la vérité.
8. Le patron **souhaite à** ses employés une joyeux de Noël et une bonne année.
9. Le délégué syndical **suggère aux** ouvriers **de** ne pas accepter le plan du patronat.
10. Elle **conseille aux** collègues **de** prendre part à une réunion du mouvement féministe.

Ü 3

1. Le père **permet à** son fils **d**'aller à la fête.
2. L'élève **contredit** le professeur.
3. Mme Garnier **se renseigne sur** l'état de santé de M. Martinet, le mari de sa voisine.
4. L'accusé **jure au** tribunal qu'il dit la vérité et qu'il n'a jamais vu Mlle Larguier.
5. La mère **désapprouve** l'habitude de sa fille de sortir tous les soirs jusque tard dans la nuit.
6. Le professeur **interdit aux** élèves **de** jouer dans la rue.
7. Le juge **demande à** l'accusé **le** mobile du meurtre.
8. Janine **s'oppose au** désir de son ami.
9. Le patron **décide d**'acheter les nouvelles machines.
10. L'étudiant **proteste contre** une réduction des bourses d'études.

Ü 4

1. La dame à la réception de l'hôtel **regrette de** ne plus avoir de chambre libre.
2. Le professeur félicite Géraldine **pour** sa dictée.
3. Un combattant de la Résistance **reproche à** un compatriote **d**'avoir trahi la France en collaborant avec l'ennemi.
4. La jeune femme amoureuse **confie à** son amant qu'elle l'aime au point de ne plus pouvoir vivre sans lui.
5. Françoise **s'étonne** que sa collègue ne **soit** pas en vacances **(s'étonner que + Subjonctif!!).**

6. Le patron **remercie** ses collègues **de** l'avoir aidé.
7. L'accusé **reconnaît** ne pas avoir été chez lui le soir en question.
8. Le chercheur **craint** que l'expérience ne donne pas les résultats espérés **(craindre que + Subjonctif!!).**
9. La femme **confie à/avoue à** son mari être enceinte. (*avouer* beinhaltet immer etwas Schuld und Scham, paßt deshalb hier weniger gut.)
10. Le pére **se plaint de** la désobéissance de son fils.

Ü 5

Marine **espère** qu'ils pourront réaliser leur projet d'un centre hippique avec l'aide de son père.

Jerry **veut savoir** si elle en a déjà parlé à son père. Marine lui **annonce** qu'elle le fera ce soir-là.

Marine **prie son père/demande à son père de** l'écouter un petit moment. Celui-ci **l'invite à** parler.

Il **espère** qu'elle n'a pas de gros problèmes. Marine **lui présente** le projet de monter un centre hippique (...)

(...) et **souligne** que sa réalisation dépend de lui. A condition qu'il donne son accord, elle **suppose** pouvoir bientôt commencer les travaux.

M. Bérenger **félicite** Marine et Jerry **pour** leurs bonnes idées et, en laissant entendre qu'il **approuve** le projet, il **promet d**'y réfléchir.

Marine **se réjouit de** cette réaction, d'autant plus qu'elle en **a craint** une autre. Son père **lui révèle** qu'il trouve Jerry très sérieux et très compétent et il regrette de le perdre au haras.

Ü 6

Les deux jeunes gens **se réjouissent de** la réponse du père de Marine. (...)

Annonçant qu'elle quittera définitivement le centre, Carole **encourage** Jerry **à** venir avec elle. Celui-ci, voulant tenter sa chance, **se décide à** l'accompagner. (...)
Un jour, Jerry la surprend avec un autre homme qui **l'invite à** passer la soirée avec lui. Fâché parce que Carole **accepte** l'invitation, Jerry **se plaint de** son comportement. Celle-ci, fatiguée de ces crises de jalousie, le met à la porte et lui **apprend/fait savoir** qu'elle ne veut plus le revoir chez elle. (...)
Un jour, deux gangsters **l'invitent à** les aider dans un hold-up qu'ils sont en train de préparer. Jerry, à qui la vie n'importe plus, **consent au** projet, mais le patron du bar, devenu son ami, **craint/redoute** qu'il gâche sa vie **(craindre que/redouter que + Subjonctif!!)**, et **désapprouve** le plan. (...)
Elle **consent** tout de suite **à** l'aider (elle **accepte** tout de suite **de** l'aider). Arrivée au bar où Jerry travaille, elle lui **propose de** rentrer avec elle et **de** recommencer une nouvelle vie.
Il **accepte** et tous deux forment de nouveau un couple heureux.

Ü 7

Philippe, le professeur, **salue** ses élèves.

Il **s'étonne** qu'ils ne répondent pas **(s'étonner que + Subjonctif!!).**

Il **constate** que personne ne répond.

Il **veut savoir** pourquoi ils ne répondent pas.

Il **invite** les élèves **à** repondre.

Il **explique** qu'il est trop tôt et que les élèves ne sont pas encore là.

Il **fait savoir** qu'il entend les élèves s'approcher de la classe et **déclare** qu'ils sont arrivés.

Il leur **commande/ordonne d**'ouvrir la porte, **d**'entrer, **de** la refermer, **d**'avancer, **de** s'asseoir et **de** rester tranquilles.

Il **annonce** qu'il fait l'appel. (...)

Jean-Marie **répond** qu'il est présent.

Philippe **prie** Jean Marie/**demande à** Jean-Marie **de** dire son nom.

Jean-Marie **lui dit** son nom.

Philippe **constate** que c'est juste et **loue** Jean-Marie. (...)

Il lui **signale** que sa réponse n'est pas correcte et **assure** qu'elle se trompe.

Il lui **conseille de** faire attention et **répète** sa question. (...)

Il **constate** qu'elle a mieux répondu et **l'invite à** ne plus se tromper.

Il **informe** ses élèves **de la** fin du cours et leur **commande/ordonne de** se lever, **de** sortir et **d**'aller manger.

Ü 8

(...)
D'abord, on apprend que le professeur Philippe, seul dans la salle de classe, **salue** les élèves, encore absents, tout en **s'étonnant de** leur silence. (...)
Tandis que Jean-Marie, sachant bien dire son nom, **est félicité** par le professeur, Marie-Jeanne ne sait **répondre** correctement qu'après la répétition de la question. Philippe l'**invite** alors **à** ne plus se tromper et termine ensuite le cours en **commandant/**en **ordonnant aux** élèves **d**'aller manger.